"会展策划与实务"岗位资格考试系列教材
上海紧缺人才培训工程

会展概论

旅游教育出版社
·北京·

"会展策划与实务"岗位资格考试系列教材编委会

主　任　道书明

副主任　金　放

委　员（按姓氏笔画排列）

　　　　　王红平

　　　　　王万宁

　　　　　刘煜海

　　　　　傅　谨

本书编者

郭英之　王云龙　编著

序

上海市旅游事业管理委员会主任　道书明

随着全球经济一体化步伐的加快，旅游会展业以其迅猛的发展势头为世界所瞩目，得到了越来越多国家和政府的重视。

上海作为中国的经济中心之一，旅游会展业发展理应走在全国前列。1999年上海"财富"论坛的举办，2001年APEC会议的召开，2008年北京"奥运会"和2010年上海"世博会"的成功申办，使上海跃入了世界知名的旅游会展城市之列。市政府已将旅游会展业列为上海加快发展现代服务业的六大重点领域之一。上海旅游会展业依托大都市的资源优势，依靠政府的大力扶持，将在"十一五"期间发展成为新兴的支柱产业。

按照世界旅游组织（UNWTO）、国际会议协会（ICCA）和国际展览联盟（UFI）的排名，我国与旅游会展强国还有一定差距，形成这种局面的原因，一是我国旅游会展业起步较晚，基础较薄弱；二是缺乏高素质的人才。据统计，到2010年世博会期间，上海将需要二十多万旅游会展专业人才。由此可见，抓紧培养旅游会展人才，尤其是中高级旅游会展人才已成当务之急。

为了加快我国旅游会展的发展，尽快赶上世界强国，我们在吸收国外先进经验的同时，更要十分注重专业人才的培养。可以说，没有高素质的专业人才，旅游会展业就谈不上进一步发展。为了缓解上海旅游会展人才紧缺的问题，上海市旅游事业管理委员会会同市有关部门设立了上海紧缺人才培训工程"会展策划与实务"岗位资格证书考试项目，受到广泛好评，这是一件实事和好事。

希望通过努力，为正在蓬勃发展的旅游会展产业，为2010年上海世博会，培养输送一大批旅游会展行业紧缺的策划、规划、管理、营销、接待、设计和技术等方面的专门人才，齐心协力打造上海旅游会展人才高地。

前　言

会展有经济发展和社会进步的"助推器"之称。随着中国经济的快速发展，对外开放的扩大和申奥、申博成功，会展业以年平均20%的增幅迅猛发展，并开始逐步直向国际化、专业化、规模化和品牌化。据有关方面预测，中国上海对于吸引旅游者，特别是参加各种国际会议、展览、奖励旅游和各类节事活动的客人具有极大的潜力，将成为21世纪亚太地区的重要会展中心。会展经济已成为上海经济的新亮点。与会展业高速发展所不相适应的是高素质专业会展人才奇缺，专业会展人才已成为制约会展业进一步发展的"瓶颈"，已成为上海经济和社会发展的紧缺人才之一。为此，根据《上海紧缺人才培训工程》的要求，由上海市旅游事业管理委员会牵头，会同有关部门，设立了"会展策划与实务"岗位资格证书培训考试项目。本书正是顺应该项目的需要而编写的。

本书介绍了关于会展方面的基本理论与实务理念，将会展概论的基本原理与最新信息相结合，试图体现新观念和新思路，以突出会展理论的系统性、时代性、实用性和前瞻性。本书也收集近年来国内外会展业发展过程中的相关案例，以补充相关理论与实务分析。

本书共分10章，分别对会展内涵、会展影响因素、会展经济效应、会议管理、展览管理、奖励旅游、节事活动、会展主要国际组织、国外会展业、国内会展业等方面进行了概述。本书在编写过程中，借鉴和引用了国内外专家学者在会展相关领域的最新理论研究成果和应用实践，形成了本书的理论框架和写作体系的基本素材，这里特表感谢。同时，感谢姜静娴对案例相关链接所做的有效工作，以及周立对第九章、第十章所做的一些工作。

作者在本书的编写过程中，一直在编委会的领导和帮助下，与上海会展的诸多同行与专家学者们进行多次的沟通、交流与学习，感谢这些专家学者在本书的编写结构和框架体系等方面所提出的建设性意见。同时，也感谢上海旅游培训中心的傅谨先生、傅国林先生、付坤女士在业务上和行政上的极大支持。

由于编著者在理论研究与实务操作方面的水平所限，加之种种其他原因，本书难免有不妥和疏漏之处，敬请各位读者不吝赐教。

编者

目 录

第一章 会展概述 ……………………………………………………… (1)
   第一节 会展的内涵 ………………………………………………… (1)
   第二节 会展的起源与发展 ………………………………………… (5)
   第三节 会展的特点 ………………………………………………… (8)

第二章 会展的影响因素 ……………………………………………… (15)
   第一节 会展的宏观影响因素 ……………………………………… (15)
   第二节 会展的微观影响因素 ……………………………………… (18)

第三章 会展的影响效应 ……………………………………………… (23)
   第一节 会展的产业特征 …………………………………………… (23)
   第二节 会展的直接影响效应 ……………………………………… (26)
   第三节 会展的间接影响效应 ……………………………………… (29)
   第四节 会展经济效益的主要评价指标 …………………………… (32)

第四章 会议概述 ……………………………………………………… (37)
   第一节 会议的内涵 ………………………………………………… (37)
   第二节 会议的分类 ………………………………………………… (39)
   第三节 会议的组成 ………………………………………………… (49)
   第四节 会议的管理 ………………………………………………… (54)

第五章 展览概述 ……………………………………………………… (68)
   第一节 展览的内涵 ………………………………………………… (68)
   第二节 展览的分类 ………………………………………………… (71)
   第三节 展览的组成 ………………………………………………… (76)
   第四节 展览的管理 ………………………………………………… (79)

第六章 奖励旅游概述 ………………………………………………… (96)
   第一节 奖励旅游的内涵 …………………………………………… (96)

  第二节 奖励旅游的组成 …………………………………… （101）
  第三节 奖励旅游的管理 …………………………………… （108）
第七章 节事活动概述 …………………………………………… （115）
  第一节 节事活动的内涵 …………………………………… （115）
  第二节 节事活动的分类 …………………………………… （119）
  第三节 节事活动的管理 …………………………………… （123）
第八章 会展主要国际组织概述 ………………………………… （131）
  第一节 会议的主要国际组织 ……………………………… （131）
  第二节 展览的主要国际组织 ……………………………… （139）
  第三节 奖励旅游的主要国际组织 ………………………… （146）
第九章 国外会展业概述 ………………………………………… （147）
  第一节 国外会展业的发展概况 …………………………… （147）
  第二节 国外会展业的发展模式 …………………………… （164）
  第三节 国外会展业的发展趋势 …………………………… （173）
第十章 国内会展业概述 ………………………………………… （177）
  第一节 国内会展业的发展概况 …………………………… （177）
  第二节 国内会展业的发展模式 …………………………… （196）
  第三节 国内会展业的发展趋势 …………………………… （201）

参考文献 ……………………………………………………………… （208）
附录：“会展策划与实务”岗位资格考核方案 ………………………… （211）

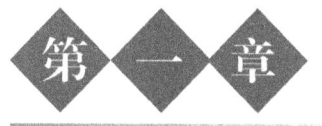

会展概述

第一节 会展的内涵

一、会展的内涵与本质

(一)会展的内涵

会展是指在一定的地域空间和时间内,为达到某些预期目的,有组织地将许多人与物聚集在一起,而形成的具有物质交换、精神交流、信息传递等功能的社会活动。用专业术语表述,所谓会展即是指现代城市以必要的会展企业和会展场馆为核心,以完善的基础设施和配套服务为支撑,通过举办各种形式的会议或展览活动,包括各种大型的国际博览会、展览会、交易会、运动会、招商会、研讨会、节事等,吸引大批与会人员、参展商、贸易商及一般公众前来进行洽谈、交流或旅游观光,以此带动交通、住宿、商业、餐饮、购物等相关产业发展的一种综合性活动。

会展的内涵包括广义会展和狭义会展两种。

广义的会展是指在一定地域空间内,由多人集聚在一起形成的定期或不定期、制度或非制度的集体性和平活动。广义的会展就是通常国际上所说的MICE。M 指 Meeting,即公司业务会议;I 指 Incentive Tour,即奖励旅游;C 指 Convention、Conference,即协会或社团组织会议;E 指 Exhibition、Exposition 和 Event,即展览、展销与节事活动(图 1 – 1)。

狭义的会展是展览及伴随其开展的各种形式的会议的总称。狭义的会展仅包括会议和展览会,如会展称为 C&E(Convention & Exposition)或者 M&E(Meeting & Exposition)。许多用来描述直接交易环境的术语,如会议(Conven-

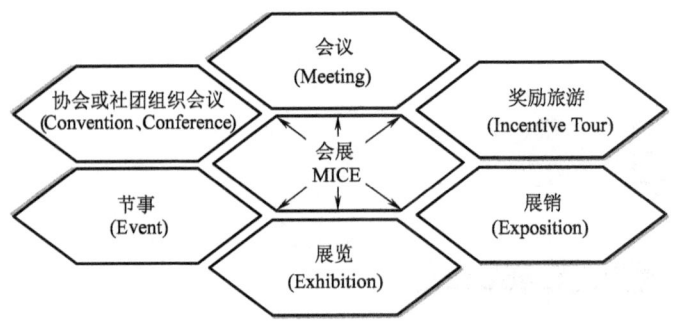

图1-1 会展的广义内涵示意图

tion、Conference)、展销会(Fair)、展览(Exhibition)、展销(Exposition)、商贸会展和公众会展(Trade and Public Show)、博览会(Expo)等,都是狭义的会展经常使用的术语。

(二)会展的本质

第一,通过服务谋求利益。虽然不同种类的会展所表现的内容和性质不同,但无论哪一种形式的会展,都具有一定程度的宣传、展示、传播信息、解决问题、扩大影响的作用,举办会展的最根本目的,就是通过某种形式来谋求某些利益。

第二,通过激励促使反应。会展通过竞争、展示、宣传等方式,从物质与精神层面对人们进行激励,促使人们做出反应,从而不断奋发向上。如商品会展是通过商品的展示、宣传等方式,激励厂商优化资源配置,生产更多品种和更好品质的商品,从而满足市场需要和实现自身利益最大化。各种体育竞技运动是通过竞争、宣传等方式,激励人们强身健体,为自身、集体以及国家争光。

第三,通过交流互惠互利。会展作为一种经济流通媒介,通过信息交流与对话沟通,既有利于增加信息量,又有利于化解矛盾,可使供需双方乃至会展举办方互惠互利,还可能带来招商引资的好处。同时,通过会展中的社会交流活动,人们在精神上可以得到满足。

第四,通过产业创造效益。会展业是一项综合性的产业,它涵盖了会议、展览、节事、旅游等综合性活动,故而伴随着人员的大规模流动性消费,可以给当地带来可观的综合性社会效益和经济效益。

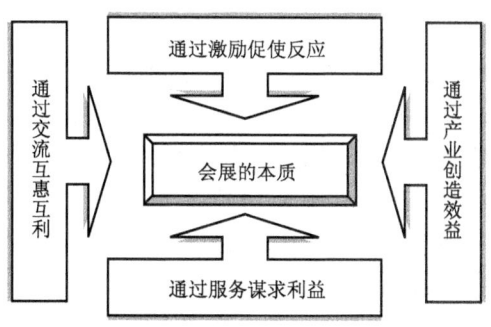

图1-2 会展的本质示意图

二、会展的形成与分类

(一)会展的形成

会展是人类物质文化交流活动发展到一定阶段的产物,是伴随着贸易的出现而形成并发展的一种市场形式。从传统的集市、庙会,到近代的样品博览会,再到现代展览会和博览会,以及各种类型的大型会议、体育竞技活动、集中性商品交易活动等,都属于会展的范畴。随着世界经济的不断发展,工业分工越来越细,新产品、新技术层出不穷,展览也出现了新的形式,不再是单纯的为展而展、为销而展,而是附之以经贸洽谈会、技术交流会、专业研讨会、新闻发布会、报告会等各种形式的会议,形成了展会结合的发展格局。

随着经济全球化以及科学技术的飞速发展,展览会与博览会为科研成果、技术革新、新发现与新创造在国际生产领域的应用和传播起到了不可低估的作用,会展业早已走上了市场化的发展道路。由于会展业在世界经济和旅游业发展中的地位日趋重要,因而获得了"触摸世界的窗口"、"城市的面包和奶酪"和"旅游业皇冠上的宝石"等美称,被越来越多的国家重视和开发。时至今日,会展业正以其强大的功能、不可替代的作用及崭新的形象,迅速成长为世界第三产业中举足轻重的行业。

(二)会展的分类

会展的内容主要包括三个部分:一是博览会、展览会、展销会、招商会、博览展销会、交易会、贸易洽谈会、展评会、样品陈列等;二是各种类型的大型国内外专业会议(包括公司会议、协会会议等),如世界建筑师大会、世界万国邮联大会、世界妇女大会、APEC会议等;三是奖励旅游以及各种节事活动(包括庆典活动、体育竞技运动、科技活动、文化活动、大型节庆活动、民俗风情活动等),如许多城市举办的旅游节、服装节、啤酒节、文化节、电影节、模特大赛等,都是会展的内容。其中最主要的部分是展览会。

因此,会展可以有多种分类方式,一是可以根据产业对会展进行分类,如医疗保健类、工程类、计算机和计算机软件类、家用设施和室内设计类、运动用品和娱乐类、教育类、建筑类、园林景观类、电信类,等等。二是可以根据市场对会展进行分类,如商贸类(企业对企业)、消费者类、综合类、国际博览会类,等等。三是可以根据群体对会展进行分类,如买方(会展的观展者)、卖方(产品供应商/参展商)、会展组织者(组织会展的个人或公司),等等。

三、会展的发展条件

发展会展需要一定的条件。第一,会展城市应拥有较发达的经济。从国际会展的发展经验看,展览场馆的建设往往集中在经济发达、金融贸易集中的地方,或具有地方特色、某一产业非常发达、在世界颇有影响力的地方。例如,即使在展览大国德国,大规模的场馆也仅建造在汉诺威、法兰克福、慕尼黑、科隆、杜塞尔多夫等几个具有特色产业、经济较发达的城市。第二,会展城市要具有较高的开放程度。在中国,会展经济发达的城市开放程度都很高。第三,会展城市的第三产业相对发达。由于会展是系统工程,与交通、通讯、住宿、餐饮、旅游、商业等行业有较强的关联性,需要这些行业提供完善的服务,因此,会展一般都会选择在第三产业相对发达的城市举办。第四,会展城市应有条件培育特色会展项目。如德国汉诺威的工业博览会、法国巴黎的时装展等。第五,会展城市拥有丰富的旅游资源会提高城市会展的吸引力。世界上著名的会展城市,如汉诺威、法兰克福、米兰、新加坡等,都是著名的旅游城市。

四、会展的经营理念

(一)会展的经营

国内外会展的经营主要包括以下三种:一是官营,即政府投资,政府发展,政府经营或是政府的有关单位经营。如中国国际展览中心的经营模式。二是商营,即民营,没有政府的参与,纯粹是商业经营,私人投资买地建馆。目前纯粹商业经营的展馆很少。三是官商合营,即场地和展馆的产权属于政府所有,而由商业性的专业管理公司负责经营。如香港会议展览中心的经营模式。目前世界上大多数的会议展览中心的经营模式是第一种和第三种。

(二)会展的理念

会展企业的发展在很大程度上取决于它的经营方式。目前在世界范围内,企业的生存、发展需要改进传统的经营方式,会展经营理念也由传统的"以产品为中心"转向"以顾客为中心"。在这样的大背景下,对于构成会展活动重要部分的会展公司以及参展企业来说,确立正确的经营理念并以此指导会展的经营、运作,就显得尤为重要。

第二节 会展的起源与发展

一、古代会展的起源

在原始社会的石器时代,由于自然资源分布不均以及各原始共同体之间生产技术存在着很大的差别,使得原始共同体之间的交换成为必然。但由于人们对自然物质的加工能力极其低下,还不可能形成会展这种大规模的物质文化交流活动。展览只能是原始形态的展示,表现在宣传性展览上是很粗糙的岩画、文身、图腾崇拜;表现在贸易性展览上是物物交换的地摊和简单的叫卖,与此同时,还出现了"敬天神、颂祖宗"的祭祀展览。祭祀展览展品较为丰富,有牲畜、酒食等;展具较为考究,有陶器、铁器,甚至还有铭文;展出时还有钟鼓音乐、歌舞渲染等,是综合性的展示艺术活动。尤其在原始社会末期,随着人类社会大分工的发展和扩大,人类社会形成了专门从事农业生产的部落、专门从事手工生产的部落和专门从事畜牧业生产的部落,这些部落之间为获得自身没有的物品,在部落之间,便开始了经常性、习惯性的物物交换。但这种交换的地点不固定,也不是定期的,规模很小。

尽管原始社会的物物交换没有固定的地点和固定的时间,只是偶然的临时性交易,但它已经具备了展览的基本特征:陈列和展示。同时,社会大分工的发展,畜牧业、农业和手工业的分离,尤其是青铜器和铁器的使用,都使社会生产力进一步发展,社会结构进一步分化,商品生产和交换成为可能,从而为集体性物质交流活动的出现提供了契机。

到了封建社会,随着生产力的发展,宣传性展览中出现了大型洞窟绘画、华丽的壁画、武器陈列、绣像陈列。宗庙和祭祀展览也更为丰富和隆重,次数也更为频繁。贸易展览出现了"列肆十里"的街市和庆会,尤其是庙会和集市,不仅定期举行,还伴有文艺表演(如歌舞、杂耍、戏剧等)。随着货币的发展和流通,这种贸易展览也由物物交换上升到货币结算,使展览产生了质的变化。

到了生产力更加发达的资本主义社会,随着科技的进步,展览在形式、内容上都有了重大的突破。例如采用融声、光、电于一体的综合表现手法的展览,甚至出现列车展览、汽车展览、轮船展览、飞机展览(即把展品装在某一大型运输工具上,到处流动,供人参观),以及仅仅放映录像或张贴图表,甚至采用电传交流的贸易展览等。由此,规模和形式空前壮大的展览会、博览会和各种不同类型的博物馆、展馆纷纷出现。特别是到了工业革命时期,现代交通通信工具的出现,远洋运输事业的发展,为人类大型物质文化交流活动的形成提供了物质和社会文化基础。在这一时期,才诞生了真正意义上的会展活动。

二、古代会展的发展

(一)国外古代会展的发展

欧洲的展览会是从中世纪的集市发展而来。在欧洲,"集市"一词源于拉丁语中的"Feria",是宗教节日"Holiday"的意思。这表明那时人们往往选择某一个宗教节日组织集市。展览(Exposition)一词则源自拉丁语"Exponere",意为"解释",也更符合"向公众或个人展示、陈列和展览"的含义。

欧洲的集市最早出现在希腊,最初是用来交换和买卖奴隶的。到了古奥林匹克时期(公元前700~800年),希腊有了常规的集市,并与奥林匹克运动会同时举行。希腊早期的集市大都是一年一次,甚至两年一次。而在古罗马,民众每隔8天就聚集一次,听官吏颁布法令和宣布裁决。与此同时,这里也举办集市,如鱼市、米市、油市等周市(Weekly Marketplace),农民、小生产者、商人在大街上搭起临时摊位,交换或出售产品。罗马帝国扩张版图时,把罗马集市带到欧洲其他地区。欧洲集市在11~12世纪进入鼎盛时期,规模较集中,举办周期较长,具有零售、批发、国际贸易、文化娱乐等功能。

这种集市贸易专门以满足买卖双方的交易活动作为办展的宗旨,因而欧洲的展览会一直具有很强的贸易性,故又有"展贸业"一说。同时,这种集市还表现为特许集市的形式,由国王、教皇、城市或地方长官授予举办展贸的权力,主要在宗教节日举行。所以,以会展为主的贸易活动在欧洲最初由皇家特许某些城市和地区经营。从那时起,会展业就成为欧洲一些城市发展的重要动力和影响因素。而随着特许权的废除,贸易展览活动在欧洲蓬勃发展起来。

展贸促进了地区间经贸活动的发展。展贸期间,参展者和来访者都能享有一些特权(如税务减免、人身财务保护等),此举可以吸引更多的人来参加展贸活动。举办方还成立了展贸法庭处理交易纠纷和进行交易证明登记。大规模的展贸活动始于11~12世纪,其中最重要的是在伯爵领地"香槟地区"的展贸(Champagenermessen),它也是欧洲重要的集贸中心。

14世纪欧洲文艺复兴时期以后,集市作为一种商业制度开始显得陈腐起来,经营商业的新的方式正在取而代之。在这一商业道路不断变迁的时期,批发商的兴起、工业、商业和运输业的迅速发展改变了传统集市的经营方式。生产者为了寻求大批销售货物的机会,便于批发商选择订购产品,纷纷采用提供样品和图样的方式进行贸易。这样,传统的集市便逐渐发展成样品博览会和展览会。

(二) 中国古代会展的发展

中国集市历史悠久,在古代,集市是市、集、庙会等多种市场形式的统称。在中国,集市形成于殷、周(公元前 11 世纪)之际,在唐宋时期得到了蓬勃发展。集市在不同的时期和地区,有许多种形式和名称,如市、草市、墟市、场等。集市的参加者主要是农民、手工业者,他们之间的买卖活动是生产者向消费者直接出售,是生产者之间的产品流通。几千年来,集市一直是中国商品流通的重要途径。

在古代城邑里,集市一般称为"市"。城邑里的集市随着货币和商人的介入,逐渐发展成商业区,具备了商业性质,如市中先后出现了零售性质的肆和批发性质的邸店。在古代农村,集市一般称为草市、村市等。草市产生于东晋,发展于唐,到北宋年间,草市遍布各地城郊。除了城乡各有特色的集市外,还有一种城乡并存的定期集市,即庙会。由于这样的集市是因宗教事件产生、发展起来,并在宗教场所内举行,因此一般称为庙会,也称庙市。在中国,庙会的历史悠久,在唐朝已流行,宋朝继之,明、清盛行。最初,在宗教节日,寺庙及祭祖场所因有许多人求神拜佛,一些小生产者、商贩便借此集会兜售香火、供品等产品。后来,逐渐百货云集,这里成为比一般集市规模更大、货物更多的大型集市。特别是明清时期,京城、中小城市、乡村都有庙市。庙会作为商品交换形式,对促进商品流通和沟通城乡联系,都具有重要的历史作用。

在中国,古代的集市和庙会基本上是自然产生、自然发展的,但是有组织的展览形式也出现过。据记载,在唐代天宝初年(公元 782 年),陕郡太守、水陆转运使韦坚开槽渠引渭水至长安,在宫苑墙外造广运潭,广集各地酒舟所载的地方特产供皇帝观览,展示茶米油盐、山珍海味、绫罗绸缎、奇珍异宝、珠宝首饰、纸笔砚墨等。就形式与规模而言,已具博览会雏形。另据记载,隋大业五年,隋炀帝在张掖举办了由西域各国参加的"万国博览会"。同时,中国古代也出现过专业性的展览形式。如唐代曾收集各地收割用的农具,陈列于殿堂,以供王公大臣等参观,倡导农具革新。元代纺织专家黄道婆死后,人们为纪念她,将其生前所用的纺屏、织机汇集在一起,立庙展览。

尽管会展活动在中国有较长的历史,但在漫长的封建社会里,中国长期处于自给自足的自然经济状态,社会分工不明显。农耕文明也制约了商品交易的充分发展,历代封建王朝大多采用重农抑商政策,使以商品交易活动为主要基础的会展活动发展缓慢。

第三节 会展的特点

会展是伴随着生产力的不断提高而产生并发展起来的。在漫长的发展过程中,会展的形式和内容不断地发生着变化。从最早的集市到今天蓬勃发展的展览会、博览会,会展不仅给社会带来了良好的经济效益,还丰富了人类的物质文化生活。作为人类经济生活的一种重要形式,会展主要有以下特点(图1-3)。

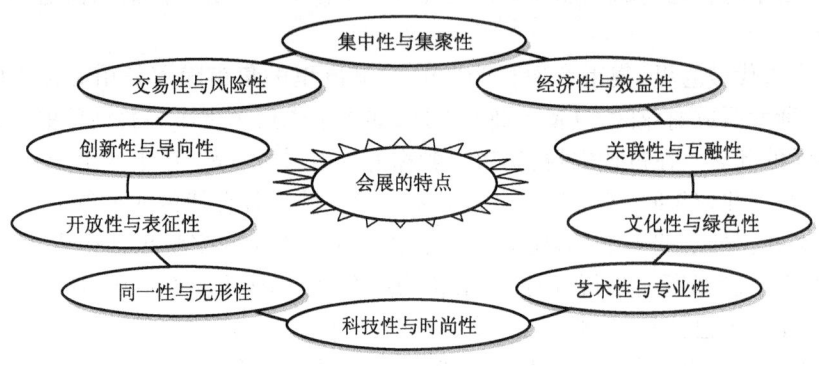

图1-3 会展的特点示意图

一、集中性与集聚性

集中性。会展最大的特点在于信息的"集中"。主办者通过自己的工作,把大量的展品在一个经过特定设计的展厅内集中展示,同时又把大量的观众集中在此参观,使展者(展商)与观众(客商)在短时间里集中交流信息。如1889年巴黎世界博览会的参会总人数为3 200万;1970年大阪世界博览会入场的总人数为6 400万;1992年西班牙塞维利亚世界博览会展出176天期间,吸引了五大洲108个国家的4 200万人;2000年德国汉诺威举办的世界博览会在153天中总共接待了1 800万人次。

集聚性。会展使得大量的人、物品、信息在同一时间、空间上集聚。大型会议、展览活动可以给会展举办地带来源源不断的商流、物流、人流、资金流、信息流,促进举办地的经济发展。同时,会展举办地的集群化,也是现代会展集聚特性的一个表现形式。世界众多会展名城和会展城市圈多处于经济发达地区。如德国的"工业心脏"鲁尔工业区的会展名城,包括杜塞尔多夫、埃森和科隆。

二、经济性与效益性

经济性。通过会展,可以将买主和卖主集中在一起,使其相互接触、交流、洽谈、签约成交,从而使会展产品顺利地流入市场或消费者手中。通过会展活动,可以减少会展产品的流通环节,节约了流通费用,表现出极佳的经济性。中国茅台酒的辉煌,是巧妙利用会展获得经济利益的成功范例。早在1915年的世界博览会上,中国参展人员故意失手打破一瓶茅台,展馆顿时弥漫醉人的酒香,引来无数观众和买家。茅台酒也因此荣获国际金奖,位列世界名酒第二。

效益性。会展是高收入、高赢利的行业,其利润率在20%以上。据统计,美国整个会展业每年的直接消费能达到828.2亿美元,并产生1 230万美元的直接税收。如果考虑乘数作用的话,美国会展业每年的经济贡献就达到2 464亿美元。会展的高效益在于其自身创造经济效益的同时,还在创造就业机会、改变产业结构、带动相关产业发展、推动城市基础设施建设、加强信息沟通、促进技术交流、增强贸易往来、扩大对外交流与招商引资、提高城市知名度、改变城市环境和市民素质等方面,发挥日益重要的作用,带来无法估量的经济效益和社会影响。

三、关联性与互融性

关联性。会展是关联度极高的产业,其发展不仅能给城市带来场租费、搭建费、广告费、运输费等直接收入,还能极大地影响城市建设、交通、金融、通信、旅游、住宿、餐饮、商贸、物流、广告、印刷、保险、装饰等相关产业,吸引数以百万计的客商,创造数以万计的就业岗位,影响大、规模高,能拉动社会综合消费,具有强大的产业带动效应。发达国家会展业对城市经济的拉动比例为1:8至1:10,即会展业每收入1元,关联产业可增收8元至10元。发展中国家的比例相对低一些。

互融性。互融性包括两方面,一方面是互动性,即通过参与各种形式的会展活动,会展交易双方相互接触,面对面进行交流、互通信息、洽谈,签约成交,做成买卖。这是因为:首先,会展活动是一个重要的信息传播平台,会展中的实物或产品可以传达更多的信息;其次,由于会展活动的参与主体具有明确的目的,使得通过会展传递的信息具有双向性、反馈快、准确、效率高等特点;再次,会展活动会形成以举办地为中心、向四周辐射的经济效应,不仅促进举办地的经济发展,还会带动举办地周边地区的相关产业的发展。另一方面是交融性,即指会展的各组成部分(如会议、展博览会、奖励旅游和节事活动等),往往会中有展,展中有会,以展养会,以会促展。具体来看,奖励旅游的交融性是指,它越来越多地和各种奖励会议、研讨会、经验交流会、培训会结合在一起,既节约了成本,又提高了效益。节事活动的交融性是指,一方面,许多大型会议和博览会本身就是节事活动,如奥运会和世博会;另一方面,许多大型文化体育等节事活动又包括了会议和博览会,如一些地方举办的国际服装文化节就包含了国际服装博览会、国际服装面料展览会、国际纺织器材展览会和国际服装设计研讨会等内容相关的会议和博览会。会展设施的交融性是指,展览与会议、大型活动的举办地点、设施往往合一,如现代新建的会展中心或展览中心、大型酒店,一般都同时具备会议和展览的功能。

四、文化性与绿色性

文化性。会展以其独具的文化性逐渐成为对内对外展示自己的最好工具。大型会展的举办,无论会展主题是什么,都是以一定文化为基础的。商务性的会展(如广交会)、国际旅游展销式体育赛事的会展(如世界女子足球赛、九运会)、民俗风情的会展(如广州国际美食节),都以突出民族文化为己任,内容十分丰富。越是民族的,也越是国际的,强烈的民族文化更能烘托这些会展的文化主题。

绿色性。环境保护问题及可持续发展观已成为会展筹办从计划到实施的重要组成部分,提倡"绿化会展"的理念将有利于会展的环境保护工作,进一步促进人与自然的和谐发展。具体表现为:会展前采取行之有效的环境综合治理措施,有效减少会展中的废弃物;会展中选择低能耗、无污染的绿色产品;节约用水,等等。如北京奥运会的绿色奥运理念已经深入人心。

五、艺术性与专业性

艺术性。主要是指展览自身的艺术性。为了突出展示产品的形象,展览的主办者和参展者往往综合运用声、光、色、形以及文字、图像等艺术手段,将展馆、环境、展品布置得惟妙惟肖、美轮美奂。置身于展览馆内,仿佛置身于立体艺术、平面艺术、灯光艺术、音乐艺术的海洋,美不胜收。

专业性。会展业有极强的专业性。对会展业各项活动的主办方和承办方来说,从申办、竞标到策划和筹办,再到运作和接待,有的大型会展活动需要经历几年的时间,甚至于要十多年的时间,是一个系统工程。全球会展业是由一批专门的国际组织来协调、研究、帮助和支持并进行行业管理的。如国际会议策划人员协会(MPI:Meeting Professional International)、国际专业会议组织者协会(IAPCO:International Association of Professional Conventional Organizers)、国际会议协会(ICCA:International Congress & Convention Association)、国际展览管理协会(IAEM:International Association of Exhibition Management)、奖励旅游商协会(SITE:The Society of Incentive & Travel Executives)、国际展览联盟(UFI:Union of International Fairs)、国际协会联盟(UIA:Union of International Association)和亚太地区会展场地管理协会(VMA:Venue Management Association Asia Pacific Limited)等。

全球会展业还有一群专门人才和企业来运作。如会议策划者(MP:Meeting Planner)、专业会议组织者(PCO:Professional Convention Organizer)、专业活动组织者(PEO:Professional Event Organizer)、认证展会经理(CEM:Certified Exhibition Manager)和目的地管理公司(DMC:Destination Management Company)等。这些专业人才都需经过专门培训,并要得到专业权威机构的认证。专业人才形成会展业的圈子,正规的国际会议就在这些专业圈里流动和运作。通常,会议举办者和计划者在选址时,首先会寻找目的地的PCO和DMC。

六、科技性与时尚性

科技性。一方面,会展是否成功在很大程度上取决于最新技术、最新信息展示和发布的多寡。在产品更新换代频繁的IT、汽车、航空等专业展中,其科技性表现得更为突出。另一方面,越来越多的大型国际会展自身的科技水平就很高,其中尤为重要的是现代信息技术的运用,电子识别系统、网上登记、声光电结合布展技术等已被广泛采用。

时尚性。会展具有展示时尚、引领时尚的功能。会展往往成为引领世界潮流的新概念产品"横空出世"的最佳舞台,蒸汽机、电动机、海底电缆、飞机、汽车、无线电通信、装配式建筑、可视电话、GPS全球定位系统等许多改变人类生活的重要产品,都是从大型会展走向世界的。时尚、前沿的产品在会展上得以充分展示,使最新技术得以广泛交流。

七、同一性与无形性

同一性。会展活动具有生产与消费高度同一性的特点。会展活动的过程同时也就是参展商与观众的消费过程,两者在时空上不可分割。会展活动必须有参展商与观众直接加入其中,才能有效完成整个会展活动。也就是说,在会展活动过程中,生产者与消费者必须直接发生联系,两者之间是一种互动行为。会展的生产与消费同一性的特征,使会展无法像其他有形产品那样销售不出去可以暂时储存起来。

无形性。会展活动是以服务性为主的活动。它虽然依托了一定的实物形态的资源与设施,但是会展主办者为参展商与参观者提供的主要是各种服务,包括策划、设计、广告、管理、卫生、安全,等等。因而会展活动的价值并不是完全凝结在具体的实物上,而主要是对于会展质量的评价,也主要取决于参展者对服务质量的感受。

八、开放性与表征性

开放性。会展活动是人类物质文化交流的重要形式,它不是简单的个体经济行为,而是一种集体性的大规模物质、文化交流方式,是在开放体系下才能够存在的经济形态。会展的发展必然会引起社会资源和要素在全国乃至于全球范围内的自由流动,提高各国、各地区的开放性,使整个世界成为一个开放的体系。

表征性。现代意义上的会展活动是随着社会生产方式的演变与经济全球化进程的推进而兴起的。同时经济全球化的深入发展也极大地刺激了企业、政府和各类组织在全球范围内寻求合作与交流的欲望,这无疑加速了会展业的发展和会展经济的兴起。可见,会展是社会经济发展到一定阶段的产物,对经济运行状况具有表征作用。

九、创新性与导向性

创新性。会展是新产品、新技术、新信息在世界亮相的重要舞台,也是其走向消费、实现自身价值的起点。没有创新,会展就没有生机,就会失去其吸引力。当然,在展览会中人们也可以看到老产品,这些老产品大都是名牌,展示这些老产品也是源自于创新的需要,即借助于会展展示其技术革新与产品形象,寻找新的市场等。而在文物展中,所有的文物与考古发现的展品,都是过去时代流传下来的,它们反映了古代的文明及其进化过程,是人类认识历史的重要途径。所以,文物的展示价值就在于它的"旧",人们可以通过它来了解历史,发掘新的内涵。近100多年来世界各国的众多发明,绝大多数都是首先借助展会得以传播。世界首富比尔·盖茨,也曾在电脑展会上推介微软的最新产品。

导向性。会展能够超前地、全面地、专业地通过会议和展示来讨论并展现当前社会科学技术和工农业生产的发展趋势及最新成果。仅以展览会为例,正是展览会的导向性,才使得它能起到推广和展示新技术、新产品、新观念和新知识的作用。由慕尼黑国际博览集团每年举办的国际性展览会数目达30多个,来自世界90个国家的3万个参展商和来自150个国家和地区的将近200万名参观者前来参观这些盛会。这些展会吸引众多观众的最主要原因就是展会的导向性。

十、交易性与风险性

交易性。会展经济从某种程度上说是一种交易手段。它提供给会展商、参展商和参观者面对面交流的机会,从而省去了厂商寻找合作者、订立契约、议价谈判等中间交易过程,降低了厂商与企业的交易费用,也减少了消费者寻找新产品的机会成本。

风险性。会展业是高赢利的行业,其利润率大约在20%～25%。但由于会展是一个复杂的市场,组织者在抓住机遇的同时也要面临很多风险。首先,办展的前期投入非常大,会展业所需的雄伟宽敞的会展场馆、技术先进的会展设施以及优越规范的会展服务都需要大量资金的投入后才能获得;其次,没有品牌的会展就难以吸引足够数量和质量的参展商,而参展商的质量又决定了能否吸引到有效的购买商;再次,除了要使会展有强劲的产业依托,能够代表行业的发展方向外,还需要得到权威协会和行业代表的大力支持,以提高展会的声誉和会展产业的经济效益。

同时,也应注意到,会展的特点并不是一成不变的,应根据会展变化的特点,制定相应的会展战略决策和会展企业的经营决策。

相关链接

现代展览、贸易杂志与电子商务

在今天的商业社会中,展览会、贸易杂志和Internet都作为沟通贸易往来的媒体,在不同的时代和领域发挥着各自的功能。现代展览业的蓬勃发展,为全球的贸易带来了显著的经济效应。传统的贸易杂志尽管没有展览业那样为供求双方提供直接面谈的交流机会,但各地区经济发展的不平衡以及贸易杂志自身的特点,使其在今天的贸易往来中依然发挥着应有的作用。Internet发展到今天,已经踏入了电子商务(E-commerce)时代,这也是它的最终主要商业用途。电子商务带来快捷、方便的购物手段,消费者的个性化、特殊化需要可以完全通过网络展示在生产商面前,同时,还可以减少中间费用,使产品直达消费者,拉直以往迂回的经济模式。展览、贸易杂志、网络推广(电子商务)各有特点,优势互补,对生产商来说,三种途径是拓展国际市场的最佳组合。

据美国展览业研究中心(CEIR)的统计表明,展览会是销售产品、拓展国际市场的重要途径。国内通过参加海外的贸易展览,直接把产品推销给境外的专业采购商,这是生产商扩大出口、开发国际市场的有利渠道。展览会可以在同一时间内集中见到数以万计的专业商家,有机会和他们进行面对面的洽谈和订货。除了认识到更多的潜在客户、对老客户进行回访以建立更进一步的贸易关系外,展览会(特别是国际的专业展览会)还能够使生产商亲临现场接触国外的同类产品,参与业内同行的交流和行业研讨会,了解和考察国外当地的市场,知道产品的最新发展趋势,而且还可以与国外同行建立广泛而必要的业务联系。展览会作为直观有效的贸易渠道,这一点是传统贸易媒体和电子媒体所不能比拟的。

(资料来源:现代展览、贸易杂志与电子商务. http://www.zlzsqc.com/hyxx/shownews.asp? newsid=1575&typename=国内展览新闻)

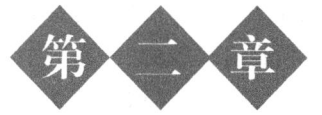

会展的影响因素

第一节 会展的宏观影响因素

一、经济发展

经济发展对会展的影响主要有以下几方面。其一,国家的宏观经济运行状况会影响到会展供求的均衡。当国民经济稳定增长的时候,会展的供给和需求都会相应地有所增长;而经济增长缓慢甚至萧条时,会展的供给和需求都会降低,直至达到新的均衡点。其二,某一国家或地区会展发展以及会展市场状况,与该国家或地区的经济发展水平息息相关。这种内在的关系表现在两个方面:一方面,会展的活跃可以对地方经济形成极强的带动作用,拉动相关行业的快速发展,促进地区经济的增长;另一方面,如果一个地区的经济发展态势良好,地区经济交流活动频繁,也有利于会展供给水平的提高和会展供给结构的合理化,而经济相对落后的国家或地区,会展市场供给状况也必然受其影响。其三,经济发展水平的高低决定了对会展基础设施投入的大小,如会展场馆、交通设施等。其四,经济发展水平、相关行业的发展以及会展行业的发展、会展供给等变量之间成正相关的关系,即经济发展水平越高,会展相关行业发展良好,配套条件比较成熟,会展行业发展的环境就更为优越,会展供给和需求就更为旺盛。

二、社会体系

会展是商业活动高度发达、对外开放达到一定水平后的产物。任何一个封闭的社会经济体系,都会严重影响会展的形成和发展,影响会展的总量和结构。一般而言,在对外开放程度高、商业发达的国家或地区,会展才能迅速发展,会展体系才能更加完善,会展才会更快更好地满足会展市场的需求。

三、宏观调控

政府的宏观调控,可以刺激或抑制该国家或地区的会展发展,具体表现在以下五个方面。一是政府利用税收政策来调节会展市场的供求数量;二是政府利用价格政策来调节会展市场的供求数量;三是政府可以通过中央银行调整投资项目的贷款利率,相对提高或降低贷款利率可以抑制投资或刺激投资;四是政府可以利用土地政策来协调会展的供求;五是政府通过对会展的宏观调控,可以确保参展者的利益,力求会展供求的均衡。例如,德国联邦食品部、农业部以及林业部等都对部门内的各种专业性展览会提供出国参展的经费支持。

四、行业发展

行业的发展也会影响到会展。行业主管部门对会展业的发展缺少总体规划,对其结构、数量、分布没有明确认识,且没有专门的行业信息披露部门,就会使各投资主体的投资行为具有盲目性。会展市场上的供求平衡是有条件的、暂时的,而失衡却是绝对的、无条件的。因此,在会展供求双方的矛盾运动中,新的平衡不断被打破并转化为新的不平衡。会展行业协会是会展产业中各个微观主体与政府宏观监管部门之间的联系纽带,它的建立与成熟对会展活动的总量、结构、质量等都有着直接的影响。纵观发达国家会展产业的发展历程,可以发现会展产业的发展不能完全靠市场机制运作,必须要有行业规范,要有行业干预和协调机制。德国展览协会(AUMA)是闻名全球展览界的展览协会,它与德国政府经济部门、经济领域的各个行业都保持着密切关系,并在展览业内开展积极的指导、协调工作,德国展览项目的培育和发展、德国展览行业的正常运行在很大程度上都要归功于它。

五、安全因素

会展活动的重要特征是高密度、大流量的人口集中与流动,这是由会展活动的固定性、即时性以及会展规模越来越大等因素造成的。会展活动的这种特征可能成为各种会展危机的隐患和来源,如公共卫生、人身安全等。这些危机一旦爆发,对于会展行业的影响将是全面的。例如,中国2003年爆发的SARS危机,曾经给中国的会展业带来沉重打击。据统计,从2003年4月到6月的近1 100天内,上海、北京、广州等地全年会展的30%的广告延期或停办,产业损失约达40亿元,占全年生产总值的50%。2001年美国发生"九一一"恐怖袭击事件以后,其会展业也大受影响,各协会的与会人数下降了37%,而2000年度预测的数字只有9%。这次事件对西方其他相关国家同样产生了影响,根据《英国会议市场调查2002》可见,英国的会议组织中公司类会议有1/4被迫中止或延期,协会类会议也有12%出现同样情况。

六、地理位置

地理位置和交通信息等条件制约着会展发展的全过程。早期的会展往往都是在地理位置、交通和信息条件优越的地区首先形成的。距离主要航线或主要交通轴线的远近成为影响会展形成和发展的重要因素,而主要交通枢纽在会展的形成过程中发挥着重要的集聚作用。优越的地理位置、交通信息条件是一大社会经济资源,会展就是在此基础上形成发展起来的。

七、供需关系

会展的供需关系表现为,首先,会展供需的结构矛盾表现在会展供给的档次和级别与会展需求不相适应。由于一定时期内市场提供的会展产品水平是相对稳定的,而会展需求却是复杂的、多样的,从而造成了现实中会展热点地区供不应求,偏僻地区则供过于求的现象。其次,会展供给的空间矛盾表现在会展供求在地域分布上的失衡。例如,有些大城市,由于区位条件优越,其提供的会展在类型、数量、质量方面都具有竞争优势,该地区会展供给能力自然就强;反之,有的偏僻地区即使存在会展需求,但由于会展所需各项设施不具备,就无法实现会展供给。再次,会展供需的时间矛盾表现在会展需求往往与参展者产品的生产周期(如新产品投放期)、会展周期(如世博会)等时间因素有着密切的联系,而有些会展供给,尤其是展馆的供给在一年之中是稳定的,因而经常会出现旺季需求过剩、供给不足,而淡季则需求不足、供给过剩的矛盾局面。

相关链接

斯科特假日酒店选择"Passkey"以方便会议计划者的团队预订

会议计划者将"Passkey"看成是整个会议管理过程中的一个关键组成部分。

斯科特假日酒店宣布该酒店的所有会议计划者现在都能使用Passkey,以进一步与竞争对手的酒店会议服务相区别,会议的计划者和出席者将马上能从斯科特假日酒店的这一决策中受益。斯科特假日酒店负责公共关系的总裁Karen Murray Boston解释道,"作为一个单位的中等规模的会议目的地,我们将使我们的会议计划者和会议出席者感到物有所值,会议计划者的成功就是我们的成功,为他们提供 Passkey 显然能确保所举办的会议能顺利地进行,同时为我们的员工提供了正确的解决方案以便更好地服务于我们的客户。"

作为一个以团队为主的目的地,斯科特假日酒店决定将 Passkey 整合到它的业务流程中以保持竞争优势,进一步提高客户的满意度。通过 Passkey 的使用,斯科特假日酒店能够提供给会议计划者以下好处:准确、即时地观测会议服务中出现的问题及解决;定制化的会议服务网页,允许会议出席者在线预订;快速进入网页查看报告和最新的房间预订单;将会议首选的注册方案整合到酒店网页中;方便地获取所上载的会议客房出租单。Passkey 国际公司的首席执行官 Greg Pesik 评价道,"我们对会议计划者和酒店的承诺是清楚的,即提供给他们一种能提高他们工作效率和竞争力的解决方案,该方案能立即生效并取得引人注目的成效。"

(资料来源:未名.酒店现代化,2005(12):54-55)

第二节 会展的微观影响因素

一、会展微观主体

公司、团体、企业、组织、协会等会展市场微观主体在规模、管理方式、资源状况、组织生命周期等方面表现出来的特征和行为方式是影响会展的最重要因素之一。一般来说,行业内企业数量越多,组织规模越大,则组织与组织之间、企业与消费者之间以及组织内部间的交流与交易活动就更为频繁,各种会议、展览、活动的组织和举办就更为积极和踊跃。从组织管理方式的角度来说,那些组织结构扁平化,鼓励跨部门、跨组织交流,组织管理更为灵活,组织文化更加开放的企业和机构,更容易提高会展市场供给;而组织结构比较僵硬、组织层级鲜明、组织文化封闭的组织和机构,则对会展活动的需求较弱,进而影响会展市场。

二、会展消费认知

由于相对而言,会展活动更强调顾客的直接感受,因而更符合顾客体验经济的发展趋势。在会展活动中,消费者与企业、产品进行面对面的交流,从中获取的信息更加丰富,专业性更强,更具有针对性。这些产品和信息不仅代表了会展行业的先进水平和发展方向,而且便于顾客进行同行比较。因此,会展活动对那些素质高、专业知识丰富、崇尚体验的消费者来说,具有更大的吸引力;

同时,大量专业会展消费者踊跃地参展和积极地互动,也可以提高参展商的参展热情,便于参展商及时了解市场行情,改进产品和服务。因此,在消费者与参展商的互动过程中,会展消费者的知识结构、对会展的认知、对参展企业的兴趣等,都必然影响会展市场。

三、会展感知差异

会展感知差异主要表现在实际会展与消费者的心理预期之间的落差。会展的供给者主要提供的是展馆环境、传达的信息及无形的服务,因此,会展供给质量的高低主要取决于会展参展者的主观感受及所给予的评价。而会展参展者对会展产品的心理预期通常会与实际的会展供给产生一定的差距。这种差距小的话,就说明会展参展者认为会展产品供给的质量高,相反则认为质量低。因此,会展经营者在提供会展产品时,一定要充分考虑不同参展者的心理特征和行为方式,了解他们的特殊需要,开展有针对性的个性化服务,提高服务水平,加快会展场馆等相关设施的建设与更新,尽量缓解供需双方在会展质量认知方面所产生的矛盾。

四、会展人力资源

会展活动的举办是集全局性、专业性、操作性和政策性于一身的系统工程,从筹办到招展、展出,在项目流程、人力资源、空间设计和物流安排等方面,都需要通盘运筹,涉及信息学、管理学、经济学、旅游学、建筑学、运输学、美学等多种学科。因此,会展活动的策划、举办都必须要有高素质的人力资源作为保障。通过培训和培养,会展人力资源对会展供给的制约大大降低,会展市场近期、中期和远期的增长需求可以得到更好的满足。例如,美、德等会展发达国家的会展教育培训主要就是由产业团体、公司企业、行业商协会和具有大学程度的州立学校合作,不同机构根据自身特色和研究实力,建立从职业培训到学士、硕士教育的会展多层次教育体系;此外,还通过专业研讨会、书刊、磁带、VCD 等信息途径,为其他社会公众提供继续学习的机会。在实践方面,美国的会展管理教育经常采取建立模拟客房、邀请业界人士为学生作报告、让学生义务参加会展活动、要求学生为学校的体育赛事寻求赞助商等多种方式,提高学生在会展管理方面的实际操作能力。

五、会展科学技术

日益进步的科学技术在会展活动中的应用是会展现代化趋势的重要体现。随着各种技术开发与应用上的日新月异,今天的会展活动与过去相比更加丰富多彩,电话会议、网络会议技术、同声传译技术、会展场馆智能化管理技术、三维视觉技术等已经得到广泛应用。正是由于高新技术为会展活动提供了越来越强的观赏性、体验性,会展活动才吸引了更多观众和媒体的关注和参与。同时,会展活动的良好运行,需要强大的科技体系的支撑。科技环境关系到参展和组展的效果,是影响会展供给的重要因素。对于很多特殊行业的展示和管理,如瓷器展览会、摄像器材博览会等,没有专业的知识和技术就更难保证其成功。

六、会展行业壁垒

首先,会展行业进入壁垒低。就资金壁垒来讲,相对于传统的制造业或高科技产业,尽管会展业展馆建设的初期投入量较大,但后续资金较小,尤其是对于会展公司的投入资金需求量不大;就技术壁垒来讲,会展业属于劳动密集型企业,对技术的要求较低。因此,这一行业的供给容易膨胀。其次,会展行业退出壁垒高。由于会展业自身的特殊性,导致其转换成本过大,供给方的会展产品供给缺乏弹性,有的甚至在短期内无弹性。

七、会展产业链评估

会展产业链的上游、中游、下游三个环节和对会展活动结果的评估构成了会展业的主要活动内容,展示了会展活动从启动阶段的策划、宣传到实施阶段的计划、组织、协调、招徕再到控制阶段的评估与反馈的主要流程(图2-1)。在会展产业链中心是会展产业链的核心环节,并与DMC形成了专业化的分工,作为DMC主要代表的场馆,是会展活动展开的平台,产业链内的会展企业和相关支持企业围绕场馆在一定区域内相互邻近,方便了参加者(参展商和专业观众)

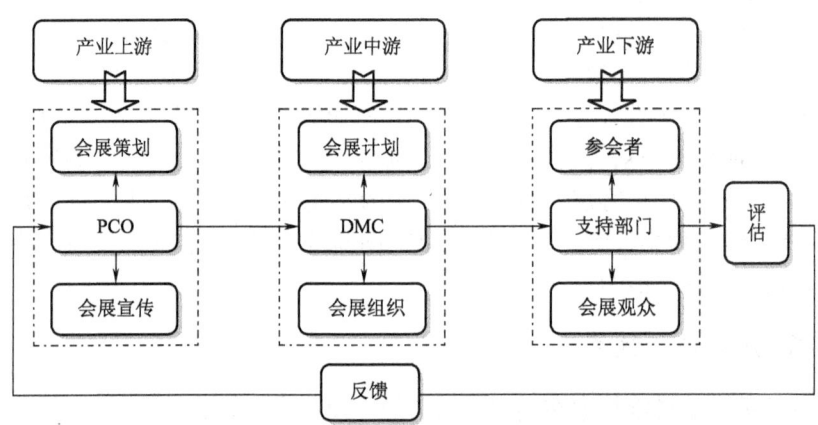

图2-1 会展产业的流程示意图

和普通观众的出行,增加了企业的外溢效应,降低了信息的搜寻成本和传递成本、市场的交易成本,加之会展活动结束之后的信息反馈,将有助于主、承办机构利用产业连接效用打造会展品牌,推动会展不断壮大。

会展的这些宏观和微观影响因素不是一成不变的,可以不断变化和更新(图2-2)。

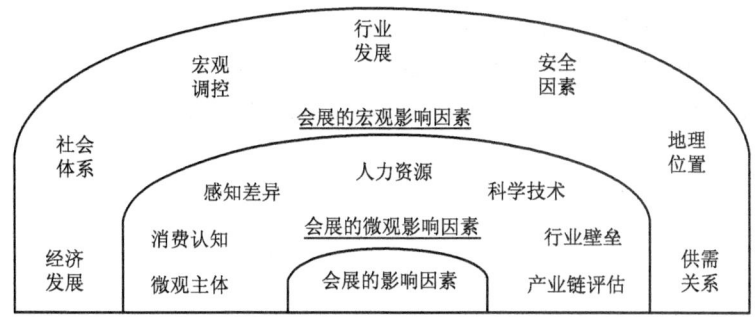

图2-2 会展的影响因素示意图

相关链接

洲际量身打造五星会议品牌,皇冠假日将成"会聚之所"

洲际酒店集团最近推出了"皇冠假日——会聚之所"的口号,并开始其会议成功计划的贯彻,该计划作为全球产品创新系列中的一项,目的是推广会议产品,为会议计划者以及会议代表提供更加方便快捷、高效率的会议服务。在会议市场上,皇冠假日酒店走在了其他酒店品牌的前面。

与一般的商务酒店不同,皇冠假日的成功会议计划有很多创新的地方,比如说会议总监这个概念。据了解,每家皇冠假日酒店都将设立皇冠假日会议总监这一职务。而这一职位的会议总监必须有丰富的经验,是会议筹备者从会前咨询一直到会后总结,在整个会议过程中的指定联系人。会议总监另一项工作就是与酒店市场开发部经理相互配合。无论在会议进展的任一阶段,皇冠假日会议总监必须对会议筹备者提供全力的支持,随时满足客人的需求及亲自处理各种突发事件,并保持每天与会议筹备者及主办者交流,听取客人的意见,以确保满足且超越客人的需求。

此外,计划还推出了"2小时反馈服务"。这项服务确保了客人的会议咨询及相关信息能在2小时内收到答复,包括对会议日期、举办地点及价格的确认,并可在24小时内收到一份详细的会议建议书。会议地点和会议设施也同样重要，一些新建酒店还着重加强了会议功能，并在会议创新服务里也包括对会议专用品的改进和提高，例如提供会议百宝箱，在会场点香熏炉等，以提高会议质量及创造力。在全球皇冠假日酒店实施这一对客承诺是为了向客人展示皇冠品牌的与众不同之处。直到目前为止，还没有任何一家商务酒店能够针对会议这一市场提供如此全球性的高水准服务。以上三个要素仅是会议成功计划推出的第一步，在今后的一年内还将有一系列创新出台。

（资料来源：洲际量身打造五星会议品牌　皇冠假日将成"会聚之所"．http://www.bjbusiness.com.cn/20031217/feigongjingji314.htm）

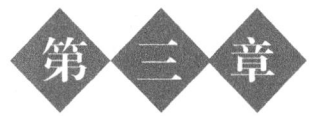

会展的影响效应

第一节 会展的产业特征

一、竞争性产业

会展业是一个竞争性产业。国内外会展企业共同遵循的游戏规则,是靠市场、靠竞争去发展。展览服务的优劣只有通过比较即通过竞争才能体现。可以想象,当一个地区只有一个独家题材的会展,其展位价格就较难下降,原有的服务模式也难以随机应变和及时改进、提高。而有了竞争者之后一切都会逐渐改变。因此,会展业必须通过市场竞争而不是一味通过地方保护和政府干预来提升竞争力。

会展业的竞争特点是:进入门槛较低,所需资本量和技术要求相对都不太高,而投资回报率较高。唯一投资成本高、直接抬高了会展业进入门槛的会展场馆,因各地政府的重视和国有资本、民营资本以及境外资本的投入而大量产生。良好的基础设施为会展业竞争态势的强化提供了沃土。作为一个非关乎国计民生、国家限制较少的竞争性行业,会展业发展具有较强的自发性,民营资本和境外资本远比国家控制较严的产业更容易进入会展业。

在市场竞争中,政府的角色是规则的制定者,是裁判员而非运动员,不应该为企业的生产经营活动越俎代庖。但是很多国家、地区的会展业在很大程度上是由政府介入促成其繁荣发展的,这种行政作用也不可忽视。会展业是一项涉及诸多公共设施、影响当地经济文化和居民生活的系统性、综合性的活动,因此需要政府出面协调、处理诸多公共产品、避免"反公地悲剧"的发生。

二、集中型产业

会展业属于集中型产业,实际上是指对市场供求的集中。由于会展业对经济状况、企业在市场中的需求状况依存度较大,所以,一个国家或地方特色产业和其市场感召力越强,其会展业发展的基础就越好。地方特色经济可以借助会展平台,促进技术进步和贸易交流,将强大的生产力有效地转化为现实的市场感召力。归根结底,会展业是对市场的集中。

从经济学角度来看,会展业和地方特色经济产业都可以归入集中型产业,与简单发展阶段中的分散型产业相对应。分散型产业是一种重要的结构环境,其中有许多企业在进行竞争,但没有任何企业占有显著的市场份额,也没有任何一个企业能对整个产业的结果产生重大的影响。在美国,市场集中度小于40%的产业就被列为分散型产业。

基于众所周知的资本自我扩张的特性,分散型产业必然要向集中型产业发展。这一现象体现为服务要素集中,供求势力集聚,市场主体意识明显,竞争十分充分,产业连贯性、系统性和关联性等表现得日趋充分,所谓"小产品、大产业、大市场、大流通"。而其最大的魅力还是在市场感召力上,即表现在其市场上的主导地位和控制能力上。每年各地的展览会、博览会会给我们带来许多启示和回味,它们所代表行业的供给和市场的需求在一个更高的层次上运行。

随着产业的高度集中,规模效应也是显著的,而规模经济首先带来的是成本的下降。这里的成本一般指的是综合性的成本,比如原材料、配件、劳动力服务乃至信息行情。同时,在内外产业和环境的作用下,产业集中与移动障碍也相伴而生。从而,会展业集中并"嵌入"到本地环境,形成地方的特色经济。

会展业的集中性要求有意识地在会展活动中发挥协同作用,比如多展联办。据悉,在美国展览业内,协同办展的势头正在红红火火地发展着,使得那些市场重叠的展会能够优势互补,增加买家人数,增强观众的品牌忠诚度和产品认知度,甚至被看做首办展会远离风险的有效策略。比如酒店与场馆的业务协同表现为围绕着会展的主体场馆在一定范围内聚集一批星级不同、规模不等的酒店,从而达到双赢的好处。而旅游与会展业务的优势互补则体现为,在旅游地举办世博会更容易取得成功。大凡成功举办世博会的城市,往往是旅游名胜之地,具有两大优势:一是大批游客转化为参观者,大批参观者又兼顾旅游,从而使人流激增;二是举办地具有吸引游客的丰富经验,善于将二者相结合。成功者如塞维利亚世博会,实现了旅游、会展有机融合。相比之下,德国汉诺威是一个展览业集中的工业重镇,而非著名的旅游城市,汉诺威世博会主办者的精力集中在展览业务上,忽视旅游宣传和旅游组织,导致实际参展人数严重偏离预测数据(4 000 万)一半以上,只有 1 800 万,亏损额高达 24 亿马克。

三、强外部性产业

会展业外部性很强,能够创造经济转移效应。所谓外部性是指私人边际成本和社会边际成本之间或私人边际效益和社会边际效益之间的非一致性,即某些个人或企业的经济行为影响了其他个人或企业,但都没有为之承担应有的成本费用或没有获得应有的回报。

会展活动中"免费搭便车"行为的存在及会展活动可能造成的外部性,使相近地理区域经济因此受益或受损。长期以来,会展活动的组织与运作由政府主导,因此存在"收益漏出"也属正常。在政府主办的大型会展活动中,越来越呈现出"会中会"、"展中展"的显著特征。同时,在会展活动后,各经济利益体会通过各种渠道,借助客户资源安排一系列的推介、实地考察等招商引资活动。

"会外展"是外部性"收益漏出"体现最明显的会展现象之一。临近的区域,也即"1 小时经济圈"或"2 小时经济圈"内的区域,在不付成本或支付与收益不对称成本的情况下,利用会展的资源,从中获得收益。比如,随着第 89 届广交会开幕,广交会场馆周边宾馆、大酒店和体育馆的会展经济顿时活跃起来。同期举办的 2001 年春季东方轻工、工艺品展销会和中国外商投资企业出口商品交易会,凭借的就是广交会期间如潮的人流。有的酒店虽然没打出展销会旗号,但酒店的一、二层,凡是能摆开展位的地方,都做起生意——将场地出租给那些无法取得广交会的正式展位或觉得其展位租金高昂,但又迫切希望依托广交会这个窗口亮相的参展商。来参加广交会的外国客商,吃住在宾馆,出入都经过这些展位,参展效果也很好,场外交易非常活跃。

但是,如果会展组织者或东道主城市避免"收益漏出",就能在与其他区域开展竞争、争夺经济资源等方面占得先机。因此,在信息不对称的条件下,东道主往往能以本地区的相对劣势经济资源替代其他地区的相对优势经济资源,产生经济转移效应,从而使其他区域经济受损,而使本地区获得额外的收益。比如,广交会期间,广州对酒店房价实行最高限价政策就包含有杜绝"收益漏出"的用意。由于酒店客房供不应求,导致价格上涨太高,广交会期间广州市酒店市场产生溢出效应,虚高的酒店房价将客商赶到了广州市区周边的番禺、从化、增城、顺德和佛山等地。广州政府为了保持地方竞争力,为了不至于成为周边城市的旅游经济"飞地",当然要控制房价。

会展还会给周边环境带来负外部性,比如给城市交通带来巨大的压力。会展场馆的选址无疑是制约城市交通最为重要的环节之一。为了减少给城市交通带来的负外部性,展馆地址应远离居民区和其他行政机构服务区域,避免给附近居民带来困扰或者妨碍其他公共事务。比如,北京市朝阳区拥有CBD、使馆区等重要商务区域,但是在一次外企测评当中,朝阳区的排名居北京市所有城区倒数第二,原因之一就是交通问题。特别是朝阳区国税所距离中国国际展览中心仅几百米,众多外企公司都要到税务所去缴税,每当国展举办大型展览就会造成交通拥堵,严重影响这些企业的效率。另外,展馆附近应配有齐全的配套基础设施,为展会和旅客提供方便周全的服务,展馆群体架构应呈现狭长、分散型,而非集中、聚集型,这些都是解决庞大的会展活动带来周边交通问题的有效举措。

会展对观光度假旅游市场产生"挤出"效应也是会展负外部性的表现之一。在旅游供给有限的背景下,由于会展市场对酒店床位、机票、车票的强势占据,旅行社往往订不上星级酒店,拿不到机票,有观光度假客人也没法接待。

四、多重契约性产业

会展行业可以称之为一个高密度的多重契约行业。场馆商和组展商之间,组展商和参展者之间,参展者跟搭建商之间都有契约,这是一个契约链。而其中如果不出现重复契约的话,这条契约链可能是稳定和连续的。但在目前,国内却不是这样。组展商和场馆商经常进行大范围的共同合作和利益捆绑,这种捆绑是一种角色不明确的捆绑,甚至有些时候场馆商就是组展商。更有甚者,在一些热门的展会里,场馆商、组展、搭建商就是一家。像广交会、分了家的北京车展、国际农交会等一大批知名展会都是如此。这时的产业链被高度浓缩了,当然,浓缩之后,就无须再去定位角色,交换信息,进行战略上的配合了。

场馆商、组展商、搭建商的捆绑,因为沟通成本最低,效率应该最优。可事实恰恰相反,这种"只此一家,别无分号"的现象造成了市场的垄断。也就是说,产业链浓缩的不是精华而是垄断。在垄断之后,我们看到的不是整个会展组织配合与技术水平的提高,更多的是低劣、粗糙甚至不负责任的服务。

第二节 会展的直接影响效应

一、促进商品流通

会展活动在一定的时间内将大量的供求厂商与消费者集中在一起,通过面对面的直接交流,不但可以使买主了解更多的产品,通过比较选择自己需求的产品,也使参展商准确地了解了买方的需求,根据市场需求进行生产,从而创造有效的供给。会展作为一种经济交换形式,在流通中发挥着重要的作用,极大地推动了商业的发展。据报道,美国 2/3 以上的制造、运输等行业以及批发业的企业,1/3 以上的金融、保险等公司,都将展览作为交流和流通的手段。

二、传递相关信息

会展不仅能够聚集大量的物流和人流,同时也是信息流的集散地。通过产品陈列、展示、交流,人们在会展中,可获得比从广告或其他商品宣传形式中更多的商品信息。不仅如此,从会展上获得的信息往往是最新的、最准确的,这也是许多企业参展的主要原因。

三、调整产业结构

会展调整产业结构的功能主要体现在以下两方面。一方面,对举办会展的行业来说,会展活动通过聚集大量的商品、资金、技术和信息,为产业充分有效地利用各种资源提供良好的外部条件,从而有利于产业结构的优化和升级。另一方面,对为其服务的相关产业结构来说,会展活动能强有力地带动交通、通信、餐饮、住宿、旅游、购物、广告、装饰、印刷等相关行业的发展,促进会展举办地区第三产业,特别是服务业的快速发展。因此,会展可以加快区域产业结构调整,从而有利于促进区域经济一体化乃至经济全球化进程。

四、提高经济效益

成功的会展可以使主办城市在酒店、旅游、餐饮、交通、装饰、通信、零售、广告、印刷、物流货运等行业都受益匪浅,大幅度增加其经济收入、增加相关就业机会,有力促进当地产品的销售和输出。由于会展活动对举办地整个城市建设、经济发展、科技进步等的全方位带动作用都很显著,是集商贸、交通、运输、宾馆、餐饮、购物、旅游、通信等为一体的经济消费链,因此会展经济常被称为"城市面包"。如被誉为"国际会议"之都的巴黎,每年承办的国际会议多达300个,仅会议一项所创造的收入就达 7 亿美元;法国会展每年营业额达 85 亿法郎,展商的交易额高达 1 500 亿法郎;美国每年举办的 200 多个商业会展所带来的经济收入超过 38 亿美元;香港的会展业每年为其带来大约 330 亿港元的出口订单和相关的经济收入。

五、促进产业综合

会展经济包括会展业、为会展提供服务的相关行业,以及参展商和参展观众等参与主体。会展业是会展经济的中心和支撑点,与为其提供服务的相关行业是相互作用的关系。会展业可以带动相关行业的快速发展,但同时也需要这些行业的支持。会展业与为其服务的相关行业的共同发展,以及参展商与参展观众的参展活动,就构成了蔚为壮观的会展经济(图3-1)。

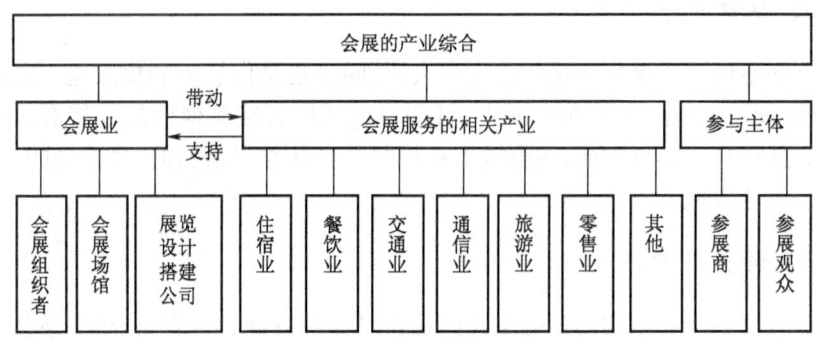

图3-1 会展的产业综合特征

六、产生乘数效应

国际上一般认为会展的乘数效应为1:5至1:9,即如果会展业的收益为一个单位,则能带动相关产业产生5~9个单位的收益。会展与其他产业的关联性较强,它涉及服务、交通、旅游、广告、装饰、边检、海关以及餐饮、通信等诸多部门。会展经济的发展不仅可以培育新兴产业群,而且可以直接或间接带动系列相关产业的发展。因此,会展活动对投资需求和消费需求产生了乘数效应。其中,投资需求是指举办会展活动产生的对场馆及相关配套设施建设所需的建筑材料、劳动力、资金、设备等的需求;消费需求是指参展者对会展业本身以及旅游餐饮、通信交通、商贸金融等相关行业产品和服务的需求。会展乘数效应主要体现在投资乘数、就业乘数、消费乘数等方面。据统计,每1 000平方米展出面积可创造近百个就业机会。例如,香港一年的会展收入达74亿港元,同时为社会提供9 000多个就业机会。

七、创造市场供需

会展活动可以创造需求和供给,调节经济中的供需平衡。需求的增加,特别是有效需求的增加,一般会促进经济的增长,从而拉动整个国民经济的快速发展。会展创造供给的机能主要是指提高了供给的能力,供给能力的提高说明会展企业提升了自身的实力和竞争力,这自然也有益于国民经济的进一步发展。调节会展的供需平衡显然十分有利于会展的良性协调发展。

八、加快设施建设

会展是一种大型的群众活动,它要求有符合条件的展览场所,有一定接待能力、高中低档相配合的旅行社、宾馆、酒店,便捷的交通、通信和安全保障体系,优雅的旅游景点等。为获得大型会议、展览的举办权,各地方政府都会积极、主动地进行综合性、全方位的城市建设,如铺设交通、通信网络,兴建现代化的大型会展中心、宾馆和酒店,加快环境保护工作加强整个区域的基础设施建设。

相关链接

论坛带动博鳌 旅游日收入10万元

近年来,博鳌已经成功举办了数百个大型国际会议。本身人口仅有2万的博鳌,每年要接待游客200万人次。春节、五一黄金周期间,平均每天就有近两万人来到博鳌观光,玉带滩人头攒动,五星级酒店常常爆满。会议旅游是个新兴市场,据统计,全世界每年从中获益约2 800亿美元。会议旅游者层次较高,消费能力强,有很大的相关带动效应。如果一位参加会议的专家或企业老板对博鳌感觉不错,那么下次他很可能带着家人来度假消闲,甚至投资,这种潜在利益更是无法估量的。

博鳌正是如此,旅游业的发展带来了房地产的热潮,房地产商纷至沓来,酒店服务、休闲娱乐业迅速发展。人气旺盛又带来投资开发热,中远、锦江、红石、海南航空、大庆油田、广州铁路、常德卷烟厂等众多知名企业都已在此有大笔投资,仅上海就有8家上市公司来此找到商机,曾弃之而去的数十家开发商也纷纷回头,要求续资再开发。仅2004年海南贸易与投资合作洽谈会上就签订协议投资总额346亿元。

以论坛带动旅游,用旅游带动发展。博鳌,论坛成就的旅游度假胜地。

(资料来源:周到.博鳌:论坛成就度假胜地.旅游时代,2003(3):54)

第三节 会展的间接影响效应

一、提高居民素质

大型的地区性、国际性会展,可以吸引不同文化、不同观念的人们,有利于会展举办地居民与之进行交流,扩大居民的视野。同时,在与外来参观者接触过程中,居民也会学到一些先进的观念,改变自己一贯的做法。这些对于丰富文化生活、提高居民素质和修养具有重要的意义。

二、发挥城市功能

一个城市要发展会展业,必须具备一流会议、展览设施,发达的交通、通信设施以及特色的风景旅游等良好的基础条件。因此,为争取获得大型会展的举办权,各地需积极进行综合性、全方位的城市建设,从而使城市功能得以充分发挥。以德国重要的经济文化中心下萨克森州首府汉诺威市为例,全世界最大的工业博览会在该市举行,那里的100多万平方米的展览中心面积居世界博览业之首,其中各自独立的26个展厅和一个宽阔的露天场地在国际展览业中达到最高水平。在那里,每年举办的大约60个博览会和展览会吸引着世界各地100多个国家的近3万个参展商、230万观众和16万新闻界人士,使得这个只有50万人口的小城市"汉诺威"蜚声全球,获得了"展览王国"的称号。可见,其展览会设施和其他相应的基础设施的建设,都大大地加速了城市建设的发展和城市功能的发挥。

三、提升城市美誉

国际性会展活动的举办可以使会展举办地声名鹊起,知名度大幅提高,成为区域加速发展的巨大的无形资产。良好的旅游环境会给参展商和参观者留下好的印象,这些人的口碑可以为会展举办城市起到广告宣传作用,迅速提高会展举办城市的国际知名度。例如,法国首都巴黎,由于平均每年承办400多个国际大型会议,因此享有"国际会议之都"的美誉。

四、推动国际进程

会展活动的举办,有助于加深政府、国内外团体和商界彼此之间的了解和交流,推动国际间人员的互访和文化的交流,加强各国政府和组织的协作,有利于突破经济一体化的各种制度因素和非制度因素,为完整的市场体系的形成提供条件,推动会展举办城市的经济发展与国际接轨和全球经济的一体化进程。通过发展会展业,会展举办城市还可以吸引大量具有创新思维和战略眼光的知名专家、学者、企业家,这不仅会带来信息化革新,而且也便于这些外界人士更好地了解城市各方面的发展状况,有利于吸引投资,从而推动城市经济发展与国际接轨。

五、挖掘城市优势

会展的举办地除了应具备良好的硬件基础设施、便利的交通环境和政府在政策法规等方面给予的支持外,还应该具备良好的经济环境、社会环境和文化环境,拥有较高的开放度,相对发达的第三产业,较为丰富的旅游资源等。城市具有发展会展经济的优势。会展总是在那些经济发达的城市优先发展起来,如德国的汉诺威、法国的巴黎、英国的伦敦、中国的上海和香港等城市。

六、促进外贸发展

从对外贸易方式看,会展本身就是一种重要的国际贸易方式,为买卖双方了解市场,建立和发展贸易、技术、经济合作关系,促进文化交流、增进友谊提供了条件。它有利于国内企业出口自己的优势产品、技术,或购买先进的生产技术、设备等,从而直接增加外贸进出口额,推动对外贸易的快速发展。如法国博览会和其他专业展览会每年展商的交易额高达1 500亿法郎。

七、引导技术创新

会展活动能够在一定的时期内将众多高新技术领域的专业人士集中在一起,使其动用所有的感官,接触、比较、了解新技术、新发明,并通过相互交流获得有关技术的性能、功效等各方面的信息。可见,会展活动不仅对先进技术成果起到了展示、传播和推广的作用,而且对引导新技术的研发、跟踪技术发展动向,鼓励企业不断进行技术创新具有重要的意义。

八、提高竞争能力

一方面,会展扩大了企业的市场范围。会展活动,特别是大型的跨国界的会展活动,有利于打破国家间、区域间、民族间的封锁和垄断,促进资金、技术、商品的跨区域流动,从而有利于竞争力强的企业抓住新的市场机会,采用先进的生产技术,改革管理方式,充分利用资源,进一步提高在市场上的竞争能力。另一方面,会展的举办也使企业置身于更开放的市场环境中,增强了企业的危机感。竞争对手的存在迫使企业不断降低成本,改进产品和服务,提高竞争力。

九、加速区域物流

会展活动期间,在会展举办区域内汇集了大量的参展商品,由此导致会展区域出现频繁的物流活动。会展前后参展商品的运输、包装、储存、装卸、搬运,会展活动期间参展商和参展观众所需食品的分发,以及其他与会展相配套的设施的运作,都会增加会展区域对物流服务的需求。更重要的是,相对于一般的货物运输而言,展品对物流服务有着更高的要求,即物流活动组织者必须不断采用先进技术、设备、管理方法,来提高物流服务的水平。因此,会展产业的发展将加速会展区域的物流活动。

十、扩散产业关联

会展通过关联效应的扩散,带动建筑、旅游、餐饮、金融保险等其他产业发展,使产业结构沿着第一、二、三产业优势地位顺向递进的方向演进,沿着劳动密集型产业、资本密集型产业、技术(知识)密集型产业分别占优势地位的方向演进,由此呈现出日趋合理化、高度化的格局,最终推动区域经济增长(图3-2)。

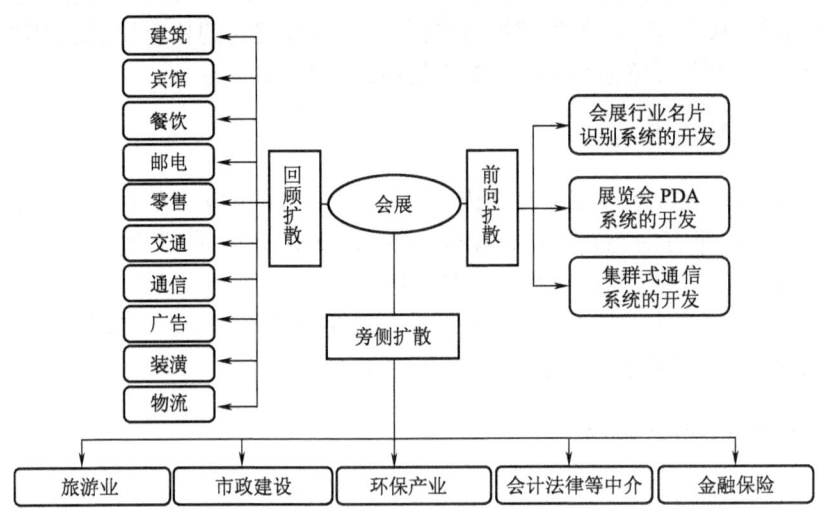

图 3-2　会展产业关联效应的扩散

第四节　会展经济效益的主要评价指标

会展经济效益是指在某一区域内,社会对会展的总投入与社会因会展活动所得到的总收益的比较。会展产业综合经济效益包括可以用价值形式表示的会展直接经济效益和间接效益。

对会展经济效益进行评价,宏观上,能够优化资源配置,实现效益最优化,协调产业均衡和地区均衡,有利于国民经济整体水平的提高;中观上,可以优化会展产业结构,使会展产业处于长期的、动态的结构均衡状态;微观上,可以促使会展企业降低生产经营成本,提高劳动生产率,提高企业管理水平,使企业获得最大化的利润。

一、会展经济效益评价指标体系设计原则

会展经济效益评价指标体系的建立应该遵循如下主要原则(表3-1)。

表3-1 会展经济评价指标体系建立的主要原则

主要原则	相关内容
全面性原则	评价指标的建立既要能反映个体会展企业的管理水平和经营能力,又要能反映整个会展行业的赢利水平、发展能力和可持续发展潜力,以及对整个社会进步的贡献水平。
系统性原则	对会展经济效益功能的评价是一个复杂的系统工程,其指标体系是由若干指标(要素与子系统)有机结合而成的,在构建指标体系时,应重视各指标之间的联系,真正使评价做到全面、系统。
科学性原则	指标的设置既要考虑指标自身的科学合理性,又要结合会展业的行业特点,遵循客观规律;既要有动态指标,又要有静态指标;既要有定性指标,又要有定量指标。
导向性原则	指标体系的建立,有助于会展企业按市场需求组织生产和经营,加强管理和降低成本费用,把工作重点引导到提高经济效益上来,并对会展企业的非正常化行为起到约束和规范的作用。

二、会展经济效益评价指标的评价方向及组成

(一)经济总量

总量指标是反映会展产业总产业、总就业和总固定资产存量规模的总体指标。该指标的重要作用主要表现在两个方面。首先,该指标反映了会展产业在人、财、物方面的最基本的发展概况,其次,该指标是构成大多数其他评价指标的基础。在指标体系中,除作为核心总量指标的增加值外,还包括总产值、总成本、从业人员数、会展产业总收入等指标。

(1)会展产业总产值:指一定时期内会展产业单位全部生产活动的总成果或总规模的货币表现。它既包括转移价值,也包括新增价值。在计算会展产业总产值时,事业单位和企业单位应分别采用不同方法计算,然后加总。

(2)会展产业增加值:指某一区域在一定时期内(通常为1年)会展产业单位向社会提供产品或服务而增加的价值总和,反映了会展产业部门为社会提供的全部最终成果。该指标在统计时可能因会展产业统计范围不同而造成不同时期(或不同地域间)的口径不一致,所以在具体运用时应加以说明和调整。

(3)会展产业总成本:指在一定时期内,会展产业单位为生产会展产品和开

展会展活动而产生的各种消耗和支出的总和。

（4）会展从业人员数：指在会展产业单位工作或非会展产业单位中直接从事会展活动并取得劳动报酬的全部人员数。

（5）会展产业总收入：即会展企业和事业单位本年收入合计。该指标包括财政补助收入、上级补助收入、事业收入、经营收入、附属单位上缴收入和其他收入六部分。其中，事业收入指事业单位开展专业业务活动及其辅助活动之外的非独立核算经营活动取得的收入。

（二）直接经济效益

直接经济效益指标是反映会展产业生存、发展状态的关键指标。反映产业经济效益的指标有很多个，根据会展产业的特点，衡量其直接经济效益主要从中选取3个指标。这3个指标都是定量指标，且都以单位时间内的数值计算（通常为1年）。

（1）资产报酬率＝净利润/平均资产总额。其中，平均资产总额为期初期末资产之和的算术平均值。这个指标反映了会展产业单位的获利能力。

（2）劳动生产率＝会展总收入/会展从业人员数。反映会展产业单位人力资源管理水平。

（3）资产有效利用率＝实际使用资产/资产总额。反映会展产业单位自然资源营运能力。

（三）发展能力

发展能力是指会展产业所拥有的获得持续经济效益的能力。对会展产业经济效益的综合评价，不能只看会展产业或会展企业当前的经济效益指标，还要看到会展产业的发展前景。只有对会展产业的现状与未来进行综合评判，才能得出客观、全面的评价结果。反映会展产业发展能力的指标主要有以下4种。

（1）年增长率＝（年末总资产额－年初总资产额）/年初总资产额。从一个产业的年增长率可以直接看出该产业的发展水平及趋势。

（2）技术创新投入率＝技术创新投入总额/净利润。其中，技术创新总额＝新产品开发费＋设备更新改造费＋从业人员培训教育费。现代市场经济中的竞争，是科技与人才的竞争，因此技术创新投入也是表现会展产业和会展企业发展水平的一个方面。

（3）从业人员构成率＝会展产业从业人员/第三产业从业人员。

（4）增加值构成率＝会展产业增加值/第三产业增加值。

由于会展产业的主体行业包含在第三产业内，因此，评价会展产业人员与增加值在第三产业中的构成情况也是了解会展产业发展水平的重要方面。

（四）对国民经济的贡献

该指标反映会展产业对国民经济的直接贡献水平。就一般意义而言，部分会展产业已成为最具经济活力的产业部门。为客观、真实地反映会展产业在国民经济体系中的地位，通常选择以下5个指标。

（1）国民经济贡献率=会展产业增加值的增长量/国内生产总值同期增长量。该指标直接反映了会展产业增长规模对整个国民经济的影响程度，是评价其对国民经济贡献的核心指标。

（2）国民经济支持率=会展产业增长速度/国内生产总值同期增长速度。其中会展产业增长速度以增加值计算。该指标反映了会展产业增长速度对国内生产总值增长速度的相对支持程度。

（3）第三产业就业贡献率=会展产业从业人员增长量/第三产业从业人员增长量。该指标直接反映了会展产业在就业方面对第三产业发展做出的贡献。

（4）社会贡献率=会展产业社会贡献总额/平均资产总额。该指标可以衡量会展产业单位运用全部资产为国家或社会创造或支付价值的能力。会展产业社会贡献总额即会展产业单位为国家或社会创造或支付的价值总额，包括工资（含奖金、津贴等工资性收入）、劳保退休统筹及其他社会福利支出、利息支出净额、应缴增值税、应缴产品销售税金及附加、应缴所得税、其他税收、净利润等。

（5）社会积累率=上缴国家财政总额/企业社会贡献总额。该指标可以衡量会展产业单位社会贡献总额中多少用于上缴国家财政。上缴国家财政总额包括应缴增值税、应缴产品销售税金及附加、应缴所得税、其他税收等。

（五）乘数效应

乘数（Multiplier）指某一经济量与由其引起的其他经济量变化的最终量之间的关系。会展乘数效应指会展产业的一笔投资或收入不仅能增加会展行业的收入，而且在国民经济中起到连锁反应，最终会带来数倍于这笔投资的国民收入增加量。乘数包括收入乘数和就业乘数。收入乘数=由会展引起其他产业的收入增加量/会展产业收入增加量；就业乘数=由会展直接或间接引起就业人数增加量/会展产业收入增加量。

相关链接

会议全过程品牌化管理的价值

会议经济的价值。某外国经济学家将会议的价值形象比喻为"如果在一个城市开一个国际会议，就好比开了一架飞机在这个城市上空撒钞票"。会议的价值主要体现在两个层面：微观价值与宏观价值。其中微观价值亦被称为直接价值，即会议组织者所获利益和消费者的收获：前者包括因会议举办所获得的收入、会议品牌形象的拓展以及组织者社会形象的提升等；后者则包括会议给消费者所带来的企业形象展示、理念冲击、人际交流以及旅游娱乐等价值。美国三大财经杂志《财富》、《商业周刊》、《福布斯》正是观察到会议所能带来的巨大品牌效益与经济效益，多年来坚持在世界各地举办杂志年会，并产生出巨大的滚雪球效应。以《财富》2005全球论坛为例，不计占收入主要份额的赞助费，仅与会者参会费用一项收入就高达350万美元。被称为"经济联合国"的"达沃斯论坛"，每年为期一周的会议时间为会议带来超过上亿美元的丰厚收入。

宏观价值则主要指会议所引致的外部效应，如对旅游、餐饮、住宿、交通、娱乐、通信、广告及印刷等行业的关联效应。有资料显示，会议经济的产业带动系数为1:9。ICCA统计表明，每年全世界国际会议的会议费用仅10%花在会场的组织、管理与接待上，90%花费在旅游活动、购物、交通、餐饮、娱乐和饭店等方面。会议经济所创造的综合经济效益不仅促进了会议品牌本身的持续发展，同时也成为推进地区经济发展的新亮点。

（资料来源：王志良. 全过程品牌化管理：我国会议品牌建设的策略选择全过程. http://www.iwee.org/institute/ShowArticle.asp?ArticleID=611）

会议概述

第一节 会议的内涵

一、会议的定义

会议是指在一定的时间和空间范围内,为了达到一定目的所进行的有组织、有主题的信息交流、聚会、商讨活动。一次会议的利益主体主要有主办者、承办者和与会者(许多时候还有演讲人),其主要内容是与会者之间进行思想或信息的交流。

二、会议的特点

会议作为会展业的重要组成部分,同样在创造经济效益、促进城市建设、提升城市形象等方面具有特殊的作用。尤其是国际会议,所涉及的范围相当广泛,包括场地、视听设备、展览、航空、陆地交通、旅游、饭店、餐饮、网络、印刷、媒体、翻译、礼品、事务机器、其他与会公司。针对彼此的相关性作具体说明如下。

(1)场地。场地租金给当地会议中心与展览中心带来相当大的收益。

(2)视听设备。单枪、三枪、多媒体、同步翻译设备与音效的优劣,都会影响会议的质量,会议也带给视听设备业很大的收益。

(3)展览。展览也给会议带来相当大的收益,尤其是对其周边产业产生很大的效益。

(4)陆地交通。会议期间需要地面交通工具,如游览车、民营机场巴士与出租车,往返会场与机场、火车站、饭店,会场与晚宴地、各地旅游点之间。大型会议需求量大,收益也更可观。

(5)旅游。旅游内容的设计是国外与会者考虑是否参加的因素之一,如果旅游内容经过精致设计包装,就有可能吸引与会者甚至其眷属参加。国际会议对国内旅游会产生积极的影响。

(6)饭店。国际会议可提供不同等级的饭店供与会者选择。对饭店来说,住宿费用是主要收益,同时,与会者在饭店的消费,如餐饮、通信、洗衣等服务,也产生房价以外的收益。

(7)餐饮。国际会议期间所有与会代表的餐饮可以带来相当大的收益,餐饮内容可包括欢迎酒会、告别晚宴、早午餐以及咖啡点心等。

(8)网络。重要的国际会议都会请专业人员制作网页,以便于与会者获取各种资讯,因此国际会议也带动了网络事业的发展。

(9)印刷。国际会议期间的大会手册、论文集与会议通信(Congress Daily)等目前仍具有可观的数量。不过,国际网络的发展日新月异,网络将会逐步取代印刷品。

(10)媒体。国际会议的会前、会中与会后常举办记者会,一般通过媒体的方式来做宣传。因此,国际会议给媒体业者带来很大的收益。

(11)翻译。翻译人才在国际会议中扮演相当重要的角色,无论是书面翻译、口语翻译甚至同步翻译,都要依靠他们来完成。会议带给各种翻译人员很大的收益。

(12)礼品。礼品的制作可依大会预算的多寡而定,国际会议的礼品也经常是一笔相当可观的费用。

(13)事务机器。电脑仍无法完全替代事务机器的功能,国际会议期间需要复印机、传真机、对讲机与刷卡机等相关设备。国际会议给事务机器产业带来收益。

(14)花艺。国际会议举办期间,会场的舞台、晚宴场地等都需要花艺的布置,花艺费用的多寡依预算而决定,而通常花艺在会议中是必需的。

(15)购物。参加国际会议的与会者与其眷属,或多或少都会购买当地礼物赠送亲友,也有与会者购置价格昂贵的物品,这些都会带给当地产业一定的经济效益。

(16)邮电。国际会议期间大量的长途电话、电子邮件、上网与传真等也都会有不小的收益。

相关链接

德国会议业市场管窥

德国是世界会展强国,有800多年举办展会的历史。德国地处欧洲中心地带,其优越的交通条件是作为会议举办地的一个非常明显的优势。德国的机场(尤其是法兰克福机场)保证了与世界所有大洲的交通便利。同时,德国具有良好的会议基础设施建设和舒适的旅行条件。另外,丰富而独特的文化资源使德国的会议业在国际市场越来越有吸引力。

作为组织者,德国会议局(GCB)管理在德国境内或者国外举办会议的有关事务,同时也是在德国计划举办会议和各类活动组织者的联系者。200个会员中包括在德国领先的酒店会议中心、活动代理和活动提供商,以及汽车租赁企业。德国会议局在会议的组织者与德国会议市场供应商之间起着联系的作用,为会议事务的组织与计划工作提供市场联系、建议与相关支持。网站主页提供了各类会议地点、新闻在线搜索服务,同时还提供德国指南以及其他更多信息。

销售额的持续增长不仅带来了会议业市场的繁荣,而且对于举办地的其他相关产业产生了很强的拉动效益。2002年德国会议业实现销售产值493亿欧元,比2001年增加9.5%,比1999年增加了14%。会议的举办给社会提供了97万个全职岗位,占德国旅游业就业率的1/3。与会者的住宿消费上升到6 760万欧元,1999年为6 500万欧元,增长率高达35.5%,会议举办对于星级酒店意义更为重大。

全德国有1.1万个会议举办场所,其中有1万个为酒店宾馆,420个为会议中心与会展中心,330个分布在大学,还有大约6万多个各类活动场所可供选择,会议场所数量与1999年相比增长了10%。此外,大约有140万平方米会展中心也可用于做会议举办场地,而且还有75个企业会议举办场地和1 500个特殊活动举办地。

(资料来源:德国会议业市场管窥. http://www.chinatradenews.com.cn/news/Article_Show.asp? ArticleID=8680)

第二节 会议的分类

会议是人类社会中一种聚众议事的过程。凡是在一定的时间和空间内,为了达到一定的目的所进行的有组织、有领导、有共同议题的议事活动均称为会议。按照不同的标准,会议有不同的分类方法。

一、会议的组织分类

按会议的组织形式,可划分为大会或年会、专门会议、代表会议、论坛、专题学术讨论会、讨论会、研讨会等。

(一)大会或年会(Convention)

大会或年会(Convention)是会议领域最常用的字眼,指的是就某一特定的议题展开讨论的聚会,议题可以涉及政治、贸易、科学或技术等领域。

年会是指同一公司、社团、财团、政党等立法、社会、经济团体所举办的资讯及政策商讨会议,其目的在于使与会者建立共识并形成决策。年会议题可以涉及政治、贸易、科学或技术等领域。年会通常包括一次代表全体会议(General Session)和附带的几个小型分会议,有时还附带展览。多数年会是周期性的,最常见的周期是1年。年会常有的内容是市场分析报告、介绍新产品和筹划公司发展策略等。在美国,Convention通常是指工商界的大型全国甚至国际集会,包括研讨会、商业展览或两者兼具。年会的规模大小不等,有些年会规模很大,如美国化学协会要吸引2 000~3 000人出席年会,但有的协会年会出席人员不到100人。在美国年会平均出席人数约为850人。

大会是由国际协会组织所举办的规模较大的会议,如APEC会议、财富论坛等。各国争相举办这种国际级别的会议,其承办方式主要有两种,即会员国轮流主办和竞标主办的方式。其中,会员国轮流主办可以按入会先后次序或国名英文字母顺序等排列方式轮办,也可以由会员国主动提出优惠条件,经其他会员国或这个组织的理事会同意即可。这类大会的筹备时间一般需要2~3年。

相关链接

达沃斯的看点

世界经济论坛年会即将开幕,瑞士小城达沃斯渐渐热闹起来。大街上随处可见拎着行李前来注册的代表和记者,不时也闪过一些军警的身影,给这座银装素裹的美丽山城增添了些许紧张气氛。在接下来的几天里,达沃斯将上演一场盛会。追踪这个有200多场研讨会的论坛,达沃斯的看点在哪里?

既然名为世界经济论坛,话题当然离不开未来12个月世界经济的发展趋势。虽然国际货币基金组织等主要国际经济机构都预测2005年全球经济仍会保持较快的增长速度,但世界经济的发展仍存在着诸如美元持续贬值、油价居高不下等不确定因素。因而参加此次年会的500多位大公司总裁的观点和看法,将成为预测今年经济好坏的重要"风向标"。

本次年会,中国经济的前景及其对世界经济的影响,是一个备受瞩目的话题。年会第一场讨论会的主题便是中国。世界经济论坛创始人施瓦布教授日前曾预言说,中国联想集团收购美国IBM公司个人电脑部门的行动,"标志着新的地缘政治和地缘经济格局的开始"。

此外,世界贸易组织正在进行的"多哈发展回合"谈判的进展情况,也是许多与会人士关注的焦点。来自印度、巴西等发展中成员的贸易官员,也将借此机会劝说欧美等发达成员做出更大的努力,以打破目前的谈判僵局。

当然,达沃斯早已不仅仅是经济论坛。世界舆论的焦点,也将更多地放在前来参加论坛的政治领导人身上。此次年会吸引了20多个国家的元首和政府首脑参加,其中包括法国总统希拉克、英国首相布莱尔和德国总理施罗德等"重量级人物"。不过最受媒体关注的,可能还是刚刚宣誓就职的乌克兰总统尤先科。

对论坛的组织者而言,当然不希望年会仅仅成为政治人物的表演舞台,他们更愿意看到的是具体事件的实质性进展。据悉,刚刚在巴勒斯坦大选中获胜的阿巴斯也将出席论坛,组织者正力促他与以色列政府的高级官员进行直接会晤,以续写1994年阿拉法特与时任以色列外长的佩雷斯在达沃斯成功达成有关加沙和杰里科问题协议草案的历史。

(资料来源:达沃斯的看点. http://www.sichuandaily.com.cn/2005/01/28/20050128432524170938.htm)

(二)专门会议(Conference)

专门会议(Conference)是指某些专业、文化、宗教等群体召开的、派正式代表参加的定期会议。年会(Convention)这一字眼常被贸易界用于一般性的会议,而专门会议常常是科技界使用的术语,贸易界也使用这个词。因此,两者没有实际意义上的区别,仅仅是惯用语不同而已。专门会议通常就某一特定主题来讨论,报告者及讨论者均为其领域的成员或相关的协作团体人士。就与会者数量而言,专门会议的规模可大可小。

(三)代表会议(Congress)

代表会议(Congress)一词最常被欧洲人和国际性会议使用。这个词在美国被用来指称立法机构。在性质上,代表会议是和专门会议相类似的活动。代表会议的议题通常涉及具体问题,并就此展开讨论,可以召开分组会,也可以只召开大会。全国性的代表会议通常每年举办1次,国际性的专门会议通常2年或更长时间才举办1次。代表会议的与会者数量参差不齐。

(四)论坛(Forum)

论坛(Forum)指为了有共同兴趣的某一或某些主题而举办的进行公开讨论的研讨会。论坛的特点是对问题进行反复深入的讨论,一般由一位会议主席、小组组长或者演讲者(Moderator)主持,并有不少听众参与其中。小组组长和听众可以提出各种各样的问题,发表各种不同的意见与想法,再进行反复的讨论,最后由会议主席得出结论。论坛参与者的身份均要先被认可。

（五）专题学术讨论会(Symposium)

专题学术讨论会(Symposium)通常是某一领域的专家集会，就特定主题请专家发表观点，共同对问题进行讨论并提出建议。专题学术讨论会与论坛相类似，唯一的不同是其进行方式比论坛更为正式，一些个人或者专门小组要做示范讲解，一定数量的听众会参与讨论。但是相对论坛而言，会议中较少有观点和意见的交流。专题学术讨论会一般参与人数较多，会期在2~3天。

（六）讨论会(Workshop)

讨论会(Workshop)是由几个人进行密集讨论的集会，其目的是就某一专门问题或任务进行讨论。讨论会的特点是进行面对面的活动，使所有与会者充分参与进来。讨论会通常被用来进行技能培训和训练。一般来说，讨论会要求各小组参加集体会议，就专项问题或任务进行讨论。参加者互教互练，旨在交流知识、技能以及对问题的见解。在代表大会或专门会议中，由与会者自选主题或由主办单位建议，针对某一特定问题所进行的非正式与公开自由的讨论也称为讨论会。

（七）专题讨论组(Panel Discussion)

专题讨论组(Panel Discussion)由一位主持人来主持，另由一小群专家为座谈小组成员(Panelist)，针对专门课题提出其观点，再进行讨论和座谈。小组成员之间、主要发言人与组员之间都要进行讨论。有时仅限于小组成员自行讨论，有时也开放和小组以外的与会者相互讨论。

（八）研讨会(Seminar)

研讨会(Seminar)是指一群具有不同技术但有共同特定兴趣的专家，为达到训练或学习的目的而聚集在一起所召开的会议。研讨会应尽量避免那种由一个或多个主讲人站在台上向听众演讲示范的模式。与其他类型的会议相比，研讨会通常有充分的参与性，由一位主持人(Discussion Leader)协调各方。这种模式一般只适用于相对小型的团体会议。当与会者增加时，就变成了论坛或者专题学术讨论会。

（九）讲座(Lecture)

相对于专题学术讨论会而言，讲座(Lecture)是一种比较正式或者说组织较为严密的活动，通常由一位专家单独做讲演或示范，会后有时会安排听众提问，讲座规模的大小不定。

（十）讨论分析课(Clinic)

讨论分析课(Clinic)常用于培训项目，就某一课题或主题进行指导和操练，形式基本以小组为主。

（十一）静修会（Retreat）

静修会（Retreat）通常是小型会议，一般在边远地区召开，其目的是为增进了解和友谊，或是集中进行策划工作，或某种意义上的避免打扰和"躲清静"。

（十二）集会（Assembly）

集会（Assembly）是指协会、俱乐部、公司或其他组织所召开的正式全体集会。参加者以其成员为主，目的是为了讨论和决定组织政策、组织内部的选举、预算、财务计划等。所以集会通常是在固定的时间及地点定期举行，也有一定的会议程序。

（十三）会议（Meeting）

上述被解释的词汇代表了大同小异的会议种类，当一个活动找不到更恰当的词来冠以名称时，人们就会简称之为"会议"（Meeting），它的含义最为广泛，是各种会议的总称。凡一群人在特定时间、地点聚集、研讨或进行某项特定活动均可称之为会议。

二、会议的内容分类

按会议内容划分，主要有商务型会议、度假型会议、展销会议、文化交流会议、专业学术会议、政治性会议等。

（一）商务型会议

商务型会议是指公司和企业因业务和管理工作需要而参加的商务会议，一般在酒店召开，出席这类会议的一般是企业的管理人员和专业技术人员，与会者素质较高。

（二）度假型会议

度假型会议是指企业以及事业单位利用周末或假期组织员工召开的带有度假休闲性质的会议。这种会议既能增强员工之间的了解和企业自身的凝聚力，又能解决企业所面临的问题。度假型会议一般选择位于风景名胜地区的酒店举办。

（三）展销会议

展销会议主要是由参加商品展销会、交易会和展览会的各类与会者召开的会议。会议同时还常常举办招待会、报告会、谈判会和签字仪式等活动。

（四）文化交流会议

文化交流会议是指各种民间组织和政府组织举办的跨区域性的文化学习交流活动。这类会议通常以考察、交流等形式出现。

（五）专业学术会议

专业学术会议通常是指某一领域具有一定专业技术的专家学者参加的会

议,如专题研究会、学术报告会、专家评审会等。

(六)政治性会议

政治性会议是指国际政治组织、国家和地方政府为某一政治议题而召开的各种会议。

三、会议主体分类

按照会议举办主体划分,有协会类会议、公司类会议。

(一)协会类会议

协会类会议是由具有共同兴趣和利益的专业人员或机构组成,用来交流、协商、研讨或解决本行业的最新发展方向、市场策略以及存在的问题,如贸易、医药、食品等各种行业和科学技术协会、联谊组织等协会会议。协会会议由协会组织举办,准备期多在1年以上,会议期间,可能会组织讨论。例如,国际大会和会议协会(ICCA)、国际展览管理者协会(IAEM)、国际饭店协会(IHA)等一些国际协会,我国的中国记者协会、中国作家协会、中国外商投资企业协会、上海市个体劳动者协会等。这些协会每年都要举行许多会议。例如,一年一次的协会年会、由地区性协会组织的地区性会议、专题研讨会、理事会和委员会会议等。协会会议具有周期稳定、规模大等特点。

(二)公司类会议

公司类会议也称企业会议,是本行业同类型以及与行业相关的公司一起举办的会议以及公司的销售、培训、股东等会议。公司会议由公司举办,准备时间一般短于1年,规模也比协会会议小。公司类会议通常以管理、协调和技术等为探讨内容,包括销售会议、技术会议、经销商会议、管理者会议、培训会议、股东会议等。协会类会议与公司类会议的比较,见表4-1。

表4-1 协会组织会议与公司会议的特征比较

比较项目	协会类会议特征	公司类会议特征
背景资料	容易搜集	不易搜集
选择会址	需要选择有吸引力的地方,刺激会员参加	寻找方便、安全、服务较好的地方
决定时间	较长(1~4年)	较短(1~6个月)
开会模式	周期性(春、秋季)	按需求(任何月份)
决策者	分散,通常是委员会,有时会考虑是否有当地会员、分会的邀请	公司总部决定

续表

比较项目	协会类会议特征	公司类会议特征
与会者	会员自行决定是否参加	会员必须出席
与会者的费用	会员自付	公司付全部费用
会议举办地点	多选择、全球性地方轮换	只在适合公司业务需要的城市举办
会议规模	绝大多数超过100人	多数在100人以下
开会次数	固定次数	没有固定次数,较频繁
会议期限	3~5天	1~2天(会议);3~5天(培训或奖励旅游)
住宿	不同类型、价格酒店(与会者按价格自选)	通常用3~4星级酒店(公司决定)
会议场地及设施	会展中心、大学(需要开幕式场地、大小型会议室)	选择有良好设施的酒店
会议和旅游局参与	经常利用会议局	很少与会议局联系
价格	敏感	不太敏感
配偶参加	经常	很少
展览	经常有	相对较少

公司类会议的具体分类如下。

1. 新产品介绍会和零售会议(New Product Introduction & Dealer Meeting)

企业的销售总监和销售人员经常召开全国性和区域性会议,与零售商和批发商会面。在这些会议中,新产品销售介绍是非常重要的,新产品的销售介绍和广告促销活动主张,要将信息一直传送到市场的每一个角落,这就必然要在全国各地召开许多会议。

2. 公司专业技术会议(Professional / Technical Meeting)

公司的专业技术会议经常请顾问、专家、学者甚至零售商参加,通常都以专题研讨会的形式召开。

3. 公司管理会议(Management Meeting)

就像销售和技术人员要开会一样,各级管理人员也要定期或不定期地召开各种会议,研究处理公司各项行政管理业务,从高层管理人员到基层管理人员都不例外。管理会议通常持续两天,没有特定的选址规律。从容易到达的市中心或机场所在地到偏远的度假地及山林小屋,都可能成为公司管理会议的召开之地。

4. 公司培训会议(Training Meeting)

培训会议是指通过一个会期(一周或更长时间)对其专业人员进行的有关业务知识方面的技能训练或新概念、新知识方面的理论培训,培训可采用讲座、讨论、演示等形式。作为与会人员,其目的是通过参加培训会议学到专业知识和岗位技能。培训会议一般时间较长。

5. 公司股东/公关会议(Stock Holder / Public Relation Meeting)

公司还经常感到有必要为非公司雇员召开会议,其中一个会议就是股东年会。有时候这只是一部分人参加的一种纯粹流于形式的会议,而大多数时候,股东年会是许多人参加的、相当活跃的持续一整天的活动,中午要安排午餐,下午要安排供应茶点的休息。股东年会的具体活动随着经济形势的变化也会有所不同。另外,公关部门也要召开会议,举行展示会来完成他们的使命。他们召开的这些会议自然也增加了公司会议的数量。

6. 公司奖励会(Incentive Meetings)

公司奖励会是指举办方为工作中做出过突出贡献的员工而举行的表彰大会。这类会议具有会期短、场面热烈喜庆的特征,伴随着奖励会议的是大型的宴会和晚会,因此举办方应该准备大型的宴会厅和大型的歌舞晚会场所。

四、会议的营利分类

(一)营利性会议(Profit Organization)

所谓营利性会议就是指那些由营利性组织举行的各项会议,如各种公司会议和各种产业协会会议。这类会议有的直接收费,有的虽然不直接收费,但会议的基本内容是以营利为目的的,所以称之为营利性会议。既然是营利性会议,就要进行会议的成本核算,那些成本大于收益的会议要尽量少开或不开,而那些效益非常明显的会议要多举办,这样才能取得更大的经济效益。

(二)非营利性会议(Non-Profit Organization)

所谓非营利性会议就是指那些由非营利性组织举行的各项会议。非营利性组织主要指政府机构、宗教组织和其他非营利性组织。这些组织广泛地存在于社交、军人、教育、宗教和联谊团体中。由于非营利性组织所举行的会议不以营利为目的,所以称之为非营利性会议。既然是非盈利性会议,也就没有必要就要不要举行会议进行成本核算。但在会议举行期间,作为举办方是应该精打细算的,要坚决杜绝一些不必要的奢侈浪费现象,一定要抛却"非营利性会议可以不考虑成本因素"的想法和观念。只有在会议举办的过程中把各项费用降到最低,非营利性会议开得才算成功。

世界卫生组织(WHO)、世界贸易组织(WTO)、联合国(UN)各分支机构、世界旅游组织（OMT：Organisation Mondiale du Tourisme，原来的英语缩略语是 WTO：World Tourism Organization，为了避免与世界贸易组织的简称混淆，改称 OMT）等也是国际会议的主要举办单位，它们介于商业性协会和半政府机构之间。

另外一些经常开会的非营利组织是全国各地的许多社会团体。像其他非营利组织一样，它们不是大消费者，但它们也会带来可观的市场需求。它们经常是一些研讨会和论坛的主办者。在国际上，人们把这些非营利组织称为"SMERF"，代表社会（Social）、军人（Military）、教育（Educational）、宗教（Religious）和兄弟会（Fraternal）。对于国际上的许多饭店来讲，"SMERF"群体代表了饭店业的一个主要细分市场，因为它们每年都要订大量的客房，而且又多数在饭店淡季时用房，所以为淡季时的饭店提供了最好的收入来源。

五、会议的规模分类

按照会议的规模即参加会议的人数的多少，可将会议分为小型会议、中型会议、大型会议及特大型会议四种。具体来说，小型会议出席人数少则几人，多则几十人，但不超过100人；中型会议出席人数在100～1 000人之间；大型会议人数在1 000～10 000人之间；特大型会议人数在10 000人以上，如节日聚会、庆祝大会等。

六、会议的地域分类

按照会议的地域范围和影响力，可以将会议分为四个层次，即国际性会议、全国性会议、地区性会议和本地性会议。其中，根据国际大会和会议协会（ICCA）的规定，国际会议的标准是至少有20%的外国与会者，与会人员总数不得少于50名。由于国际会议在提升举办地形象、促进当地市政建设和经济发展等方面所起的巨大作用，世界上各个国家都在积极争取承办国际会议，平均每一个国际会议的申办国家都在10个以上。根据国际大会和会议协会（ICCA）的统计，全世界每年举办的参加国超过4个、与会外宾人数超过30人的各种国际会议有40万个，其市场价值超过2 800亿美元。

随着世界经济一体化趋势的加强和各国经贸合作的日益频繁，一些国内会议也邀请国外代表参加，因此国内会议和国际会议的界限越来越模糊。

七、会议的行业分类

若以行业为划分标准，还可以将会议分成医学、科学、教育、农业、环境等类别。根据国际大会和会议协会（ICCA）的统计资料，从专业角度上看，2001年举办国际会议的比例从高到低一般依次为医学类(32%)、科学类(13.6%)、工业类(8%)、技术类(7.4%)、教育类(4.7%),接着是农业、社会科学、经济教育、商业管理、生态环保等。ICCA国际会议举办分类统计情况如表4-2所示。

表4-2　ICCA国际会议举办分类统计

(单位:占当年会议百分比%)

年份	1999	2000	2001	年份	1999	2000	2001
医药	25.8	28.2	32.0	体育	2.1	1.9	2.2
科学	12.8	11.9	13.6	环境	2.2	2.1	1.8
工业	8.7	7.8	8.0	法律	1.8	1.8	1.4
技术	8.5	8.0	7.4	语言	1.3	0.9	0.7
教育	4.7	4.1	4.7	建筑	1.1	1.2	1.4
农业	4.3	5.1	4.0	安全	1.0	0.9	0.7
社会科学	4.3	4.0	3.6	文学	0.8	0.8	0.6
经济	4.2	3.6	3.3	历史	0.7	0.9	0.6
商业	3.6	3.8	3.6	图书及信息	0.7	0.9	0.6
交通	3.0	2.5	2.7	数学及统计	0.7	0.9	0.6
管理	3.0	2.9	2.3	地理	0.2	0.3	0.2
文化	2.4	2.6	1.8	其他	0.3	0.3	0.3
艺术	2.1	1.9	1.9	—	—	—	—

资料来源:ICCA(2004)。

八、会议的正式与否分类

按照会议是否正式可以将其划分为正式会议和非正式会议。

正式会议是按照预先规定的规则和程序举行,并就与会各方共同关心的实质性问题达成具有约束力的协议的会议。

而非正式会议是相对于正式会议而言的,它是在没有预先确定会议的规则和程序的前提下进行的协商、交际和宣传。非正式会议并不形成正式的决定或决议,因此,非正式会议并不具有强制力。虽然如此,但它对问题的解决却可以起到巨大的促进作用。另外,非正式会议一般也不对外公开,它常常是在秘密状态下进行的。

九、会议的会期间隔分类

按照会期间隔可以将会议划分为定期会议和不定期会议。

定期会议是按照一定规则和程序定期召开的会议,又可以称之为经常性会议。例如中国各级人民代表大会定期召开的各种会议、博鳌论坛的年会、上市公司的年度股东大会,等等。

而不定期会议则是根据时局的需要随时召开的会议,又可以称之为临时性会议。会议研究的问题往往与时局的变化有关系,一般是为了解决特殊时期出现的特殊问题而举行的,因此,不定期会议具有应急性和紧迫性。一般来说,不定期会议对会场的安全要求很高。

十、会议的技术手段分类

按照会议技术手段可以将会议划分为传统会议和现代电子会议。

所谓传统会议是泛指那些与会者面对面地进行沟通和交流的会议。

而现代电子会议可以通过现代科技手段,将身处不同地理位置的人们聚集在同一空间里,并进行有效互动沟通的会议。最典型的就是远程电视会议,这种会议既达到了交流和沟通的目的,同时又节约了大量的出差费用和时间。

总之,虽然各类会议的区别不很明显,常常可以互换,但是恰当的名称能够帮助人们通过共同的努力为某一活动创造出相应的气氛或者形象,有助于争取到会议业务并帮助会议策划者成功办会。同时,业内人士应当了解并能正确使用这些会议术语,这样才能达到会议策划人所期望的专业水准。应该指出,有关会议的一些英文及其翻译的应用是灵活的,读者不必拘泥它的释义。

第三节 会议的组成

一、会议的供应机构

会议产品是综合性很强的组合产品,它的生产不是由一家公司或机构单独进行的,而且需要由很多家不同行业的企业联合生产并由相关政府部门和非营利性机构支持、帮助才能顺利完成。会议的供应机构见表4-3。

表4-3 会议的主要供应机构

主要供应机构	功能特点
PCO	很多社团组织、企业等机构在开会时已经习惯于聘请PCO来帮助其安排、组织。
会议中心	专门为会议客户提供会议场地、会议设施、设备和会议服务而获取收入。
会议宾馆	为会议客户提供符合一定要求的会议场地、会议设施、设备和会议服务。
会议管理机构	需要会议宾馆在接待会议期间临时改变管理结构,把平时的垂直管理结构变为跨越部门界限、全力协作共同为会议提供及时服务的管理结构。
旅行社	旅行社根据会议安排中用于游览的时间和与会者的特点,把当地或周边合适的风景名胜点组合成一条或数条线路,派出合适的导游人员,安排合适的交通工具,组织参加会议的全部或部分人员进行参观、游览活动。
交通运输商	大型会议往往要挑选交通运输商作为会议的指定交通运输商,如选择一家航空公司作为会议的指定航空公司,选择一家出租车公司作为会议的指定出租车公司。
翻译公司	国际会议所需要的翻译人员有两类四种,即书面翻译人员、口头翻译人员(包括段落性口头翻译人员、公共同声翻译人员、一对一同声翻译人员)等。
会议局	会议局是非营利性的组织机构,它负责对城市或国家的会议业进行规划和管理,为城市或国家对外进行会议业的整体营销宣传,为所在城市或国家争取到尽可能多的会议。
政府	政府应当从财政、政策等多方面为会议业的发展提供有力的支持。

二、会议的人员构成

会议有规模大小和时间长短之分。为了顺利达到会议的目标,会议的组织者需要各方人员的通力合作。会议主要的人员构成包括:主办者;承办者;与会者;贵宾;其他与会议有关的人员(秘书处、策划委员会、地方会议及访问者办公署、总体服务承包商、主席台就座者);会场临时工作人员。

(一)主办者

主办者是对出资举行会议的组织的统称。主办者分三种,一是公司,二是协会,三是非营利性机构(如政府机关、公众团体等)。

(二)承办者

承办者是指被指定来负责会议组织工作的某个人或某个组织,有时这个人也会被冠以其他头衔,比如说会议规划人员、设计人员、顾问、会议指导等。承办者在整个会议的筹备、组织及进行过程中起着重要的作用:(1)主办者决定举行一个会议;(2)选择或聘请承办者;(3)指定策划委员会;(4)确定会议目标;

(5)选择会址;(6)选择发言者;(7)进行市场营销;(8)举行会议。

（三）与会者

参加会议的人通常被称为与会者、参加者、注册者等,统称与会者。从某种意义上来说,与会者是会议中最有力量的人物。当一个单位决定要组织一场会议的时候,它的目标(事实上是它的期望)是使与会者认为参加这次会议是值得的。毫无疑问,如果没有出席者参会的话,那也就没有了会议。以下介绍会议的几类与会者。

1. 国际与会者

一般是指那些来自会议举办国以外国家的参加会议的人。全球经济一体化促进了国际间的交往,许多国家的政府也正在放开对其公民进行国际会议旅游的限制。在物理和社会等诸多科学领域,参加会议的国际与会者比以前有了明显的增加。作为会议承办者,应努力为国际与会者参加会议提供方便。

2. 行为障碍者

行为障碍者是另一个特殊的与会者人群,他们在陌生的地方可能需要比其他与会者更多的帮助。会议工作应该充分考虑到行为障碍者的需要,并针对他们的特殊需求提供有针对性的服务。

3. 老年与会者

现在有越来越多的老年人参加会议,因此会议策划需要特别考虑到老年人的一些特殊要求,如会议当场进行医疗,使用不同以往的视听设备以适应老年人的视力、听力的要求等。

4. 女性与会者

最新统计数字中,协会类会议参加者中有近39%是女性,而公司类会议参加人中有35%为女性。女性与会者的年龄层也比20年前相对降低,大约在25～40岁之间。在会议筹备时,需注意女性在某些需求上与男性与会者不同。例如饭店业就了解这方面的不同,增加了女性用品如乳液、洗发用品、化妆镜及女性楼层;在停车设备方面也加强了停车场灯光与安全设施。

（四）贵宾

许多会议都会邀请一些贵宾或公众人物参加或发表演讲。他们可以是官员,也可以是舞台或影视名人、重要书籍或剧作的著者或当时的公众名人。会议常常借助贵宾的知名度来扩大会议的影响。贵宾应该受到特殊的对待,有时也需要特殊保密措施、安全措施以及保护措施等。

（五）会议有关的人员

1. 秘书处

会议的筹备和举行需要进行大量的管理和文案工作,因此会议承办者需设立一个秘书处。这个名词在许多国家使用得十分普遍,秘书处可以只有一个人,也可以有若干人,他们按照承办者的指示进行工作。在会议举行之前,秘书处通常要做以下工作:联络发言者;与服务和物资提供商合作;联络与会者;收集与会者材料并准备名卡等。在会议进行期间,秘书处主要负责的工作是:登记注册、服务;物资供应;危机管理等。在会议结束后,秘书处则负责后续工作。

2. 策划委员会

策划委员会由主办者指定的人员组成,是一个对会议负有某些责任的团队,通常由主办组织内部成员构成。组建策划委员会的原因之一是为了确保会议的创意和策划是集思广益的结果。承办者通常需要与策划委员会合作。策划委员会要负责大量的工作,他们的职责涉及:确定会议目标;会议选址;定义与会者人群;确定会议持续时间;确定会议日期;调配资源;选择后勤人员;批准预算。

3. 地方会议及访问者办公署

地方会议及访问者办公署常常被会议承办者视为一种特殊的资源。美国有400个这样的办公署,其活动涉及会议选址、酒店预订、发放提供相关城市及周边地区信息的印刷材料以及其他会议辅助工作。许多地方会议及访问者办公署都是国际协会的成员。

4. 为会议提供各种服务和物资的供应商

会议承办者需要大量供应商来提供所需的服务和物资,其中包括酒店、会场、旅行社、航空公司、汽车公司、名卡制造商(当业务外包时)、公关组织、印刷公司、货运公司、幻灯放映员、电工等。

5. 主席台就座者

会议承办者需要安排一些人在主席台或讲台上就座,这些人可能是发言者或演讲者等。发言者是对一次会议负责的人,可能是主要发言人,或者是小组的领袖。他不一定要对某个问题发表演讲,而是负责确保会议按照议程进行。有时,他们又被称为讲话者、讨论主持、小组领袖、后勤人员。演讲者要在全体大会上发表演讲。在其他会议上发表演讲、回答问题或进行其他类似活动的人被称为主席台就座者。

(六)会议临时工作人员

会议筹办人员或会议主办单位需要训练一批临时工作人员,以便会议期间为与会者提供相关的服务。对与会者来说,这些人员的表现代表主办单位或参展商,如果他们得到了良好的训练,那么一定能在会场有很好的表现,那会议也一定能得到与会人员的赞赏,所以不能忽视会场临时工作人员以及他们的工作

状况。

　　会场临时工作人员通常主要包括以下几类人员：当地工作人员、模特以及有某种技能者。主办单位和参展商通常会雇用当地工作人员在现场处理一些比较简单的工作，因为他们对当地比较熟悉。另外，他们可能会需要一些男女模特来介绍产品，还需要在某一方面有基本技能的人为会场提供服务。

　　临时工作人员的工作内容包括：签到、打字和出纳；售票；咨询；处理临时办公室行政事务；各会场联络；整理报名卡；新闻室接待；接待室接待；参展产品示范；分送和收集会议调查表。对临时工作人员的基本要求包括：良好的沟通技巧和语言能力、热诚、灵活、机智。另外，还包括了解花艺、能使用办公室事务处理设备（如电脑、复印机等）、维护办公室家具和设备、担任保安和摄影工作等其他相关要求。

相关链接

韩国借APEC会议捕捉商机

　　初冬的釜山层林尽染，落叶缤纷。第13次亚太经合组织领导人非正式会议即将在这里举行。善于捕捉商机的富商巨贾也从世界各地云集此地，欲借APEC会议的机会大显身手。韩国企业借助天时、地利、人和，更是势在必得。

　　作为此次APEC系列会议和活动的东道主，釜山市使尽浑身解数，开展了一场声势浩大的招商引资活动。14日，釜山市在其市政厅开始举行为期4天的投资会议，会议吸引了来自APEC成员的近500个投资和商业机构以及国际组织的代表。出席活动的重量级人士包括经济合作与发展组织（OECD）秘书长约翰斯顿，1999年诺贝尔经济学奖获得者、美国哥伦比亚大学教育蒙代尔，eBay总裁惠特曼，花旗集团首席副总裁罗兹等。

　　投资会议是釜山APEC系列会议和活动的一部分。期间，APEC和OECD将联合举行投资研讨会，世界投资促进机构协会将举行亚太地区投资咨询会议。亚太经合组织各成员的投资和商业机构也将借机介绍投资背景和意向，并提供资咨询。釜山市则利用这一平台，充分展示釜山市的魅力，大力介绍该市开城工业园区的投资环境。

　　作为韩国第二大城市，釜山极具地理优势，它依山傍海，交通便利，位于北美和欧洲海上运输通道的交会处，就其集装箱吞吐量而言，釜山港称得上是世界第五大港。釜山早已制订雄心勃勃的计划，欲把该市建成东亚最具活力的城市。本次会议期间，釜山推出的口号便是"充满活力的釜山"。据悉，釜山希望借助APEC会议，吸引开发新港和自由贸易区的大笔投资，将釜山建成东北亚的工业、经贸和文化中心。釜山市政官员还透露,釜山将争办2020年奥运会,相信通过成功举办APEC会议,釜山的竞争力将得到提升。

作为一个工业发达国家,韩国不乏利用大型国际活动开拓商机的丰富经验。釜山曾于2002年成功承办韩日世界杯足球赛事和亚运会。这次承办APEC会议,釜山再次显示了其出色的组织和招商引资能力。据釜山市政府官员介绍,APEC会议为釜山带来的直接和间接经济收益将达4 000多亿韩元(1美元约合1 030韩元)。不少国家纷纷看好釜山的投资环境。记者了解到,日本已派出了一个由55家企业组成的投资团参加此次投资会议,拟投资额总计1亿美元。

APEC会议期间,韩国各路商家八仙过海,各显其能,争相为会议做贡献,以展示自己的产品。现代汽车集团为会议赞助了424辆"雅酷士"豪华车,其中超级豪华的4.5加长车型就有74辆,专供参加会议的各成员国领导人乘坐。三星、LG和KT等著名韩国电子企业也早已瞄准了APEC会议提供的巨大商机。它们不但占据了会议新闻中心的显著位置为记者提供优质的免费电信服务,而且将等离子显示屏和液晶显示屏安置在部长会议和领导人会议的会场。韩国电信公司(KT)则向会议提供了500多部最先进的具有移动上网和移动收看电视功能的新型手机。韩国央行和邮政局也期待着为这次APEC会议增光添彩,并从中受益。韩国央行发行的APEC纪念银币今天正式面世。韩国邮政局也将于18日APEC领导人非正式会议开幕当天发行一套纪念邮票。

(资料来源:韩国借APEC会议捕捉商机. http://news.sdinfo.net/72341268037894144/20051114/1410908.shtml)

第四节　会议的管理

尽管会议的规模有大有小,形式多种多样,会期也长短不一,但是,从流程上来说,会议还是有一定规律的。会议的流程基本上表现为:确定主题→会议策划→宣传、推广、公关→为会议和活动进行日程安排→举行会议→结束→评估。因此,可将会议大致分成三个阶段:会议前的策划阶段、会议中的执行阶段和会议后的评估阶段。

一、会议前的策划管理

会前准备阶段的管理工作主要包括会议策划、会议选址、会议营销和会议预算四个方面的工作。

（一）会议前的策划

会议策划的首要工作就是成立会议策划委员会，然后由会议策划委员会拟订具体的策划方案。

1. 会议策划委员会

成功的会议都必须指定内部成员或外部专业会议策划委员会。根据国际会议的惯例和国际会议联合委员的要求，会议策划委员会的职责应包括以下一些主要内容（表4-4）。

表4-4 会议策划委员会的主要工作

主要工作	主要内容
确定会议目标	会议策划委员会要有具体的目标，并以文字形式落实下来，明确策划委员会与承办单位之间的关系，明确策划委员会的具体职责（应向谁负责），明确策划委员会何时结束使命。
确定会员人选	确定会议策划委员会成员的来源，是内部选取，还是外部指派。
会议主要责任	选择会议地点（城市）、选择会议饭店和其他设施、安排会议日程、制定会议预算、负责会前、会中与会后的评估等。

在这些工作中，最重要的就是负责选择会议活动的地点、饭店和其他设施及制定预算。

2. 会议前的策划方案

根据会议的一般流程，会议策划的基本方案如下。

（1）全体大会。每一个会议至少要有一次全体大会，把所有的与会者同时聚集在一个会场里。全体大会通常作为会议的开幕式或闭幕式，但是也可以安排在其他时间。全体大会一般有一个发言人（有时称为主题发言人），但这不是必需的。全体大会上可以进行媒体演示、短剧表演或其他具有鼓动性的活动。

（2）并行会议。并行会议是会议最常用的一种形式。所谓并行会议，是指同时进行两个以上的会议。大型会议中的并行会议有20~200个不等，而小型会议可能只有2~3个会议同时进行。一般说来，并行会议虽然切合整体会议的主题和目标，但与其前面进行的会议并无直接关系。实施并行会议可以利用各种不同的手段和技术，会上不一定要发表演说或朗读论文。

（3）分散会议。分散会议第一眼看上去很像并行会议，但实际上两者有非常大的差别。虽然有人用分散会议指代所有的小组会议，但在此，分散会议是指在全体大会之后，让与会者能够从不同角度和深度对全体大会的议题进行讨论的小型分组会议。这些会议可能由小组领导组织，按照一定议程对一系列问题展开讨论,或者与会者之间进行自由讨论。分组讨论的结果可能被制作成报告,在其他全体大会上公布,也可能将每个分散的小组提交的报告纳入整个会议报告中。

(4)重复会议。当会场不足以容纳所有预计的与会者时,并行会议也可能转化成重复会议。在进行并行会议的时候,与会者在一个时间段里当然只能选择参加其中一个会议,因此可能错过其他一些他们感兴趣的会议。这种需求有时可以通过参加重复会议得到一定的满足。有些重复会议也可能是事先没有纳入计划的。

(5)特权会议。大多数会议都是对所有与会者开放的。除此之外,还有一种特权会议,参加会议的与会者都必须符合一定的条件或资格认证。不过,这种会议在整体策划中很少使用。

(6)聊天会议。这种会议是一种没有发言人也没有议程的非正式会议,有时候还会为与会者提供软饮料、咖啡和茶等,以营造一种轻松、愉快的会议气氛。

(7)会场外的活动(实地旅行)。一些会议会在会场之外安排一些实地旅行,作为会议过程中的休息,如参观与会议主题相关的便利设施;参观历史名胜,等等。活动归来或在后面的会议部分,人们将就活动的结果进行讨论。

(8)会议展览。除了开会之外,会议过程中还有一些其他活动对与会者也很重要。在会场某部分举行展览,可以使参展者有机会展示他们的产品和服务。展览的规模可根据具体情况确定。

3.会议前的相关事件与活动的策划

在可能的情况下,所有与会议有关的事件和活动都应该被列入会议策划。因此,除了基本的会议策划方案之外,与会议相关的事件和活动的策划也很重要。尽管这些事件和活动并不是每个会议都必需的,然而一旦决定将其中的某些事件和活动纳入策划,就需要对它们给予与会议其他事件同样的重视,做好预算以及管理支持等工作。

与会议相关的事件和活动有许多,其中一些应体现在主体日程安排中,如主要宴会等,其他只是为与会者提供可选项,不必列出具体日程。

(1)结伴体制。结伴体制是将与会者结为小组,在会议的过程中互相做伴。这种体制可以在任何规模的会议中应用,在大型会议中尤为有效。通常情况下,是一对一结伴,有时也可由5人或5人以上结为小组,只是5人以上小组需要大量的内部组织和管理,因此无法达到结伴的最佳效果。

(2)临时会议分组。会议中可能会有不同种族、信仰、肤色、性别、专业和地区的与会者。在很多时候,他们只与和自己具有某些相同特征的与会者打交道,而失去了与不同的人们进行交流的大好机会。因此,在组织一些大型的会议时,临时会议分组可以弥补此不足。临时会议分组通常是10人以下的小组,他们在会议期间结组活动,如果愿意的话还可以在会后继续交流。

(3)交谊会。交谊会也被人们称为热身、破题或开局,是一些专门设计用来促进人们之间交流的活动。彼此并不相识的陌生人可以借此机会一起交谈,帮助与会者立刻进入会议的状态,并使他们感到舒适。如果进行顺利,交谊会可以为会议制造出热烈融洽的气氛。

(4)休息区。休息区和公共休息室或兴趣活动场地相似,只是气氛更为放松,没有任何规定的活动(公共休息室往往有很多活动,如小型会议、展示等)。在会议过程中,与会者常常需要从会议的忙乱和压力中抽身出来,放松一会儿,和其他人会面,休息区就提供了这样的场所。

(5)兴趣活动场地。有特殊兴趣的与会者常常希望在会议过程中与其他具有相同兴趣的与会者会面交流。会议可以专门安排一些这方面的活动,也可以在会议整体策划中提供一个兴趣活动场地。

(6)运动和娱乐活动。由于人们现在越来越注重健康和体质,所以各类会议也对向与会者提供运动和娱乐活动产生了兴趣。这些活动可以作为会议的一部分安排相应的日程,也可以作为与会者在自由活动时间的可选活动。这样做可以满足那些习惯经常运动的与会者的需求。同时,要提供尽量多样的运动和娱乐活动,让与会者选择是否参加。

(7)文化活动。文化活动包括观看戏剧、芭蕾舞演出、音乐会、歌剧,以及参观博物馆和展览等。对有些与会者来说,欣赏激动人心的体育赛事也是很好的文化活动。在大型会议中,这两类文化活动都可以安排,以便满足广大与会者的需求。

(8)家庭参观。这项活动就是在会议期间,安排家在会议举办城市的与会者邀请来自其他城市的与会者到自己家里做客。该活动的目的在于让做客的与会者了解主人的家庭生活情况,增进与会者之间的个人交流。它通常更适合国际会议,在全国性会议中也可以应用。

(9)表彰。进行表彰的原因有很多,其中最主要的就是为了对那些为会议主办方或在会议的某个主题领域做出突出贡献的人或组织进行奖励。如果要将表彰活动纳入会议策划,必须事先经过深思熟虑,因为将要受到表彰的人或组织可能成为会议宣传的一部分,因此在会议策划中必须考虑到这些因素,以便将表彰活动的影响扩展到最大。

另外,根据会议的内容、风格和节奏的不同特点,会议的举办方应该注意以下方面:

第一，要选择好关键的演讲人。在选择演讲人的时候，要认真研究演讲人的风格，及时使用言论新颖甚至带有争议的演讲人也会给会议带来意想不到的效果，起到事半功倍的作用。

第二，要计划好会议活动类型。这虽然取决于会议预算和客户的类型，但也需要举办方认真策划，如果选择得当，一个好的社会活动会赋予会议独特的魅力，并在与会者的脑海中留下深刻的印象。

第三，要适当提供相关的城市旅游或商业参观服务。这类服务往往会激起与会者的兴趣，并延长他们的停留时间，为当地带来诸多好处。

第四，要合理安排时间，给与会者更多的自由时间以便办一些个人的事情。

(二)会议场址的选择

会议场址的选择(包括设施、环境和工作人员)相当重要，这也是会议策划委员会的主要职责。会议地点的地理位置、设施、环境和工作人员的服务水平、质量都对会议的成败起着关键的作用。

1. 会议场址的选择类型

召开会议的场所可以有很多选择，主要类型如下。

(1)饭店(酒店)。各大酒店都建有会议室并提供会议设施和其他便利场所，以便为自己带来利润。

(2)会议中心。会议中心是为大型会议专门设计的，可以分为带室内设施的会议中心和不带室内设施的会议中心两种类型。

(3)大学和学院。一些大学及学院中都设有某种形式的会议场所，并且对外界团体开放(收费将高于内部团体)，有些大学的会议场所具备与商业会议中心同等规模和水平的设施。

(4)轮船。轮船可以作为会议地点，这些船只特别为会议设计，而非普通的游轮。除了一般轮船应具备的设施外，它们还能提供特殊会议设施，如会议室及录像放映设备等。

(5)疗养地和主题公园。一些会议地点除了拥有疗养地和主题公园所具备的设施之外，也常常提供各种会议设施，在这里举办会议可以达到放松减压、娱乐旅游的目的。

(6)公共建筑。属于国家当地政府所有，或由其经营的建筑有时可以举办会议。在这类地方举行会议，需要事先联系相关的政府部门进行协商。如博物馆、图书馆和文化馆这类公共场所一般是由国家投资建设的，它主要用于公共事业，是典型的非营利性设施。

应该注意到，会议和展览对场址的要求不同，其主要差别见表4-5。

表4-5 会议和展览对场址选择的差异

项目	展览场址的选择	会议场址的选择
导向	市场导向。	设施条件导向。
重复性	重复性强。	重复性很小。
场地要求	要求场地面积较大,使用时间较长,进馆和备馆的申请时间也会长。	场地要求分散且时间比较短,进馆的时间不长。
服务范围	只提供基础设施,而展览承包商需负责一些服务,如展台搭建、运输等;展览的餐饮服务简单。	依赖场馆提供全面服务,包括音响、通信、信息系统、场地布置等;会议的餐饮服务要求全面。
参与人数	参与人数较多,一般有上万人。	会议参与人数比展览会要少,上千人的会议就是大规模会议。

2. 会议场址的选择标准

会议的选址主要是根据会议的内容、性质、规模和预算情况而定的,可从以下主要方面来考虑选址问题。

(1)距离与交通。距离一是指会议地点与参会者之间的距离,二是指会议地点与中心城区或核心景点的距离。一般情况下,人们更倾向于选择距离更近的会议地址,但要根据会议的财政预算情况而定。交通状况一是指是否拥有快速通道,如航班、火车、高速公路等,二是指交通是否便捷与畅通。

(2)城市形象和国际认知度。在选择会议举办城市时,应看重城市的形象以及国际会议组织者对该城市的认知度,有时对城市形象的重视程度甚至要高于对会议设施的重视程度。

(3)举办地的会议历史。如果举办地有很长的会议举办历史,且举办过许多著名的国际国内重大会议,那么其举办会议的历史渊源和传统就值得重视。但这些地点的会议设施价格更贵一些。

(4)会议接待饭店和设施。举办方需要详细了解会议地点的客房(含VIP)数量、房价、房间设备、餐饮服务质量、客房管理水平和服务质量、快速入住和结账离店手续、商务中心和酒店的信誉。

(5)专业技能。筹办会议需要各方面专业人才的配合。会议活动从注册登记开始,到与会者的入住、文献资料的准备、会议开幕式、演讲、灯光和音响控制、餐饮服务、舞会、闭幕式等,各项工作都需要各方面专业人才的配合。因此,酒店、会议中心、专业会议组织者(PCO)等会议行业的成员都必须具备出色的管理能力。

(6)成本费用。举办方应了解会议地点的收费情况,包括住宿费用、用餐费用、会场租赁费用、娱乐费用、押金、淡季折扣、保险、附加费等。

(7)安全保卫。确定会议地点工作人员是否拥有较强的安全意识,并检查每个房间是否有烟感报警器和喷淋装置,查看酒店是否公开紧急事件逃生程序和明显标记,检查会议地点是否配备保险箱,是否配备常住医生等。

(8)会议服务设施。会议地点周边是否有汽车租赁服务,是否可以提供一些必要的娱乐健身设施(高尔夫球场、网球场、游泳池等),会议场所与周边的娱乐场所有否业务联系,是否可以优惠收费,周边购物环境如何,会议有否特殊服务等。

(9)目的地政府的邀请。能够得到当地政府的邀请,就意味着在该地召开会议可能会享受到一些优惠。如果有了政府的支持,会对以后开展工作有所帮助。

(10)气候与观光。考察会议地点的气候与周边的景点状况如何,是否拥有丰富的旅游资源。要了解会场与景点之间的距离、与会者对景点的关注和兴趣以及景点收费状况等。

总之,在选择会议场址方面,要做到细致入微,要制作会议需求清单,根据会议需求清单进行会议场址实地考察,最终决定在什么地点举行会议。

3. 会议举办场所或酒店的选择

在选择会议场所或酒店时,会议策划者所考虑的主要因素如下。

(1)适当的会议空间。会议场所或酒店是否有足够的空间举行专题讨论和委员会会议,是否能够驾轻就熟地提供餐饮聚会而不会影响到会议的正常进行。

(2)充足的客房。会议组织者希望把所有与会者都安排在同一家酒店里。除了需要单人间和双人间外,也需要套间。如果不能把所有与会者安排在同一家酒店里,最好把剩下的人员安排在附近的酒店。

(3)餐饮的安排。大规模的会议有成千上万人参加,餐饮安排非常重要。协会组织在选择会议场所或酒店时,需要考虑是否有适当的餐饮场地。

(4)适当的展示空间。展览既可以增加收入,也可以吸引会员,所以会议筹划者都希望会议场所或酒店能提供适当的展示空间,或者能够在会议场所或酒店附近寻找到展示空间。

(5)便捷的交通。会议策划者希望所选择的会议场所或酒店附近拥有便捷的交通设施,从而方便与会者外出游玩、购物。

(6)优质的服务。会议策划者希望会议场所或酒店能够提供优质的服务,从而树立会议的良好形象,带来更多的回头客。

(三)会议前的营销

会议前的营销是会议成功的关键,而成功的营销是需要制订一套完整的营销方案的。从会议营销的实务来看,会议前的市场营销需要考虑如下几方面的因素(表4-6)。

表4-6 会议前营销的主要考虑因素

考虑的主要因素		特点
会议对象	会议受众	会议的受众就是与会人员,举行会议首先要考虑会议受众的目标和意愿,以便通过会议来实现这些目标,并满足大多数会议受众的意愿。
会议宣传	明确主题	组织召开记者招待会或进行媒体宣传等,强调会议的主题和重要性,到达会议城市后的诸多好处等。
会议推广	材料邮寄	举办方要考虑的问题包括:邮寄数量、邮寄对象、邮寄时间、邮局规定、与会者的材料和信息、邮寄成本、邮寄反馈率、邮寄方式等。
会议推广	会议广告	举办方往往要通过媒体和网页做一些广告宣传,应考虑是否聘请专业的广告代理,在何种媒体上做广告,广告的形式、初步预算、效果如何等问题。
会议公关	会议媒体	通过媒体进行公关活动不仅仅是要吸引与会者,而且还要在公众和与会者心中树立会议主办者和会议举办城市的形象。

(四)会议前的预算

会议前的预算是会议经济必须考虑的问题。在营利性会议中,是否营利是决定会议是否成功的关键,而在非营利性会议中,经费是否节约也是决定会议是否成功的重要因素之一。会议主办方首先要控制会议的总体预算。控制预算的第一步是确认此次会议属于什么性质的会议,是营利性的,还是非营利性的。对营利性的会议来说,营利越多越好;对非营利性的会议来说,保证收支平衡最为关键。无论是何种会议类型,会议举办方在制订预算过程中,都必须做详细的收支计划。

会议的收入几乎是固定的,而会议费用则是一个无底洞,因此,控制会议费用,整理费用清单就成为会议预算的关键。会议费用包括两类,一是固定费用,二是可变费用(表4-7)。

表4-7 会议前的主要费用预算

费用种类	主要内容
固定费用	场地设施费、讲演者酬金、差旅费和支出、市场费(包括宣传手册、邮寄广告、新闻稿、广告、记者招待会)、海报宣传、会议通知、报名表、会议手册、行政费、视听费、临时设备租用费(如家具、设备与灯光)、展览费、服务费、路标、鲜花和其他用来制造气氛的项目费用、运输费、保险费、审计费、贷款利息或透支费用,等等。
可变费用	根据与会者人数的多少而变化的费用,如餐饮费用、交通费用、旅游费用、住宿费用、娱乐费用,会议装备(如文件夹、徽章、与会证书、邀请卡、会议论文摘要集、与会者名册等)和文件费(如材料邮寄、注册)、礼品费用,等等。

会议的预算是否准确一方面取决于举办方掌握信息的程度和预算制作水平,另一方面也取决于意外事件的变化。例如,突然涨价会引起预算的大变动,会议进程的改变或会期的延长都会增加会议成本,演讲人的变动也会影响会议的进程和主讲人的酬金水平,所以,在制作会议总预算中,要留有一定的余地,预留10%的费用作为机动是比较明智的选择。

除上述几项重要责任外,会议策划委员会在会前的其他责任还包括拟好包含邀请信、会议决议在内的各种文件,落实出席对象等。会议策划和组织者必须牢记责任,精心地策划和安排每一次会议。随着企业全球化和经济一体化的发展趋势,可以预言,公司、协会甚至各种非营利组织的会议预算将会有很大的提高。

相关链接

武夷山,您会议的选择

武夷山位于中国福建省北部,是全国唯一一处集国家级重点风景名胜区、国家级旅游度假区、国家级重点自然保护区于一体的著名旅游胜地,是中国首批优秀旅游城市、世界第23处、中国第4处世界自然与文化双重遗产地,也是国家重点文物保护单位。武夷山素以其丰富的自然生态资源、独树一帜的风光美景和灿烂悠久的历史文化、天人合一的和谐环境著称,享有"碧水丹山"之美誉,是中国最为优秀的会议旅游胜地之一。

武夷山旅游交通条件。武夷山已形成航空、铁路、陆路三大主体交通网体系,武夷山机场系全国一类航空口岸,武夷山旅游酒店均位于武夷山国家旅游度假区,度假区距机场10分钟,距火车站15分钟,距市中心20分钟,交通极为方便。

武夷山会议酒店设施。目前,武夷山拥有星级酒店40多家,商务会议室近百个,多功能会议厅500多个。酒店提供商务出租、电脑、传真机、导游、用车等多项配套会议旅游服务。

武夷山会议服务标准。(1)全天候的机场、车站接送服务,确保会务代表顺利入住酒店;(2)为您选择最佳的会议场地,会址的详情咨询与预订服务;(3)完善的航空销售系统足以满足会议航空票务的预订咨询与购买,代订返程机票、火车票等票务,并提供相应的送票服务;(4)精心布置会场,协助会务组织做好签到、报名、登记等细小的流程工作;(5)提供机场、酒店的特色礼仪迎送服务;(6)提供会议开展中的完善设施(摄影机、投影仪、白板、纸笔、播放音响、麦克风、录像机);(7)提供会议期间的各项翻译工作;(8)提供会议全过程的拍摄、制作、编辑、成片及送片服务;(9)提供专项定做的会议礼品或旅游纪念品;(10)优惠价格安排参会代表的会后考察活动。

(资料来源:武夷山,您会议的选择. http://www.wystr.com/meeting/detail.asp?ID=1671)

二、会议中的执行管理

(一)会议中的执行管理

在会议中的执行阶段,会议举办方的管理工作主要包括以下方面:

(1)进行会前协调。一是可以及时、完整地表达会议主办者、承办者的意图,二是将工作分层安排,以便各个岗位的工作人员都详细了解自己的工作内容与责任。

(2)编制与会人员手册。手册形式可以多种多样,但应包括姓名、职务、工作单位、地址、电子信箱、联系电话等基本内容。

(3)编制会场手册。预先按照会议进程而做出的会务安排和责任清单。与会人员可以拿到详细的会议日程;会务人员可以拿到会场手册的责任清单,以便把会场的具体责任落实到每一个人。

(4)设立信息中心。大型会议的信息中心都设有固定的发言人。发言人代表大会向社会和各种媒体发表公开信息,在一般情况下,没有经过信息中心发言人的同意和允许,任何媒体都不得擅自发表任何与会议有关的信息。

(5)简便报到程序。尽量使报到程序简便,提供正确及多方面的报到咨询并记录收费情况。无论是利用电脑还是人工,是会前还是现场报到,最主要的是正确和高效,减少时间浪费。

(6)有效现场沟通。现场所有员工(如主要承包商、场地工程、服务、餐饮和保安人员,以及视听工作人员等)彼此协助,及时处理现场的每一件事务,包括确保电话、无线对讲机、移动电话、呼叫器、留言中心等常用的设备正常运行,以及向员工发布现场简报以进行精神激励,等等。

(7) 维持会场秩序。会议举办方会设立一个会议协调委员会,并由这个委员会具体负责维持会场秩序,处理会议过程中出现的各种会场纪律、服务纠纷、安全等方面问题。

(8) 加强会议交流。常用的会议日常交流方式有:制作新闻简报、设立公告牌、发布日常新闻、在会议活动中发布声明,等等。会议的日常交流既包括与会人员之间的交流,也包括与会人员与各种媒体之间的信息互动。

(二) 会议中的特殊事件

会议中,对危机和紧急事件的处理也很重要。

1. 紧急医疗

有些与会者可能会因为改变饮食、喝酒、睡眠不足、疲劳、面临不熟悉环境、孤独等原因在会议期间生病。因此,有必要根据与会者平均年龄、活动范围和过去会议经验制订紧急医疗计划,如建立紧急医疗系统、设立会场医务室等,以便应对突发的紧急医疗事件。

2. 卫生

餐饮和卫生对会议主办者来说是最大的挑战,所以要谨慎选择合作对象,万一出现因食物不洁而造成腹泻或食物中毒现象,将造成无法弥补的损失,主办国家、城市、主办者的形象也会大打折扣。

3. 火灾

与会者都应该知道在活动中遇到火灾的逃生技能,饭店有责任告知客人逃生的步骤与方法。而会议主办者与承办者扮演着更重要的角色,他们有责任保护与会者并提供相关方面足够的资料,严格做好场地检查,熟悉安全措施。

4. 签证

通常在会议通知中都会说明签证的细节,但仍有些国外与会者忽略此问题,特别是对重要贵宾,一定要强调签证问题。因签证造成的延误,会使大会节目调整,带来一系列麻烦。

5. 盗窃

与会者在会议当地遇到盗窃事件会留下不良印象,特别是在国际会议期间,有必要要求地方政府加强治安管理,避免发生盗窃事件,同时应以书面告知与会者注意做好安全防范。

(三) 会议中的经济收入

举办会议是会议组织的主要收入来源。特别是对几乎所有的协会组织而言,意义更大。协会组织的会议收入形式如下:

1. 展览收入

举办展览时,协会组织可能要支付使用展厅的费用,也可能由于预订了大量的客房而免费使用展厅。对于每个展览最基本的装饰,协会组织将支付一定的费用,但它向参展者索要的摊位费将大大高于该费用。其差价及免费使用展厅而获得的收益就是展览收入。

2. 会费收入(会议登记费)

会员参加协会会议时,需要向协会组织交纳会费,会费可能从几十元到几百元甚至上千元不等,这构成了协会组织又一重要的收入来源。协会组织所收取的这些会费中有很大一部分是要交给饭店用作餐费的,但饭店一般只按实际收到的餐券数收取费用,而与会者并不会每次都在饭店用餐,这又给协会组织带来更多的利润。

3. 附加收入

协会组织还可以在自己的出版物中插入广告和其他相关项目,从而得到更多的收入。有时参与会议的公司会赞助一部分项目,更会减少协会组织的支出成本。

由此可见,举办会议可以为协会组织带来丰厚的收入。此外,通过举办会议还会为组织吸纳到新的会员。

相关链接

宝洁把会议当做备忘录

宝洁的开会次数没有其他公司那么多。就信息交换或制定决策而言,会议通常被认为是没效率且没有效果的办法。

会议对于脑力激荡、制定决策、追踪事项、信息交换,或协调跨部门团队是有其作用的。但是宝洁的会议比起其他公司具有较高的目的性而且很有组织。如同精心雕琢的备忘录一样,它是一个非常有效率的信息沟通及行动方案和建议工具,会议的运行也采用相同的组织性及精确度。宝洁的离职员工到其他公司上班时,首先要面对的事情恐怕是无边际的会议及缺乏书面沟通。通过备忘录,他们可以详细研究每个步骤之间的关联性。但是,会议却不能办到。前任宝洁人也觉得简报的形式(从图表展示到简报者的个人风格)容易使人分神。

创意审查会议(广告商向品牌经理简报新制作的广告)可以展现宝洁的会议形式。像备忘录一般,会议以联结各个部门为目的而组合起来:目的概述、背景说明、建议以及论证。宝洁典型的创意审查会议,一开始便由品牌经理说明本次会议计划达到的目的,然后由品牌经理(或副经理)进行创意目的及策略的审查。品牌经理的对等窗口,即广告商的客户服务专员,将说明广告与策略的发展过程及其相关性。

接下来创意总监或广告文案撰写人,个别或同时进行广告简报。他们充满热情及活力的简报给人身临其境的美妙感受。一阵肃静之后,品牌经理、副经理及营销经理都忙着做笔记。品牌副经理首先回应。他针对简报资料是否确实执行品牌的广告策略进行评论——而不是他对此广告的好恶与否。然后他运用在宝洁广告文案学院所学的广告评价技巧来提出相关的评论。广告商可以回应并解释广告是如何诠释品牌的广告策略的。接下来是品牌经理发表评价品牌副经理的意见,并加上一些个人的看法。广告商也提出相应回应。然后是营销经理针对先前的讨论,提出过去宝洁的广告经验及一些个人的主观评价。同样地,广告商也提出回应。如果营销经理是最资深的与会者,他将作最终的定夺,然后品牌经理总结会议结论及追踪事项。

受过培训的宝洁人能够体会创意过程的独特本质,而不会轻率评价创意成果。然而,会议的根本架构是客观并有目的性,会议的焦点将不断地锁定广告目标、策略及终极目的。

(资料来源:苏伟伦,童泽望. 宝洁:把会议当做备忘录. http://www.job360.net/Article/9/17088/index.html)

三、会议后的评估管理

评估总结阶段的管理也是非常重要的,因为对会议举办方来说,每举办一次会议都是一次历练,都会为日后的会议举行积累经验。因此,会后的总结工作不是独立的业务工作,而是管理工作的有机组成部分。通过统计整理现有资料和研究分析已做过的工作,会为将来的工作提供数据资料和经验教训。评估总结阶段的管理工作一般分为三个方面:一是做好会议的总结与评估;二是做好客户的回访工作;三是召开会务总结表彰大会,感谢相关人员。

(一)会议后的总结评估

一旦会议结束,举办方就应该立刻进行总结评估。会议的总结和评估分为三部分,第一部分评估会议受众的满意程度;第二部分总结经验教训;第三部分是专业评估(表4-8)。

表4-8 会议后的总结与评估

总结与评估	主要管理特点
受众满意度	受众是指会议的与会者、媒体和社会各界群众。与会者的满意程度在会议期间就可以进行封闭式或开放式的市场抽样调查,会后还可以通过电话跟踪的方式进行调查,客户的意见将成为下次会议改正的依据。

续表

总结与评估	主要管理特点
总结经验和教训	会后经验和教训的总结一般分为三部分：一是会议从筹备到结束的各项工作总结；二是会议的效益分析和成本核算总结；三是本次会议的市场调查，如本次会议在市场同类项目中所占的市场份额、优劣势比较、竞争情况等。
评估	举办单位聘请专业公司系统地对会议进行定性或定量的评估，如对成本效益的评估、宣传效果的评估、会议影响力评估等，将有利于举办单位发现问题，进一步提高工作效率。

（二）会议后的客户回访

会议经济要求会后做好客户的回访工作，这是建立长远客户关系的管理问题。会议结束后不久，与会人员通常还沉浸在会议的美好记忆中，在这个时候与他们进行联系和沟通，一般会加深与客户之间的感情，为建立长期合作关系奠定坚实的基础。如果在会议后不迅速联系客户、沟通感情，目标客户就会慢慢失去在会议上所产生的热情，淡忘了会议举办单位，这也意味着会议举办单位很可能失去这些目标客户群，所以，会后及时回访非常必要，具有重要意义。

（三）会议后的会务总结

对会议举办单位来说，表彰有突出贡献的员工，提高广大员工的士气是非常重要的。所以，会后要及时召开会务总结表彰大会，表彰优秀员工，感谢相关人员。表彰的对象除了优秀的员工以外，最为重要的还是会议参加者、重要的支持单位、合作单位以及曾给予大力支持的媒体。对于那些特别重要的客户，举办方的会务人员可以采取亲自登门致谢，甚至通过宴请的答谢方式来表示谢意和感激。

对会务人员的表彰是鼓舞士气、以利再战的最好奖励方式。这种奖励不一定要采取发放奖金的方式来进行，更多的应该采取精神奖励。这样一来，员工的积极性就有了保障，会务工作的效率就会越来越高。

对媒体更应该做好跟踪服务。对媒体的报道要进行褒奖，对记者的贡献也要进行适当的奖励，对媒体和记者的意见和要求要给予充分的重视，与媒体保持良好的合作关系，为下一次更好的合作打下坚实的基础。

第五章 展览概述

第一节 展览的内涵

一、展览的定义

"展示"一词(Display)来源于拉丁语的名词"Diplico"和动词"Diplicare",表示思想、信息的交流或实物产品的展览。展览业常见的术语有展销会(Fair)、展览(Exhibition)和博览会(Exposition)。从《辞海》、《简明不列颠百科全书》到政府有关部门的统计报告,再到各类书籍报刊,对展览会的定义也是千差万别。《辞海》中对展览会的定义是,"用固定或巡回方式公开展出农业产品、手工业制品、艺术作品、图书、图片以及各种重要实物、标本、模型等供群众参观、欣赏的一种临时性组织"。美国《大百科全书》的定义是,"展览会是一种具有一定规模、定期在固定场所举办的、来自不同地区的有组织的商人聚会"。

因此,展览会是一种具有一定规模和相对固定的举办日期,以展示组织形象或产品为主要形式,以促成参展商和贸易观众之间的交流洽谈为最终目的的中介性活动。从广义上讲,它可以包括所有形式的展览;从狭义上讲,展览会可以指贸易和宣传性质的展览,包括交易会、贸易洽谈会、展销会、看样订货会、成就展览等。

从展览会的内涵来看,主办单位、参展商、专业观众和服务商是构成一般展览会的四大要素。从图中可以看出展览公司、参展商、专业观众、服务商与一般观众等不同利益主体之间的关系(图 5-1):第一,对展览公司而言,参展商是展览会价值的主要体现,同时也是展览会收入的主要来源;第二,尽管专业观众带来的直接现金效益较少,但其质量和数量将直接影响参展商对展览会的满意度,最终影响展览会的效益;第三,参展商与专业观众相互促进、相互吸引,专业观众是参展商参加展览会获得收益的最终来源;第四,服务商与展览公司签订合同,并同时为参展商和专业观众提供各种服务。

综上分析看出,展览会四要素之间既相互带动又相互限制,任何一方失衡都有可能造成展览项目的中断。因此,展览会主办单位应当多关注专业观众的组织,而不是一味重视参展商的数量。

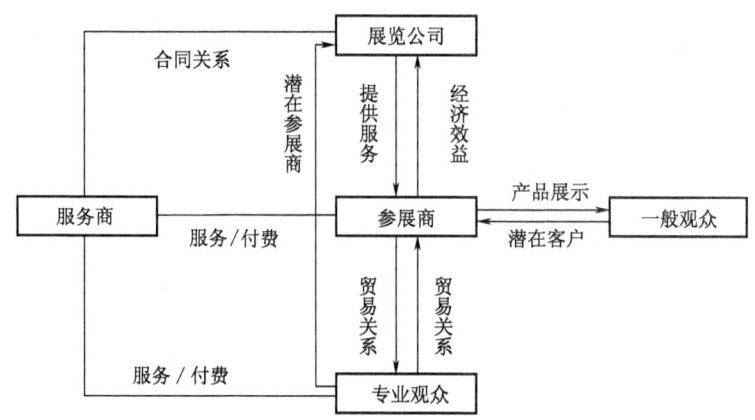

图5-1 展览会四大要素之间的关系

二、展览场馆的结构

结构合理的场馆,不仅便于物资的流通和人员的流动,而且能够在更大程度上满足各种交流展示的需要。一般来说,广义的展览场馆包括室内部分和室外部分。室内部分就是通常说的狭义的场馆,室外部分则包括室外展场、停车场、绿化面积等组成部分,主要起辅助和补充作用。这里重点介绍展览场馆的室内部分。展览场馆的整体结构从平面结构上可以分为并行式、环绕式和串联式;在纵向结构上可以分为单层、双层及多层等形式。不同结构的场馆具有不同的特点(表5-1)。

表5-1 不同结构的展览场馆的形式和特点

分类		形式	特点
平面结构	并行式	各个展厅相对独立,并行布置于主要人流通道的两侧,装卸货口位于展厅外侧或展厅外侧之间,总体布局呈鱼骨状。	交通流线简洁明了,便于两侧展厅单独或联合使用,展厅具有并行特点,尤其适用于规模较大的展览中心。

续表

分类		形式	特点
平面结构	环绕式	各个展厅环境布置,中心庭院可作为室外展场或休息区,或设置部分会议餐饮设施,便于为所有展厅服务,装卸货口设在展厅外侧。	整体布局紧凑,人行距离短,但各展厅使用灵活性差,会产生人流干扰,识别性也相对较差。
平面结构	串联式	大多数展厅由于多年的改建和扩建,各展厅顺次相连,人流通道位于展厅一侧,货流位于另一侧。	加建比较灵活,分期建设对展馆的运营影响小;但交通组织比较混乱,人流路线长且重复,当交通路线过长时,需要增加人口和服务设施数量。
纵向结构	单层式	场馆内所有展厅只有一层。	避免大量垂直交通的麻烦,货车可以直接进入,方便布展和撤展,可提供无支撑的高大空间,地面承载力大。
纵向结构	双层式	部分展厅为双层结构。	需要安排多部观光电梯或自动扶梯,从而方便观众流动,参展商布展撤展也需要足够货梯。其优势在于节约用地。
纵向结构	多层式	部分展厅采用三层或三层以上结构。	需要设置足够多的扶梯和货梯,下层空间展厅受柱网限制较大,楼面承载力受局限,已经很少采用。

三、展览场馆的规模

　　欧洲是世界会展业的发源地。经过数世纪的积累和发展,欧洲会展业整体实力强,规模最大。据德国贸易展览业协会(AUMA)2003年统计数据,欧洲有24个超过10万平方米的展览场地,其中,超过20万平方米的有7个(表5-2)。此外,约占世界总量60%以上的专业展览会都在欧洲举办。它们在展出规模、参展商数量、国外参展比例、观众参观人数、专业观众比例和质量、贸易效果及相关服务质量等方面,均居世界领先地位。还有,绝大多数世界性大型展览会和行业顶级展览会也都在这个地区举办。欧洲的德国、意大利、法国和英国都是世界级的会展大国。尤其是德国,更是世界第一号的会展强国,专业性、国际性的展览会数量最多,规模最大,而且效益又好,实力也强。世界10大知名展览公司中,有6个是德国的;世界最大的4个展览中心有3个在德国;国际上影响较大的专业性国际贸易展览会也有2/3是在德国举办的。

表 5-2　欧洲 10 万平方米以上的展览场馆(2003 年)

展览场馆名称	展览场地(平方米)		展览场馆名称	展览场地(平方米)	
	室内面积	室外面积		室内面积	室外面积
德国汉诺威	496 963	58 070	意大利博洛尼亚	150 000	80 000
意大利米兰	375 000	—	德国纽伦堡	150 000	—
德国法兰克福	320 551	89 436	瑞士巴塞尔	142 900	11 300
德国科隆	286 000	52 000	西班牙巴塞罗那	141 000	143 230
德国杜塞尔多夫	234 398	32 500	西班牙马德里	140 400	30 000
法国巴黎(Expo)	226 011	—	比利时布鲁塞尔	114 362	—
西班牙 Valencia	220 000	20 675	法国 Prosen	113 100	39 400
法国巴黎(Nord)	191 000	—	意大利维罗纳	111 097	1 108 000
英国伯明翰	190 000	—	德国埃森	110 000	20 000
荷兰 Utrecht	162 780	120 766	意大利布鲁诺	101 900	91 500
德国慕尼黑	160 000	280 000	德国莱比锡	101 200	33 000
德国柏林	160 000	100 000	英国伦敦	100 061	—

资料来源:德国贸易展览业协会(AUMA)。

纵观会展业在全球的发展情况,不难看出,一个国家的会展业实力和发展水平是与该国综合经济实力和发展水平相适应的。发达国家凭借其在科技、交通、通信和服务业水平等方面的优势,在世界会展业发展过程中处于主导地位,占有绝对优势。

第二节　展览的分类

一、展览的内容分类

根据展览内容的不同,国际博览会联盟(UFI)将展览会分为三类,即综合性展览会、专业展览会和消费展览会。

综合性展览会。综合性展览会涉及多个行业,又称为水平型展览会或横向型展览会,如上海工业博览会、杭州西湖博览会等。

专业展览会。专业展览会具有鲜明的主题,又称为垂直型展览会或纵向型展览会,主要展出某一行业或同类型的产品,如礼品展、汽车展。专业展览会的突出特征是常常同时举办讨论会、报告会,用以介绍新产品、新技术等。

一般来说,专业展的规模小于综合展,但在展览业发达的国家,大型综合展览基本让位于专业展。综合性展览会和专业展览会一般都属于贸易展览会,是为工业、制造业和商业等产业举办的展览,展览的主要目的是交流信息和洽谈贸易。

消费展览会。消费展览会的"展品"基本上都是消费品,主要对公众开放,目的主要是直接销售。

二、展览的出席者分类

根据展览会的两个主要类型,即贸易展览和消费展览,可相应地将出席者分为两类,即贸易展览的出席者(客商),以及消费者展览的出席者(顾客或参观者)。

贸易展出席者具有以下特征:①一般都是出于业务原因来自外省市;②在大多数情况下,其费用由所在的公司承担;③通常都有具体的"任务",即有参观展会的特殊的目的和目标。他们可能是随意看看产品或竞争情况,或者是收集详细的统计资料,甚至有可能只是作为一个"到场者"代表自己公司出席;④贸易展览的每个出席者都需要预先登记,大多数情况下要付相关费用,并且在展会上要佩戴代表证。

消费展出席者具有以下特征:①出席展览是出于娱乐;②可能考虑购买展览上某一有特色的产品或服务,会对各商家的产品进行比较,征求展览经理和参展商的意见,然后去购买。因此,参加消费者展览的生产商围绕展会的出席者而展开的竞争,实际上与其他娱乐活动如电影、体育项目、购物等的竞争是一样的。所以,有效的促销活动是非常重要的。

三、展览的营利性分类

现代展览会根据其目的的不同大致可分为两大类,即公益性展览会和商业性展览会。

公益性展览会经过策划、设计、组织布展,在一定的空间里用各种形式把信息、物品展现出来,以期达到宣传、推广的目的,其最大的特点是展示和信息交流,不进行货币交易。

商业性展览会组织者通过策划、组织、招商以出售展台和服务而获取利益,参展者则通过参展展示自己的形象与产品,并在展会中获取市场信息和购货订单合同,达到参展目的。商业性展览会最大的特点就是在最短的时间和在最小的空间里,用最少的成本做最大的生意。商业性展览会又可以根据展览的内容、展览的性质、所属的行业、开放对象以及展览规模、时间、地点等而有所不同。

四、展览的参展商分类

展览活动会吸引为数众多的参展商,不同参展商往往在自身的性质、参展目的、参展行为等方面存在明显的差异。根据不同的标准,可将参展商分为不同的类型。

(一)国别类型

对于展览组织机构和展览主办国家来说,根据参展商所属国别的不同,可以将参展商分为国内参展商和国外参展商(或境外参展商)。国外参展商占所有参展商的比例是衡量和评价一个展览国际化程度及其影响力的重要指标。随着各国尤其是发达国家展览产业的日趋成熟,展览产业的国际化也逐渐成为各国拓展展览市场、提升展览产业影响力的越来越重要的手段。

(二)联合程度

根据参展商参展联合程度的不同,可以把参展商划分为独立参展商、联合参展商和团体参展商等。所谓独立参展商,就是以独立身份单独参展的企业、组织或个人。联合参展商通常是由两个或两个以上的参展商组成。这种参展行为一般更适用于中小参展商,由于各种资源的限制,采用联合参展的形式可以更好地减少投资,降低风险。在一些跨地区或者国际性的大型展览活动中,很多参展商还可以组成参展团一起参展,这样有利于增强参展商的竞争力,提高参展的影响力和参展效果。

(三)行业地位

不同的行业和系统都存在一些规模庞大、实力雄厚的龙头企业或组织,它们在行业内拥有强大的号召力和影响力,通常扮演着行业领导者的角色;另外还有一些处于成长阶段、发展潜力强劲的行业赶超型企业;更多的则是那些实力较差、规模相对较小的行业落后企业。展览活动中行业领导者能够引领行业发展潮流、展示最新技术、公布权威信息,这类企业的参展有利于提升展览的品牌效应,增强展览活动影响力;行业赶超型以及行业落后企业则可以通过展览展示自己的经营特色和市场优势,它们是展览活动参展主体中的主力军,对展览活动的规模构成重要影响。

(四)提供服务

根据展览提供服务内容的不同,可以将展览服务提供商主要划分为以下各类(表5-3)。

表5-3 展览服务提供商的主要分类

主要分类	参展目标
展览场馆提供方	大部分展览场馆的所有权主体比较单一,多数归政府所有,或归政府与相关投资者共同所有,委托专业机构逆行管理和经营。组展机构对展览场馆完成考察、谈判以后,由双方签订租赁合同,于展览期间交付使用。
信息服务提供商	展览过程中的物流、销售、客户关系等各类信息的管理,需要专业服务提供商或者其提供的产品给予支持,如电信服务运营商、邮政部门、会展信息管理软件开发商等。
媒体、广告服务提供商	为了达到相应的组展规模和组展效果,需要借助各种媒体形式,如电视、报纸、互联网、户外广告等,是各展览主体实现会展目标的重要工具和有力保障。
物流服务提供商	负责展览前后各类展品及辅助用品的运输、仓储、保管、包装、加工以及由于展品销售而发生的其他物流活动等。
设计、搭建、安装服务提供商	展厅的设计、搭建、安装工作,一般可以委托给专业的展位建造工程公司、普通广告公司或室内装饰设计师;各项工作也可以捆绑承包给某个承建商。
旅游服务提供商	主要包括各种酒店、旅馆、宾馆、旅行社、目的地管理公司(DMC)以及娱乐场所等,以组织各种类型的宴会、酒会、娱乐节目、景点旅游等活动。
物业管理服务提供商	场馆物业管理机构除了对场馆进行管理维护外,同时对周围环境、清洁卫生、安保、车辆停放等实施专业化管理,并向主办方、参展商及参观者提供综合服务。

五、展览的地域范围分类

与会议的划分一样,以地域范围为标准,可以将展览会分成国际、全国、地区和本地(通常是一个城市)四个层次。其中,国际性展览会的参展商和观众来自多个国家(在展览业发达国家,著名品牌展览会的国外参展商所占比例一般都在40%以上),如汉诺威工业博览会、汉诺威信息技术展览会和中国出口商品交易会。本地展览会的规模一般较小,面向的专业观众主要是当地及周边地区的企业或市民,如上海别墅展览会、房展览会等。全国性和地区性的展览会则介乎其间。

六、展览的功能分类

按照展览的功能,可以将其分为四类,即观赏型:各类美术作品展、珍宝展、民俗风情展等;教育型:各类历史展、宣传展、成就展等;推广型:国家推广型(由国家主管部门主办的各类科技、教育成果展、建设成就展等)、商业推广型(由行业主管部门主办的新材料、新工艺、新产品等成果展,最终刺激社会消费与招徕订购);交易型:展销会、交易会、洽谈会、博览会等。其中,按照展览性质的不同,交易型展览会又分为贸易型和消费型两种,同时具有这两种性质的展览会被称作综合性展览会。在会展经济不发达的国家,展览的综合性倾向比较重;反之,展览的贸易和消费性质比较重。

七、展览的手段分类

可将其分成实物展览会和虚拟展览会两类。实物展览就是在展览场地直接展出实物产品的展览,展品是实实在在的实物产品。在展览的发展过程中,实物展览一直是展览的主要形式。虚拟展览也称在线展览,是通过国际互联网,使用虚拟技术组织的展览。虚拟展览没有真正的场地,没有展品实物,没有工作人员,参观者利用计算机,通过互联网进入虚拟展览会,参观屏幕里的"展台",了解屏幕里的"展品"。

八、展览的时间分类

根据展览时间的不同,可以将展览会划分为定期展和不定期展。定期的有1年4次、1年2次、1年1次、2年1次等;不定期展视需要而定。或者也可以根据时间将展览会分为短期展、长期展和常年展等。

九、展览的地点分类

根据展览地点是否固定,可分为固定展览与巡回展览。在专用展览场馆举办的展览即为固定展览。有些展馆有室内场馆和室外场馆之分。室内场馆多用于展示常规展品,如纺织展、电子展等;室外场馆多用于展示超大超重展品,如航空展、矿山设备展等。在几个地方轮流举办的展览被称作巡回展。比较特殊的是流动展,即利用飞机、轮船、火车、汽车作为展场的展览。

十、展览的举办模式分类

按照办展模式,可分为自办项目和他办项目,即德国式办展和美国式办展。德国式办展模式是指展览场地和展览设施的所有者不仅向专业展览组织者出租展览场地,而且有自己的展览项目,可以同时是展览会的主办者和组织者。美国式办展模式是指展览场地的所有者与展览的组织者截然分开,展览场地的所有者只出租展览场地和设施,没有自己的展览项目;而展览的组织者一般没有自己的展览场地,办展时需要从展览场地的所有者那里租用展览场地和相关设施。

第三节 展览的组成

展览活动主要由七部分人员组成：展览经理；参展商；场馆经理和员工；展会服务承包商；大会和访问者办公署；客商及参观者；合作者。下面仅论述主要的展览人员。

一、展览经理

展览经理可以理解为是这个团队的指挥者。比起其他的角色，他或她必须更加具有创造能力，以便使展览会对于参观者和参展商来说都是独一无二的、可以获得利益的。展览经理的职责范围包括了以下几点：确定展览主题；把其他运作者带动到一起；与合作者签订合同；组织参展商。

对于展览经理来说，他面临着来自外部与内部的诸多方面的要求，只有协调好与各方的关系，才能确保展览活动的顺利进行。展览经理的具体协调内容见表5-4。

表5-4 展览经理的协调关系运作表

协调对象	主要关系
主办机构	展览活动的主办机构可以是政府部门、公司以及社区，主办机构不同，目的和要求也不同。展览经理在为其组织举办展览活动时，应搞清楚主办机构的目的。
主办社区	主办社区包括居民，商人，交通管理、消防和救护队等公共事务主管当局。展览活动会对主办社区产生影响，展览经理应积极协调好和主办社区的关系。
赞助商	展览经理应准确地确定赞助商想从所赞助的活动中得到什么，以及自己能够提供什么，并将赞助商当做伙伴来对待。
媒体	媒体报道对展览活动的宣传，可向社会提供具有可信性的东西。展览经理应考虑不同媒体集团的需要，把他们当做活动的重要一员来咨询，当做潜在的伙伴来对待。
合作者	展览经理需要挑选展会服务承包商、正式的合作者、为展会现场服务工作提供帮助的咨询员和自由职业者（零工），需要吸引并挑选参展商。
客商及参观者	展览经理必须时刻想着客商及参观者的需要，包括其物质需要，以及对舒适、安全保险的需要。

此后，展览经理可根据展览的种类及合作对象的不同而签订不同的合同。拟定合同的过程包括五个主要步骤：意向、谈判、达成初步协议、同意各个条款、签字。如果已经有标准的合同样本，那就只需修改一些特别的条款，整个过程

会大大简化。

展览经理对于参展商的职责,体现在三个方面,一是根据展览主题收集潜在客户名单;二是根据展览主题确定参展厂商范围,以避免不必要纠纷,并且随时与参展商沟通;三是处理好与不合格参展商的关系。对于展览经理来说,参展商既是顾客,又是合作伙伴。

二、参展商

对于参展商而言,参加展览是一个低成本的推销活动。他们可以面对面地向对他们产品有兴趣的客户进行介绍,这比直接派遣销售人员进行销售更为便宜和有效。同时,展览也是获取知识和信息的来源。参展商可以通过展览来了解别人的新产品,甚至可以从与会者的对话中获取哪种新产品或技术应该被开发或研究。

参展商参展的目的在于以下几个方面:①获得预期合格的目标购买者;②与购买方进行面对面的接触;③演示新产品;④获得产品或是服务的反馈;⑤改善与客户之间的关系;⑥进行市场调研;⑦对经销商进行培训;⑧利用"以活动为中心"的媒介优势;⑨确认市场方向;⑩形成销售领先地位;⑪形成有利的宣传,并克服不利的宣传;⑫引导产品发展趋势;⑬解决顾客所关心的问题或者受理投诉。

在参展商开始考虑设计公司展台之前,应该:①填写申请表格;②了解展览的规则和规章制度;③确认费用以及付款时间;④明白展览的场地是否根据产品的类型或是种类来进行划分,以便决定将展台置于何处。然后,参展商要考虑的问题将依次是:选择满意的摊位→展台设计→展品装运→展台搭建→展台拆除(表5-5)。

表5-5 参展商的展览设计

设计对象		设计内容的考虑因素
摊位分配		展览经理往往基于以下因素来考虑展台分配:公司参加过展览的次数;以前的展台规模;收到申请表格的日期;费用的支付情况;所有参展商数;广告,等等。因此,展览会经理可能会通过先来先选、指派、抽签、预先销售等几种方式之一分配摊位。
展台设计	标准式展台	在一直线上有一个或多个标准的单元。最大高度:2.5米(8.3英尺)。
	靠壁式展台	标准的靠壁式位于展区外部四周的墙壁处。最大高度:3.6米(12英尺)。
	半岛式展台	展台由4个及以上的背对背式的标准单元组成,以单层或多层的方式进行展出,而且在其三边上各有一条人行走道。最大高度:4.88米(16英尺)。
	小岛式展台	展台由4个及以上的标准单元组成,以单层或者多层的方式进行展出,在其四周均有通道。最大高度:4.88米(16英尺)。

续表

设计对象		设计内容的考虑因素
展台设计	示范区域	搭建此展览部分的目的是为了使参展人员和观众能够通过产品介绍或是样品演示来进行相互交流。这部分区域不能妨碍交通过道,而且任何样品或是产品演示所用的桌子必须放于至少离过道线0.61米(2英尺)的地方。
	塔式展台	独立的展示部分与展示实体相分离,它的目的只是在于说明和展示。
展品装运	提前装船	在展览之前,把货物送到正式的运输承包商或是一般的服务型承包商的仓库中。
	直接装船	确定到达展览地的时间(通常是到达码头的时间),并且按照CWT交付到参展商的展览地。
	泛线装船	在展览前60~90天,由服务承包商提前安排,直接将货物运送到展馆和展示地点。
展台搭建与拆除		一般而言,展台的搭建与拆除工作是由展览服务承包商负责完成的,但也可由会议组织者或参展商自行搭建与拆除。

三、展馆经理

展馆(展览场地)经理的职责主要为:①为所在的展馆或会议中心增加收入;②在降低成本的同时提供给顾客高质量的服务;③开拓新业务;④了解顾客和员工的需求;⑤保留和管理高水准的员工;⑥吸引高质量的项目和展览会。这些职责之间的联系显而易见,展馆或会议中心经理总是通过一定的方式,在员工的积极配合下,完成自己的职责。

展览经理在选择展览地址时有许多考虑,展馆经理也必须了解这个进程,以便能够回答展览经理所提出的问题。其中一个最重要的问题是适于展示的空间的多少以及空间的布局。所以,展示设计示意图是一项重要的工作。

四、展馆部门员工

展馆(会议中心)员工不仅要对所办的展览有足够的了解,还要了解展馆所在的社区。当举办地员工试图"出售"其场地,应该做好充分的准备向顾客解释为什么自己所在的展地更适合某一个展览。比如说,是因为提供的展示空间更便宜,还是因为当地的劳动力价格比较低,或者说是因为有宜人的气候,或者说是因为当地社区对这一展览的关注度高,等等。总之,举办地员工必须牢记其展地所具备的竞争力。

各个展馆(会议中心)对部门有不同的划分方法,常见的如行政部、市场营销部、财会部、人力资源部、项目协调部、工程部、组织部、保安部、内务部等。这些部门的构成以及职责主要见表5-6。

表5-6 展馆(会议中心)的主要员工

员工类型	主要职责
行政部	总经理负责制定举办地和员工的远景目标以及实现的政策等,副总经理负责监督每天的运营情况并协调其他员工间的关系等工作。
营销部	说服展览经理在自己所在的展地举办展览会,最终目的是与展览经理建立良好的业务关系,以使其成为固定客户。
财会部	财会部主要负责协调处理展馆(会议中心)所有的财务事务。
人力资源部	特别在贸易和消费展览接近开幕时,员工总是需要临时的或者大量的帮助。
项目协调部	项目的协调者必须一直和展览经理保持密切的联系,了解展览会详细设计安排和日程表。
工程部	工程部的员工对举办地的建筑负责,他们维护展馆内外的建筑物,保证展览会能够安全顺利地进行。
保安部	保安部的员工责任重大,他们要保证所有的与会者和员工的安全。
内务部	内务部员工主要负责清理建筑物的垃圾,包括所有的公共场所、地毯、窗户和休息室。

第四节 展览的管理

下面以商业展览会(或称交易型展览会)为例,介绍展览项目管理的主要流程。一个完整的展览会项目管理大致可分为以下四个阶段,即展前策划、展前准备、展中实施和展后评估。一个展会从策划开始到最后顺利完成,每个阶段都需要各部分组成人员分工协作、互相配合。

一、展览前的策划阶段

(一)展览项目的论证

展览项目的产生来源于策划人员长期的积累和创造的灵感。从脑海里浮现某一特定主题的展览会场景开始,到展览会的初步市场分析和财务估算,直到该展览项目正式立项,这一阶段的主要核心工作见表5-7。展览项目的论证是组织某个展览要做的第一项工作。展览项目可分为过去举办过的展览(老展览)和从未举办的展览(新展览)。这里主要讨论新展览项目的论证。

表5-7　展览会项目的论证

项目	内容
行业展览会分析	首先,对展览会举办地某产业的发展现状和发展趋势进行分析,判断新开发的展览会是否有发展潜力,为现有展览会调整发展策略提供依据;其次,对同类展览会的竞争力进行分析,包括竞争对手的潜在参展商、目标专业观众和展览会规模等,以期明确展览会定位。
展览项目构思	解决展览会的选题和定位问题。只有针对市场策划优秀的选题,并将策划创意转化为精心组织与施工,为参展商和专业观众搭建理想的交流、交易平台,展览会才能取得预期的成功。
展览项目立项	明确展出的内容、时间、场地、展台售价、合作伙伴以及目标客户等,分析其与自身的能力和办展目标是否吻合。如果主办方经过评估认为值得,则需要通过可行性分析对展览会进行更具体的审核。

(二)展览项目的单位选择

展前的策划管理工作还应包括主办单位、承办单位的确定及支持单位和合作单位的选择。

1. 主办单位

西方国家展览业已高度市场化,主办单位大多是专业办展公司,一些工作外包给其他公司做。在我国,一些专业的展览公司为寻求政府(或者行业协会)的支持,充分利用其对企业的影响力,便主动与其合作,邀请其做主办单位或与自己共同做主办单位,但主要工作由专业的展览公司来做。

2. 支持单位

寻求政府主管部门、行业协会、媒体和其他相关单位(如该行业有影响力的企业)的支持。有影响力的支持单位可提升展览会档次,提高展览会影响力和行业号召力,吸引媒体和大众广泛关注,有利于宣传和新闻炒作,吸引目标企业参展和目标观众参观,可以在较短时期内打造品牌展览。

3. 合作单位

当地行业权威机构(如行业协会、组展单位的分支机构)、专业展览公司都可作为候选的合作单位。所确定的合作单位应有丰富的招展组团经验,能切实有效地开展组团工作,在该行业有较高的信誉和威望,有一定的招展组团经济基础,有专人负责该项工作。

(三)参展商对展览项目的选择

展览会是展示企业形象、推广企业产品、促进产品贸易的舞台。选择合适的展览会,首先,要确定企业的参展目标。参展商可能会同时拥有几种目标,但在参展之前务必确定主要目标,以便有针对性地制订具体方案。其次,确定了参展目标后,要慎重选择即将参加的展会。主要考虑的因素如下。

1. 展会性质

每个展览会都有不同的性质。按展览目的分为形象展和商业展;按行业设置分为行业展和综合展;按观众构成分为公众展和专业展;按贸易方式分为零售展和订货展,等等。

2. 展会知名度

展览会的知名度越高,吸引的参展商和买家也越多,成交的可能性也越大。虽然参展费用较高,但参展效果远好于不知名的展览会。如果参加的是新的展览,则要看组办者是谁,在行业中的号召力如何。

3. 展览覆盖市场

考虑该展览会是否覆盖了参展商所需的市场,是否能够吸引合适的观众群,是否与参展商的生产计划、广告和促销活动相吻合,选择时机是否恰当。

4. 寻找价值展览

首先从国际展览联盟(UFI)成员所主办的展览会中寻找有价值的展览会;其次,可以检查其他协会成员中是否有举办参展商所希望参加的展览会。

(四)展览项目的场址选择

展览场址的选择事关展会能否吸引到足够数量的参展商和观众,能否成功举办。展览会在立项选址时需考虑以下因素。

1. 交通是否便利

展览场馆通常都建在交通比较便捷的地点,国际展览会在选址时应有国际直达航班。便利的交通将方便人员和物资快捷地到达或离开展览场馆。

2. 展馆与展会面积

参展商预期需要的展位面积和附加面积、展览场馆可使用面积在很大程度上决定了租用展会所在地哪个展览场馆。展览场馆最好是由较小展厅组成,可以降低场地空置的风险;最好在同一个展览场馆进行,便于参观和管理。

3. 展览场馆设施

要考虑展品是否对展览场馆的空间有特别要求,如适当的装修、可利用的储藏空间、高科技设施设备,以及对灯光、电力等基本条件的要求;展览场馆内或附近最好有会议室、餐厅、银行、商务中心、厕所等相应配套设施;同时,还要考察展馆是否有电话、煤气、空调、冷热水、上网设备等。

4. 展览场地费用

展览场馆不同,租金价格也会有所不同。会展中心收费一般是根据实际使用展场面积或每天使用的净面积来确定。一些较高档的会展场所,则以展位价或每天净面积价计算展会期间的租金,布展和撤展另计。

5. 专业管理技能

展览场地的准备、货物的分发和运输、布展、人关手续、空运证明、开展仪式、演示、灯光和音响控制、当地及海外参展者的接待工作、紧急事故等相关事宜都需要得到及时而娴熟的处理。举办地的专业会议、展览组织者,展览中心的承包商,物流人员等都应具备出色的管理与协调才能。

6. 展览安全条件

展览场馆要提供足够的安全保障。

7. 参展目标观众

能否有目标观众前来参加展览是一个极其重要的因素。

8. 其他因素

当地是否拥有一定数量和档次的酒店、旅游景点,等等。

(五)展览项目的市场选择

展览策划者应以专业的展览服务,赢得买家和卖家的支持和信赖,原则上是应该使80%以上的参展商都达到目的,使70%以上的参观者(尤其是客商)都达到参观的效果为标准。在策划展览时,一项重要的内容是根据展览目标市场进行选择。对展览的市场选择也是对项目市场的选定,这一过程如表5-8。

表5-8 展览项目的市场选择

主要市场选择因素	主要内容
展览市场调查	根据本地区的经济结构、产业结构、地理位置、交通状况和展览设施条件等特点,分析行业市场现状。
办展资源的整合	办展资源包括资金、人力、物力(办公设备和通信工具)、信息资源和社会资源。社会资源是指与该展览所属行业的主管部门的关系;与全国及海外合作伙伴、招展组团代理的关系;与各大专业媒体和公众媒体的关系等。
展览同行的反应	同行业是否经营同类的展览项目,特别是本地、本区域,如果有同类项目的话,就须慎重考虑。
展览时间的选定	原则上要避开国内外同类展览项目的举办时间,避免冲突,特别是该项目的品牌展览,两者的举办时间起码要相隔三个月以上。

(六)展览项目的参与选择

展览会项目拟定时,应该考虑到展览会的诸多参与者,包括展览的组织者、买家(观众)、卖家(参展商)、展览场地及设施所有者以及物流公司等。此外,当地政府也在展览业中扮演着重要的角色。具体见表5-9。

表 5-9　展览会的主要参与者

主要参与者	主要目的
组织者	展览的组织者主要有两类,一类是专业展览组织者,另一类是一些协会组织,作用就是寻找足够量的买家和卖家,并给其提供讨价还价和达成交易的场所(展览场地)。
买家(观众)	前来参加展览会的观众,其前来参观的目的和期望有很多种。
卖家(参展商)	在展览会上达成交易目标、巩固客户关系。
展览场地及设施的所有者	展览会组织者如果没有自己的展览馆,办展时则需要从展览场地的所有者那里租用展览馆和相应设施。
物流公司	展览会主要有两类材料需要运送,一类是展览会宣传材料,需要在展览会前运送到销售代理处;另一类是展品,包括国内展品和国外展品。
中介媒体	利用宣传、广告手段,营造氛围,形成浩大的市场声势,建立起庞大的展览营销网络,进行广泛的市场推广和招展,最终吸引目标客户参展。
当地政府	为提高展览业的服务水平,各地政府都对展览业提供一定的支持和赞助,很多国家都设有协调和管理展览业的官方机构,以保障展览会顺利进行。

展览会项目管理者为了让更多参展商参加展会,可以考虑增加宣传参展商在展览会中可以获取的诸多益处(表 5-10)。

表 5-10　参展商在展览会获取的益处

项目	主要益处
保持客户联系	展览会为参展商提供联系客户的机会,使其可以获得新客户,处于行业领先地位;保持与现有客户尤其是忠诚客户的联系;恢复与从前客户的联系。
了解市场需求	展览会能帮助参展商更好地了解现有客户和可能客户的期望;及时获得客户对产品线和公司形象的反馈;研究市场竞争,挖掘市场潜力;保持创新。
发布新的产品	展览会为企业提供了发布新产品、新服务的平台,可以通过实物演示来展示企业的产品与服务,从而促进买家做出购买决策,达成新的交易。
分析竞争态势	参展商可以在展厅内收集各种有关竞争者的信息,诸如散发的印刷品、展台的设计等都可折射出竞争者当前的行业地位以及未来的发展战略。
宣传营销工具	展览会可以展出公司的所有产品或服务,建立和巩固公司与品牌的形象,巩固公司的公共关系,令媒体产生兴趣,对公司及产品进行正面报道。
进行宣传销售	展览会有助于公司缩短销售进程。在有展览作铺垫的情况下,近半数的客户很快可以和公司达成交易。
积极寻找代理商	通过展览会有助于企业确定新的代理商和分销商,招聘新成员,寻找战略合作伙伴,建立项目合作关系。

二、展览前的准备阶段

(一)项目的可行性分析

项目可行性分析是项目管理的关键步骤,具体来说包括市场分析、最优方案选定、财务预算等,内容比较庞杂。然而,在商业性展览活动中,所有的策划行为都离不开市场,因此对于展览会策划而言,项目可行性分析的主要内容是分析某一展览会市场的结构和前景,并选定最优的项目运作方案。

第一,研究目标市场。展览项目策划人员必须掌握产业经济学和市场学的相关理论与方法,理解某一展览会所在行业的产业结构,根据现有同类展览会的定位,确定本展览会的展品、参展企业以及潜在的专业观众。

第二,明确展览会定位。确定展览会的发展目标、特色,以及其在同类型展览会中的竞争地位,以决定参展商与专业观众的层次和结构。

第三,成本收益匡算。匡算包括展位费、展位装饰装修费、展品运输费、交通费、食宿费、必需的设备租赁费、广告宣传费、资料印刷费、礼品制作费、会议室租赁费等。还要预留总费用的10%,作为不可预见的支出。之所以对展览会的成本和收益进行估算和经济可行性分析,是为了确认通过举办展览会可以获取利润,即使目前不赢利,在连续举办几届以后也一定会获利。

第四,拟定初选项目。研究项目的可行性、选择最优方案和制订项目运作方案,正式拟定展览项目,撰写详细的可行性研究报告,并将其提交给公司决策层。

第五,撰写可行性研究报告。展览项目可行性研究报告包括的内容有:项目简介、技术性要求、财务预算(包括资金投入、政府拨款、展位销售收入、赞助和广告收入等)、展览会的市场前景与目标市场分析、管理技术和人力资源分析、结论等。

(二)展览场馆的管理模式

展览场馆的管理模式主要有三种,即政府经营、政府与民间合营和民间经营。目前世界上大部分的展览馆经营管理模式是第一种和第二种,而中国主要是由政府经营,民间经营很少(表5-11)。

表5-11 展览场馆的管理模式

展览场馆的主要管理模式	特点
政府经营	直接由政府或者隶属于政府的有关单位投资和经营。
民间经营	民间投资建馆,没有政府的参与,纯粹是商业动作。
政府与民间经营	产权属政府所有,由企业进行商业动作。

(三)展览项目的主题名称

项目确定后,展览主题名称需要有创意,应抓住行业亮点和市场特点命名。展览项目的主题名称通常包括三部分,即基本部分、限定部分和附属部分。基本部分和限定部分构成展览会名称的主体。当基本部分和限定部分构成的展览会名称能将展览会的主要意思表述清楚时,可不使用附属部分加以说明(表5-12)。

表 5-12 展览项目的主题名称选择

名称主题选择		主要内容
名称	基本部分	基本部分即展览会或者展览会的派生词和变体词,如博览会、展销会、交易会等。博览会是综合性的、内容较广、规模较大、参展商和观众较多的展览会;交易会通常以外贸或者地区间贸易为主;展销会则是以零售为主的展览,由一个或数个行业参与,规模多为中小型;展览会一词主要是指专业展。
	限定部分	限定部分主要是说明展览会的时间、地点、内容和参展商的来源。如展览会时间的表示方法可以是年份、年份加季节,或者用届的方式来表示;地点大都用展览会所在城市名、省(区)名或国家名表示;展览会内容指展品的范围;根据参展商的来源,展览会可分为国际、国家(全国)、地区和单独展。
	附属部分	附属部分是对基本部分和限定部分的进一步补充,更详细地说明展览会举办的具体时间、地点等。最常见的是用小体字标明展览会的具体日期,也有的再加上主承办单位、合作和支持单位的名称。许多展览会的名称有缩写形式,可以单独使用,如放在全称之后,可视为附属部分。
主题		主题要能反映行业的发展走势,代表行业的发展方向,抓住行业的亮点和市场的特点,主题的策划要有创新意识。

(四)面向参展商的促销

吸引足够数量和质量的企业参展是关乎展览项目成功与否的关键因素之一。为此组展者需要开展针对参展商的促销。组展者要充分利用各种宣传广告手段,营造招展氛围,形成市场声势,并利用各种关系和途径,寻求有关单位的支持和合作,建立起一个触点广泛的展览营销网络,开展声势浩大的市场推广,最终使尽可能多的潜在参展企业报名参展。面向参展商的促销项目如下。

1. 组展者服务

组展者要为参展商提供优质高效的服务,既包括展览场馆的租赁、广告宣传、保安、清洁、展品运输、展品储存、展位搭建、观众统计分析等专业服务,也包括提供餐饮、旅游、住宿、交通等相关信息的配套服务。

2. 参展商名录

组展者要建立潜在参展商名录(通过协会、工商行政管理部门、网络等途径,可获得潜在参展商信息),整理老参展商名录(每届结束后及时将本届的参展商及潜在参展的企业汇总),以便开展针对性营销。

3. 参展企业营销

对大多数展览项目来说,组展者需要对那些犹豫不决者继续展开营销,争取他们参加下一届的展览。其实对于那些已参加本届展览的参展商来说,最好的营销是让他们对本届展览满意,满意的参展商将继续参加下一届的展览,而且可能带来新的参展商。

4. 参展企业潜力

发掘潜在的参展企业的方式有三种,一是合作招展和组团,二是通过潜在参展企业比较熟悉的媒体发布展会信息,三是创品牌展览项目。

(五)面向观众的促销

企业参展的目的是利用展览会这个平台与目标观众进行接触、洽谈、交流信息。作为组展者,能否吸引足够的目标观众事关展览会的成败。因此,面向目标观众的促销是非常重要的(表5-13)。

表5-13 面向观众的主要促销

营销项目	主要内容
资料库	建立重要目标观众的资料库,收集尽可能多的观众(目标买家)名录,会有效地提高面向目标观众的营销工作的效率。
电话	对于特别重要的观众,可以直接给他们打电话。
邮寄	对已知地址的重要目标观众,可以通过邮寄邀请函的方式。
电子邮件	对于已知E-mail地址的一般目标观众,可以通过电子邮件进行目标营销。
门票	对重要的目标观众可以有计划地发送参观门票。
网络	让潜在目标观众知道组展者的网站。
公共场所	在机场、车站、码头、商业街道和广场等地点,以户外广告(海报、灯箱、广告牌、宣传条幅、彩旗等形式)进行广泛宣传。
展会现场	现场的布置、开幕式安排、开幕广告、户外广告等,可以吸引展会所在地附近的潜在观众。

相关链接

国外展览公司如何吸纳专业客户群

在国际展览业中专业化管理和经营的核心是客户服务。客户是展览的上帝和灵魂,也是展览的支撑和生命。客户服务的宗旨是客户至上,服务为本。客户服务的标志是精通专业,分工细致,工作深入,协调一致。客户服务的重点是对专业客户群,包括展商和专业买家的邀请和服务。客户服务的特征是展商和买家及其他观众,在办展者宣传、组织和协调下能不断进行有效互动,这种互动不仅体现在展会期间面对面的交流洽谈,而且互动还要贯穿于展会后甚至下届展会期间,即全时全过程地互动服务。

发达国家和展览机构都把建立专业客户支撑体系当做展览专业化的任务。主要工作包括三方面的内容。一是宣传推介展览吸纳客户。专业的展览公司通常设有专门的宣传部门,根据公司的展览发展需要制订宣传推介计划,主要是选择媒体,利用通信手段和邮寄等手段进行宣传和造势,组织招展团组到各地开展推介活动。大的展览公司都在国外设立分支机构,如德国的展览公司共在国外设有 386 个展览办事机构,已形成了招展办展网络;小的公司则联合起来以协会的形式设立国外分支机构,如由 60 个展览公司参加的法国专业展促进会,已在国外几十个国家设立了分支机构。

二是做好巩固老客户的服务工作。据统计,观众通过朋友和同事的介绍和建议方式前来参观的人数所占比例最大,做好老客户的服务工作极其重要。通常展览公司内设有各种专门的客户服务部门,根据现有客户不同阶段的需求进行全程跟踪服务,从业务和感情上与客户建立起比较牢固的关系。

三是发展新客户。不断发展新客户是展览公司不断发展壮大的源泉。各公司采取了许多发展客户的方法,如巴黎展览中心对参观的专业人士都必须填写记有个人详细情况的登记卡留下名片,并获得胸卡,管理人员当场就用计算机管理系统建立起客户档案,而后参观者方可花钱购票入场参观。展会后再依据客户档案,将客户进行分类,由专业部门依类别采取不同的服务方式进行跟踪服务等,保持与客户的密切联系与交流。由于该中心工作细致,渠道多样,方法创新,服务周到,不放过每一个发展客户的机会,经过几十年的不断积累,巴黎展览中心已在世界各地建立起了较广阔、庞大和稳定的专业客户群作为展览的支撑。

(资料来源:国外展览公司如何吸纳专业客户群. http://www.zlzsqc.com/qyfw/shownews.asp?newsid=284)

(六)面向展览的促销

关于专业展和消费展的主要促销日程可简单介绍见表 5–14。

表 5-14 专业展和消费展的主要促销日程

	促销日程	促销内容
专业展	距展览 12 个月	宣布下一年的展览日期。
	距展览 9 个月	在行业期刊和网站上公布展览会日期广告,广告要持续到展览开始前 1 个月左右。
	距展览 5 个月	首次向观众直邮广告;向观众和潜在的参展商开展展览促销活动;设计网上互动的注册网页,同时使观众可以通过网页预览新产品。
	距展览 4 个月	第二次向观众直邮广告。
	距展览 10 周	最后一次向观众直邮广告,第二次向参展商发起攻势,并发出免费赠券。
	距展览 6 周	根据预先注册统计的结果,开通观众电子市场。
	距展览 4 周	在线公布展览日程。
	距展览 2~3 周	选择适当的媒体发布新闻。
	距展览 1 周	召开新闻发布会。
	展览会开幕日	举办媒体招待会,庆祝展览会开幕;宣布下一届展览会日期等。
消费展	距展览 20~24 周	建立在线形象。
	距展览 12~16 周	开始印刷宣传品;宣布展览发起人信息。
	距展览 8 周	开展展览赞助商、展览演艺人员的电视、电台采访活动;向特定区域可能参加展览的目标观众直接邮寄展览宣传资料;发布社会团体赞助广告,广告持续到展览开始。
	距展览 4 周	在报纸上刊登广告;向有关报纸发送新闻稿件。
	距展览 2~3 周	电视和电子媒体广告宣传活动。
	距展览 5 天	开始在报纸和电视、电台直接进行宣传。
	距展览 2~3 天	通过媒体广告吸引更多的观众参加。
	距展览 1 天	召开新闻发布会和媒体招待会、剪彩等活动。

(七)面向媒体的促销

为了扩大展览会的影响,吸引潜在的企业参展和潜在的观众参观,许多展览会都利用新闻媒体为自己造势。媒体宣传是吸引潜在参展商和观众的重要手段。许多组展者在招展时都向参展商说明自己的支持媒体。面向媒体的促销项目主要有以下几项。

1. 选择新闻媒体

组展者应确定专职或者兼职的新闻媒体负责人,媒体负责人需做出选择媒体的决策。新闻媒体包括大众媒体和专业媒体,可以是报刊、电视、网络,政府机构也可视为媒体。

2. 提供新闻资料

媒体负责人应积极主动地向媒体提供相关的新闻资料,新闻资料包括新闻稿、专稿、特写、新闻图片等,内容可以不必局限于展览会。

3. 记者招待会

记者招待会是组展者与媒体建立并发展关系的机会,是将展览项目广泛深入地介绍给多个新闻媒体的一种有效方式。

(八)展览的乘数效应

展览举办期间、展览举办以后会产生一系列的乘数效应。

1. 展馆建设期间的存量乘数效应

场馆及相关基础设施建设的每一元钱的直接投资,可成倍地拉动相关的延伸投资,这便是存量乘数效应。具体表现为,与会展有关的基础设施投资,可以导致城市固定资产投资和国内社会投资增长。为了保障展会的顺利进行,主办城市会在城市的接待能力、交通设施上加大投入,可以带动建材、装潢、家电等相关产业增长。

2. 举办期间的流量乘数效应

展会举办期间展览产生直接经济收入的同时,还会产生显著的流量乘数效应。举办期间的流量乘数效应是指,大规模参加会展活动的人群被吸引到同一座城市,为交通、通信、接待、餐饮、旅游、金融、广告等行业带来了大量的客户需求,这不仅可以培育新兴产业群,而且可以直接或间接带动一系列相关产业的发展。

3. 举办后的后续乘数效应

展览举办后有利于扩大区域市场规模和市场容量,使区域内外市场相连接,进一步促进区域内外的资源、信息等方面的交流与合作,对区域开放的规模具有积极影响。同时,通过举办展览,还能促进区域之间知识和观念的交流,促进区域之间的政府和企业、企业和企业、企业和消费者以及社会各主体之间的沟通。

相关链接

看巴黎车展怎样办成全球最成功的车展

2006 年巴黎车展将于 9 月 30 日至 10 月 15 日隆重举行。届时,来自 30 多个国家的 350 个汽车品牌将在 18 万平方米的室内展厅里,展示最新款式和最具创造性的产品。创于 1898 年的巴黎车展是世界五大车展(巴黎车展、法兰克福车展、底特律车展、东京车展、日内瓦车展)之一,也是全球最老的汽车展,至今已拥有长达108年的展出历史。巴黎车展最初是由法国汽车俱乐部组织，在巴黎的协和广场举办。几经发展，如今车展已经移师到现代化的凡尔赛门展览中心。早期参展的许多品牌已不见踪影，而保留下来的品牌，如雷诺、标致、雪铁龙、米其林等都已家喻户晓，深入人心。巴黎车展每两年举办一届。在2004年的车展上，有来自98个国家的1.1万名记者和146万名观众前往参观和采访，有来自27个国家和地区的432个品牌的汽车及相关产业产品进行展示，参展的汽车制造商举行了超过60场新车全球首发活动。巴黎车展已成为全球参观者最多、最受媒体关注的汽车展。巴黎车展的一些运作方法和思路对日益蓬勃兴起的中国车展市场提供了有益的借鉴。

在全球范围内进行推介宣传。巴黎车展是目前全球五大车展中唯一进行全球推广活动的车展。2001年推广活动正式启动。最初推介会只在欧洲举办，是为2002年巴黎车展做宣传。到2004年巴黎车展前，推介会名单上又增加了东京和纽约，而今年车展的推介会将分别在北京、东京、纽约、法兰克福、米兰和马德里6个城市召开，北京被放在一系列推介会的第一站，这说明，巴黎车展组委会非常看重中国市场，被中国汽车产业近几年来的迅猛发展所吸引。

每届车展都会有新的参展商。2006年，雷诺在罗马尼亚的品牌DACIA汽车、美国通用旗下的道奇汽车，将首次参加巴黎车展。而长城汽车和江铃陆风汽车也将代表中国汽车首次在巴黎车展上登台亮相。据悉，此次长城和江铃参加巴黎车展都是主动请缨。赫斯表示，只要是欧洲市场认可的汽车都可以参加巴黎车展，欢迎更多的中国汽车厂商加盟巴黎车展。

对参展商一视同仁。巴黎车展是开放的车展，只要是欧洲接受的车型，无论制造厂商规模大小如何，巴黎车展都会欢迎的。巴黎车展对所有参展商一视同仁，提供相同的服务。例如，其他的几大车展都会偏向本国的参展企业，而巴黎车展给国外参展商提供充分的自己的空间。像中国的吉利汽车参加底特律车展时，展位是在展馆外面的一个偏僻角落里。此次中国长城和陆风汽车在巴黎车展的展位都在室内，位于凡尔赛门展览中心3号馆，是很好的位置。

展览内容囊括整个汽车产业链。巴黎车展的内容囊括了整个汽车产业链，不像其他车展主要是以私家车展为主。巴黎车展设有招商用车及专用车展厅（展出面积约占总面积10%）、汽车电子产品及其他配件专区、运动和竞技汽车区、新能源和服务商（汽车金融、保险、租赁等）专区、二手车展区、汽车发展史专区及免费活动专区。每个专区的内容都很精彩，像二手车展示是巴黎车展的传统项目，车展上的私家车是不能够直接购买的，但是在二手车专区，观众可以随意挑选自己喜欢的汽车，并且当场开回家。

展馆设置细化到汽车产业关联要素。本届车展涵盖了整个汽车产业的关联产品,展览不仅划分出汽车制造、汽车服务、媒体和新能源、导航和车载电子、电子游戏等,还将开辟私家车制造商展馆。据介绍,与2004年车展相比,本届车展为私家车制造商新开辟出一个展馆,这使得家用车辆展出面积由5.5万平方米增加到6.3万平方米。此外,在特殊展示区汇集了从法国公共博物馆和私人收藏中选出的60多辆在历史上曾红极一时的汽车,车迷将有幸在此一饱眼福。车展组委会高度关注能源紧张的现实,在新能源展区将突出介绍太阳能,以及由农产品加工而来的新燃料。

将历史和现代结合起来审视汽车产业。上届巴黎车展,汽车发展史专区的主题是"汽车和连环画",展示了在《丁丁历险记》等连环画中出现过的汽车,非常受观众的欢迎,今年计划展出各大汽车博物馆及私人收藏的汽车。运动和竞技汽车区设有卡丁车和四轮驱动车跑道,赛车发烧友们可以在此一决高下。在免费活动专区,观众可以使用微软公司提供的专用软件,进入虚拟的车展现场,体验不同寻常的感受。另外,组委会还将举办最佳模拟驾驶员电子游戏冠军赛。

(资料来源:看巴黎车展怎样办成全球最成功的车展. 亚博会展. http://www.ciec-expo.com.cn/cms/template/item_news.html?did=388&cid=388\10987)

三、展览中的实施管理

(一)展中项目的实施

关于展览会项目的规划与实施,以及最优的项目运作方案的选定,具体内容如下。

1. 进行总体设计

明确展览会的结构(某种程度上是指目标参展商的类型划分)、发展定位和预期规模,设计适当的组织机构,策划展览会中论坛的主题和框架等内容。

2. 拟定招展计划

招展计划书包括展览会说明及特色介绍、目标市场定位、财务预算、可供采用的市场推广方法等。

3. 制定招商策略

招商计划与招展计划是相辅相成的,其条款内容与招展计划区别不大,只是两者面向的对象不一样。越来越多的国内展览公司开始把专业观众组织放在首位,招商计划做得很翔实。

4.编制财务预算

进一步编制财务预算,了解一切可能花费的成本和可能获得的收入,保证展览会各项资金支出的需要,确保展览会在未来的某个时候一定会获利。

5.执行展览计划

主要包括:开展招展招商活动;组织论坛;处理文字宣传材料的制作等事务;进行现场管理;为参展商和观众提供配套服务。

(二)展中项目的管理

展中项目的管理主要包括以下内容:证件办理、开幕式、现场控制、知识产权保护、展览安全和突发事件处理、问卷调查和撤展等,具体可见表5-15。

表5-15 展中项目的管理

项目		主要管理内容
证件办理		为说明身份,便于管理,组展者需要提前或现场制作一些证件,如贵宾证、嘉宾证、参展商证、参观证、工作证、记者证、保卫证、车辆通行证、布展证、撤展证等。
开幕式	开幕前准备	为确保开幕式成功举办,需要精心做好开幕式的各项准备工作。
	开幕式	在开幕式正式开始前,可奏乐或播放节奏欢快的乐曲。主持人宣布来宾就位后,组展者负责人先致辞,向来宾表示感谢。然后可安排有关政府领导和参展商代表、观众代表致辞。
	剪彩	剪彩者是剪彩仪式的主角,一般是上级领导。剪彩的礼仪小姐应衣着得体。
	开幕式结束	开幕式结束后,可引导有关领导和嘉宾到展览场馆参观。
现场控制	人员进出	参展商、观众等所有人员原则上须凭证件进出展览场馆。参展商和组展工作人员比观众早半小时入馆,进行接待准备。
	展位管理	展会期间,针对参展商可能将展位转让或转租(卖)的情况,组展者通常制定比较严格的规定。
	展品管理	所有进馆物品须接受保安的安全检查,原则上展览期间展品一律"准进不准出"。
	宣传品管理	参展商只能在本展位派发自己的各种资料,不得在他人展位和通道上派发,也不得在通道上摆放宣传品和宣传资料。
	噪声控制	为保证展览环境的相对安静和有序,组展者通常会控制展位发出的音量,控制的原则是不对观众或其他相邻的参展商构成干扰。
	成交统计	展会期间,组展者可能每天要对成交的情况进行统计汇总,参展商每天须在规定时间内填写《项目成交情况统计表》,并交给组展者。
	境外参展商	境外参展商须遵守举办国和举办地区的有关法规,按照举办国的相关手续规定办理签证。
	其他服务	展馆内通常设有商务中心,组展者在现场也会设置办公室或总服务台,随时为参展商和观众提供咨询服务。

续表

项目		主要管理内容
知识产权保护	展前展中控制	凡涉及商标、专利、版权的展品,参展商必须取得合法权利证书或使用许可合同(以下统称权利证书)。
	投诉处理	根据需要,组织者可以安排专门机构和人员或者兼职人员负责受理发生在展览现场的涉嫌侵犯知识产权的投诉。
	参展商和观众管理	为不断提高展览会的举办水平,了解参展商和观众对本次组展工作的意见,组展者需要收集一些有关参展商和观众的统计资料。
安全和突发事件	展会安全	组展者应制定和实施完善的安全管理制度。组展者和参展商要特别注意展览开幕后和闭展前这段时间的安全防范工作,所有人员应自觉爱护展览场馆内的各种消防器材和设施。
	展会保险	参展商应对展品或其他贵重物品投保财产责任保险,还应考虑为参展人员和观众分别购买意外保险及第三者责任保险。
	突发事件	对可预见突发事件应尽可能防患于未然;不可预见突发事件处理原则是以人为本,即事件发生后,在保障人员安全的前提下,尽量减少财产的损失。
	撤展	展会结束后,参展商应按时间要求有序撤展,特装展位由参展商自行撤出展览场馆。展会结束当晚,可通宵撤展。参展商应在规定的结束时间前完成撤展。

(三)展中参展商的主要工作

为了在会展期间出奇制胜,参展商应集中精力重点做好以下方面的工作。

1. 展台地点的选择

挑选展台地点,应了解观众流动方式以及人潮在整个会场移动的方向。如果展位设在竞争对手的隔壁,参展商就要将展位有效利用,以展示本企业产品优于竞争对手。如果在会展期间需要架高展品以扩大产品的影响度,则需要选择有足够高度的地方。

2. 展览人员的培训

参展商应对展台人员进行培训,使其能够与观展者进行积极有效的沟通,了解观展者的真正需求,从而将事先准备好的企业印刷品或小礼品适时发送给潜在客户。

3. 展台的创意与装饰

展台布置要有创意,在采用传统方式依赖大规模场地展览的同时,一定要突出创新设计,应选用少量、大幅的展示图片,以创造出强烈的视觉效果。

相关链接

值得中国借鉴的美国出展管理模式

美国是一个经济大国,也是一个展览大国。在推动经济发展过程中,美国政府十分重视利用出国贸易展览会,作为扩大产品出口的主要工具。第二次世界大战结束后,美国建立了较为成熟的政府直接干预出展模式,即美国商务部插手贸易展览会经营管理的方方面面。

政府直接干预出展,有利于整合国家资源,实现规模经济,但是压制了私营展览会组织者的发展,降低了出展效率。面对沉重的财政压力和持续的市场需求,美国政府于1983年放弃了直接干预和相应的组展责任和成本,发布了"贸易展览会认证计划"(TFCP)。

根据TFCP中的安排,美国商务部认证对象包括两个方面:(1)组展单位的资质;(2)组展项目的水平。商务部认证某组展单位是有能力和可信任的,相当于商务部给该单位盖上了一个"好管家(Good Housekeeping)认可印章",提供了一种声誉上的赞助。作为代价,组展单位在获得认证后,需要向商务部缴纳1 750美元手续费。

美国商务部鼓励优质的私营组织者申请认证。认证的程序是,在目标贸易展览会开展前9个月,组展单位向商务部提交一份需要回答23个问题的申请表,包括组织者组展的历史纪录、能够为参展商提供的后勤服务范围等。商务部在收到申请后1个月内做出答复。申请认证实行"一展一证"原则,即每组织一个展览项目就需要申请一次认证。

当然,作为美国政府部门,商务部的认证标准反映了美国的国家利益。例如,申请者必须是一家美国的组展单位;申请出展项目的美国展区中产自美国的商品比例不低于51%,不能主要为他国做嫁衣裳;申请者至少要能够组织10家美国参展商;在组织参展商时,应尽量照顾中小型企业和新参展企业,以扩大出口。

TFCP本身也经历了一个演变过程。1993年,商务部发布了改进的认证标准,以适应出展市场的变化。进入新世纪后,商务部开始推行"外国买家计划",鼓励招募外国买家,以配合TFCP的实施。经过20多年发展,TFCP已经成了美国出展管理的基本模式。

(资料来源:值得中国借鉴的美国出展管理模式. http://www.ciec-expo.com.cn/cms/template/item_news.html?did=388&cid=388\11343)

四、展览后的评估管理

对展览会进行科学评估的基本目的有两个:一是为参展商和专业观众选择展览会提供依据;二是为展览公司(包括协会等其他类型的展览会组织者)改进产品和服务以及打造展览会品牌提供依据。会后的评估管理内容如下。

1. 评估展览会质量

国外已经有许多评价体系值得国内相关管理部门和展览会组织者研究借鉴。为了保证评估结果的客观公正性,评估的主体应该是中介机构。其中,评价组展效果的重要统计指标包括专业观众人数、参展商的数量及代表性、达成的意向成交额、参展商及观众满意度、投入产出比等。

2. 感谢相关利益者

主办单位对相关利益者给予及时感谢将有助于其继续支持展览会。相关利益者既包括政府部门领导和演讲嘉宾,也包括支持单位、协办单位、主要参展商和专业观众。

3. 媒体跟踪报道

对展览会进行一个回顾性的报道,将有关情况、有关的统计资料数据如展览环境、展览效果等提供给新闻界,进一步扩大展览会的影响。

4. 改进产品和服务

参展商和专业观众的意见、投诉及投诉处理情况;展览会主办单位或其代理机构所开展的参展商或专业观众意见调查;展览会主办单位尤其是项目部工作人员的总结报告;当地主流媒体和业内权威专业媒体的评价。

第六章

奖励旅游概述

第一节　奖励旅游的内涵

一、奖励旅游的定义

奖励旅游管理者协会(SITE:The Society of Incentive & Travel Executives)对奖励旅游(Incentive Tour)的定义是："奖励旅游是一种向完成了显著目标的参与者提供旅游作为奖励,从而达到激励目的的一种现代管理工具。"

从上述定义可以看出,奖励旅游是企业为那些做出突出业绩的员工(以及经销商、代理商等)提供一定的旅游经费,并委托旅行社为其精心设计旅游活动的一种激励方式。奖励旅游的最终目的应该是塑造企业文化、增加员工对企业的向心力,从而达到激励员工取得更好业绩的效果。

二、奖励旅游的形成

奖励旅游作为会展的重要组成部分,最早出现在1906年,是美国"全国现金出纳机公司"给优秀员工提供的一次参观总部的奖励旅游活动。而奖励旅游的真正起源是在美国20世纪20~30年代,其后在欧美得到了充分的发展,并成为旅游市场中一个重要的细分市场,其中美国是世界上最大的奖励旅游市场。每年参加奖励旅游的美国人超过50万人,费用大约为30亿美元;在法国和德国,公司奖金有一半以上是通过奖励旅游支付给职员的;在英国,企业奖金的2/5是采取奖励旅游方式实现的;在新加坡、韩国、日本等经济发达的国家,奖励旅游作为企业普遍的奖励方式,也已经使越来越多的出色员工得到了满意补偿。奖励旅游中的团体娱乐活动,有助于企业文化建设,给员工和管理者创造一个比较特别的接触机会,同事们可以在比较放松的情景中进行朋友式的交流,从而增强企业的亲和力和凝聚力。

奖励旅游以其综合效益高、客人档次高的特点,引起各大旅游公司的注意。从市场角度看,美国的奖励旅游市场相当成熟,欧洲次之,而亚洲的市场仍有待发展。目前,亚洲经济较为发达的国家如日本、韩国、新加坡和中国香港地区的大企业组织的洲内奖励旅游,大大推动了亚洲奖励旅游的发展(表6-1)。中国目前的奖励旅游来源于两种形态:一是随着外资企业进入,奖励旅游相应地出现在旅游市场上;二是传统的行政事业单位、国有企业推行的"疗养"政策也开始向奖励旅游转变。

表6-1 香港会议展览中心获奖一览表

年份	评选机构	获奖名称	备注
2000	《亚洲奖励旅游及会议》杂志(Incentive & Meetings Asia)	亚洲奖励旅游及会议大奖	最佳会议及展览中心
2000	香港工程师学会、康乐及文化事务署、香港科学馆	香港十大杰出工程项目	
2001	香港生产力促进局	香港生产力促进局服务业生产力奖	
2002	英国权威杂志《会议及奖励旅游》(Meetings and Incentive Travel)	2002年会议及奖励旅游业大奖	
2002	《亚太会议展览及奖励旅游》杂志(CEI Asia Pacific)2002年业界调查	亚太区最佳展览中心	连续第二年被展览主办机构推选
2004	《亚太会议展览及奖励旅游》杂志(CEI Asia Pacific)2004年业界调查	亚太区最佳展览中心	展览及会议主办机构推选
2004	澳洲杂志《推广会议及奖励旅游》(Convention & Incentive Marketing)	2004年CIM荣誉大奖	同时获1997年CIM荣誉大奖
2004	第11届世界旅游大奖(The 11th World Travel Awards)	亚洲最佳会议中心(Asia's Leading Conference Centre)	连续第三年被全球数十万家旅行社推选
2005	《亚太会议展览及奖励旅游》杂志(CEI Asia Pacific)2005年业界调查	亚太区最受欢迎的展览中心	展览及会议主办机构推选
2006	第17届TTG旅游大奖(The 17th TTG Travel Awards)	最佳会议及展览中心	连续第二年荣膺

资料来源:香港会议展览中心网站(2006)。

三、奖励旅游的意义

实施奖励旅游的意义在于：①提高总销售量，增加市场分享率；②增强士气，鼓足干劲，提高雇员的生产效率和工作效益；③销售新产品；④介绍新产品；⑤销售滞销产品；⑥抵消竞争性的促销；⑦支持淡季销售；⑧帮助销售培训；⑨取得更多商店陈列品，支持客户促销；⑩减少事故发生率；⑪改进出勤率，等等。

相关链接

奖励旅游——长效激励维他命

奖励旅游与其说是单纯的观光休闲，还不如视为激励员工工作热情的维他命。企业通常会通过专业性的机构，在旅途中穿插主题晚宴，以及"惊喜"、"感动"的企业文化创意活动，传达企业对员工或经销商的感谢与关怀，让每一位参与者都享受一回VIP体验，成为其生命中的经典之旅，增强企业的凝聚力。

花旗银行在新加坡开奖励年会的时候，为了给"Top 10"业务员惊喜，秘密邀请受奖人的家人来到新加坡。当主持人邀请坐在台下的员工家属同享荣誉的一刻，这个特别设计的环节令受到奖励的员工倍感骄傲。

思立国际在新达城举办的直销商年会，特别在新达城外墙上打出该公司logo及新产品介绍，让员工感到十分光荣。百内尔公司则是直接包下整条老巴刹美食街尽情大啖。

目前美国有超过一半的公司，采用奖励旅游的方法来激励员工，而在英、法、德国，四至六成的奖金是通过奖励旅游支付给员工，中国台湾地区的企业则是由外商在10年前带入奖励旅游风气。除了保险业及直销业之外，制药、通信与高科技产业，都开始运用这种方法融合团队和建立企业文化，给员工带来更多荣誉感、归宿感等精神层面的激励。

（资料来源：奖励旅游——长效激励维他命. http://www.redimc.com/post/440.html）

四、奖励旅游的特点

奖励旅游在内涵和外延上体现出以下一些共同点（表6-2）。

表6-2 奖励旅游的主要特点

项目	特点
精神奖励	在物质奖励边际效用递减的情况下,企业为了保持和提高职员的工作效率和积极性,转而依靠精神手段满足职员的社会需求和人性要求。
绩效标准	当达到预先设定的绩效标准时,企业就会通过市场上旅游接待组织将其奖励旅游计划付诸实施。
福利性质	奖励旅游在性质上是一种带薪的、免费的、休闲的奖励方式,整个活动的费用由企业为参加奖励旅游的优秀职员进行全额支付。
长效激励	良性循环的奖励旅游会使职员产生强烈的期待感,这种期待会成为持久激励职员业绩增长的无形动力,从而延长奖励对职员的刺激效用。
管理手段	通过组织外出旅游加强企业的团队建设,强化企业的经营理念,以此凝聚企业的向心力,提高企业生产率,塑造企业文化。
旅行游览	奖励旅游的目的是激发职员的进取精神,这一目的是通过旅行游览的方式实现的。

相关链接

年终会议奖励旅游正当时

如果你正打算组织年终会奖励旅游,有以下几个方案不妨参考一下:

一、会议+温泉。开完会泡泡温泉,许多会议组织者对于这样省心省力的安排非常中意。事业单位的年终总结、一些企业的小型会议,都偏好此类选择。因为泡温泉可以安排在晚上,所以既不影响白天的会议,也不会让大家晚上闲着没事做。

二、会议+拓展。拓展旅游在年终会议旅游中成为一枝奇葩。选择拓展的会议旅游行程,能让企业领导者达到训练团队作战力的目的。选择此类线路的企业大多直面市场,需要员工有较强拓展力、坚忍度,如营销行业、广告公司等。拓展会议两日游,可以增强团队成员间的相互信任与团结。第一天上午抵达举行会议,晚上举办团队聚会,增进团队之间、人与人之间的沟通与交流;第二天早餐后,开始进行紧张刺激的拓展活动,团队成员可以通过团队型拓展项目的体验,营造团队中人与人之间的融洽氛围并激励士气。

三、会议+滑雪。在冰隙与岩石间跳跃,自由滑雪者在雪的世界里尽显完美的滑雪技艺,追逐风儿,感受速度的激情……作为企业领导者,最希望的是团队充满活力,富有集体精神,所以,可以选择动感型的会奖旅游。选择这条线路,从业者大多是好动的年轻人,如 IT 企业,职业性质比较"静",工作时大多时间坐在电脑前,一板一眼,员工需要这种动感的放松,并在放松中凝聚集体力量。滑雪会议两日游,更多地让白领们享受生活。第一天上午抵达举行会议,晚上可以在温泉度假村泡温泉。第二天早餐后,员工们可放松一下,到滑雪场享受疾速滑雪的乐趣!

(资料来源:年终会议、奖励旅游正当时. http://www.cnbgt.com/html/news/2006112291247.htm)

五、奖励旅游的形式

根据国际权威机构的调查,国内团体旅游、国内散客旅游、特色活动、国际豪华游船、旅游券成为最受人欢迎的前五位奖励旅游方式(表 6 - 3)。

表 6 - 3 奖励旅游的类别及受欢迎程度

排名	奖励旅游类别	受欢迎程度(%)
1	国内团体旅游	39
2	国内散客旅游	36
3	特色活动	36
4	国际豪华游船	24
5	旅游券	21
6	海外团旅游	21
7	海外散客旅游	15

资料来源:金辉. 会展概论[M]. 上海:上海人民出版社,2004.

99%的奖励旅游是以团队形式出行的,而且团队规模较大。但在国际上,由于双薪家庭十分普遍,因而通常很难设计出一种夫妇双方可以共享的奖励旅游方案。获奖者参加的团队旅行,他(她)的配偶或家人常会因为时间的冲突、工作的缘故乃至家务的缠身而无法参加。在这种情况下。奖励旅游中的个体旅游奖励正在逐渐增多。使用这个体旅游奖励方案,可使获奖的雇员自己决定在何时出行,也可让雇主根据工作情况分别安排受雇员旅游,因而不会造成因受奖雇员同时出游而影响工作的局面。

相关链接

新加坡量身定做奖励旅游

世界范围内"奖励旅游"的热潮方兴未艾,而新加坡则凭借其独有的多元文化以及众多具世界级水准的娱乐与休闲设施,配合官方的鼎力支持和优秀的协调能力,把最优资源有效地调动起来,为商旅客人量身定制各种活动,因此该国多年来一直是众多世界500强公司举行会议与奖励旅游的首选地点。

为了将奖励旅游搞得更加圆满,新加坡旅游局设有专门的奖励旅游部门,他们的工作人员可以为奖励旅游的实施提供各种客观的信息、建议、帮助和协调,以确保各种活动的顺利进行。有关部门还可以根据客户的需要量身定制各种充满创意的活动,让每个公司的员工都能享受到有自己公司特色的独一无二的体验。同时,新加坡拥有一批专业的从事奖励旅游服务的目的地管理公司,能够承担从策划到组团旅行的所有业务,凭借其专业经验,为不同规模的公司提供新颖周到的奖励旅游服务。新加坡旅游局和旅行社密切合作,竭力为游客提供难忘的旅游体验。为了使阿斯利康中国制药有限公司千人团能够在新加坡拥有难以忘怀的经历,新加坡旅游局特别邀请了著名新加坡歌手阿杜为他们的晚宴表演助兴,当晚的新达城充满了欢声笑语,高潮迭起;同时为了让这个千人团充分享受购物的乐趣,新加坡旅游局还联系了环球免税店 DFS Galleria,专门把其中一天的营业时间延长到晚上11点半,单独为这个千人团开放。

据了解,为使奖励旅游再上一层楼,新加坡旅游局适时推出了"商界精英会聚新加坡"奖励旅游计划特别优惠,只要客户公司奖励旅游团的人数乘以在新加坡停留夜数超过150,并在当地连续停留两个晚上以上,即符合申请资格。对于此种奖励旅游团,新加坡旅游局除了提供一部分财政支援外,还提供邀请特别来宾、安排专用会场、设立机场欢迎标志以及其他各种非财政协助。

(资料来源:新加坡量身定做奖励旅游.http://www.cb-h.com/shshshow.asp?n_id=27933)

第二节 奖励旅游的组成

一、奖励旅游的市场特点

世界各大公司和知名企业为奖励本企业的优秀职员而组织集体外出旅游,因其参与者层次高、人数多、旅行时间长、收益可观而日益受到各旅游国的重视。在目前的各种旅游方式中,奖励旅游拥有其他旅游方式无可比拟的市场空间,因此这一市场成为世界各国旅游目的地和供应商的必争之地。国内一些地方政府和旅游企业也开始重视这个市场,并主动地寻求机会开发奖励旅游市场。奖励旅游形成了以下主要的市场特点(表6-4)。

表6-4　奖励旅游的市场特点

市场特点	内容
高端性	奖励旅游划归为高端性是相对于大众旅游而言的,主要体现在,顾客要求高;服务质量高;收入回报高。
独特性	企业将奖励旅游的活动安排交由专业机构来运作,要求他们为企业度身定做具体的奖励旅游计划。
严格性	奖励旅游对目的地的住宿、餐饮、会议设施、景色、服务水准等方面的总体要求是很严格的。
非传统性	奖励旅游与传统旅游的差别在于,它是一种管理手段和激励措施,真正目的是激发员工的积极性,凝聚员工的向心力,最终提高企业的经营业绩,促进企业良性健康的发展。
非公费性	奖励旅游有别于传统的公费旅游之处在于,奖励旅游的参与者是根据员工和相关销售商对企业所做贡献来确定的,在实行奖励旅游的过程中具有很高的透明度。

二、奖励旅游的宏观市场

奖励旅游策划者和组织者要把奖励旅游的产品很快地销售给它的最终客户,关键就在于必须了解奖励旅游客户的需求。奖励旅游市场构成情况因地而异,不会千篇一律,所以奖励旅游经营商应该对本国、本地区的客源市场做好调查研究和分析,通过奖励旅游策划者和组织者把奖励旅游的产品销售给最终使用者。奖励旅游市场是会展行业中的一个细分市场,根据权威机构的调查,最爱使用奖励旅游的是保险、汽车、电器、办公用品等行业,可以从美国排在前10位的奖励旅游行业中看出奖励旅游市场的需求(表6-5)。

表6-5　美国奖励旅游前10位排名

排名	行业	平均奖金数(美元)
1	保险业	342.9
2	汽车零配件业	202.2
3	电器、收音机、电视机业	189.5
4	汽车和卡车业	149.8
5	取暖器和空调机业	123.3
6	农场设备业	108.6
7	办公设备业	101.6

续表

排名	行业	平均奖金数（美元）
8	器具器材业	78
9	建筑业	75.5
10	化妆用品业	66.7

资料来源：SITE(2004)。

（一）市场需求方的奖励旅游客源地

旅游客源地代表了对旅游产品的需求，并能够向旅游目的地提供一定数量的旅游者。具体到奖励旅游的客源地，就是能产生一定现实与潜在的奖励旅游者和具备相当的经济实力，并能持续不断地将奖励旅游者输送到接待地的地区。

奖励旅游客源地的形成，必须具备较为发达的社会经济、实力较强的众多企业、新的经营管理理念、旅游活动在人们生活中所占的比重较大等要素。这些要素综合起来将决定奖励旅游客源地的需求规模和需求类型。在众多要素中，经济实力强劲的企业将是奖励旅游市场形成的主体和最重要因素。

（二）市场供给方的奖励旅游目的地

奖励旅游目的地一般来说要对奖励旅游者具有一定的吸引力，能够满足奖励旅游者的终极需求。世界上主要的奖励旅游目的地通常具有或环境优美、或文化深厚、或服务水平高、或接待设施完善等特点，大都分布在风光优美的沿海地区、交通便利的山区、历史悠久的名城古镇、现代气息浓郁的大都市，例如地中海沿岸、北欧地区、南部非洲、东南亚地区、加勒比海地区、南美洲沿海和山区、北美洲等的各国首都和著名城市。就中国周边国家来说，奖励旅游一般选择在新加坡、马来西亚、泰国、印度尼西亚、韩国、日本和澳大利亚等地。国内能成为奖励旅游目的地的有香港、澳门特别行政区和一些优秀旅游城市及著名旅游风景区，如北京、上海、西安、桂林、杭州、昆明等城市和九寨沟、黄山、庐山、黄龙、泰山等世界文化或自然遗产区。从基本条件来看，旅游吸引物、旅游服务、旅游设施以及旅游可进入性构成了奖励旅游目的地的四个基本要素。

奖励旅游目的地的选择的因素很多，排在前8位的因素可见下表（表6-6）。

表6-6 奖励旅游目的地的选择因素

主要选择因素	奖励旅游份额(%)
有否像高尔夫、游泳池、网球场等这样的娱乐设施	72
气候	67
观光游览文化和其他娱乐消遣景点	62

续表

主要选择因素	奖励旅游份额(%)
地理位置和大众形象	60
有否旅馆或其他适合举行会议的设施	49
交通费用	47
来往目的地交通难易程度	44
奖励旅游者到目的地的距离	22

资料来源:金辉.会展概论.上海:上海人民出版社,2004.

就目的地国家而言,法国、英国、德国、美国、苏格兰、西班牙、爱尔兰、意大利等国家非常受欢迎(表6-7)。

表6-7 欧洲理想的奖励旅游目的地(1996)

目的地国家和地区	奖励旅游份额(%)
法国	57
英国	55
德国	46
美国	42
苏格兰	39
西班牙	38
加勒比海	37
远东	36
欧洲其他国家	31
爱尔兰	27
意大利	26

资料来源:金辉.会展概论.上海:上海人民出版社,2004.

就城市而言,夏威夷、拉斯维加斯、伦敦、巴黎、维也纳、罗马、柏林、旧金山、圣迭戈、新奥尔良、爱丁堡、阿姆斯特丹、马德里、北京、中国香港、东京等重要城市都是理想的目的地。权威机构曾经对欧洲主要奖励旅游目的地进行过评分,最终排在前5位的是伦敦、巴黎、维也纳、罗马和法国里维埃拉(表6-8)。

表6-8 欧洲奖励旅游目的地评分(1996)

欧洲奖励旅游目的地	评分
伦敦	7.5
巴黎	7.2
维也纳	7.2
罗马	7.0
法国里维埃拉	6.9
威尼斯	6.8
瑞士	6.6
雅典和希腊岛	6.6
巴塞罗那	6.5

资料来源:金辉.会展概论.上海:上海人民出版社,2004.

就地理区位而言,北美、欧洲和远东仍是世界奖励旅游的主要目的地,澳洲、东欧、加勒比海地区具有潜在优势。

三、奖励旅游的微观市场

奖励旅游有别于传统旅游的一大特点是旅游活动由企业自发组织,出行费用由企业来承担,因此,研究奖励旅游客源地的形成,必将反映企业的行为。对企业行为的分析是从微观的角度来探寻奖励旅游市场形成与发展的内在规律。在奖励旅游市场上的企业分为供需两方,一方是提出奖励旅游需求的营利性和非营利性组织,在这里我们仅对营利性组织即工商企业做分析;另一方是为奖励旅游市场提供服务的旅游企业和相关支持机构,这里主要对旅游企业进行分析。奖励旅游市场的存在与发展离不开市场环境下供求双方的相互作用,如果失去需求方或供给方的支撑,奖励旅游市场就不可能发展和繁荣起来。

(一)市场需求方的工商企业

作为以利润最大化为最终目标的工商企业,在激烈的市场竞争中根据企业激励理论的发展和对人性的认识而不断改进其激励政策,激发企业员工的积极性以获取市场上的竞争优势。企业的人力资源管理政策和实践一般会带来个人绩效和组织绩效的同时提升。日常的激励措施以浮动工资、技能工资、目标管理、员工参与为多,但在一些大型企业中,股票期权、员工持股和灵活福利也成为现代企业普遍采用的有效措施。在西方国家,旅游已成为人们日常生活中必不可少的内容,同时,因为带薪休假制度的建立某种程度上可以避免一定的税负,而团体旅游活动本身具有交流与合作的特点,奖励旅游逐步成为企业乐于实行的奖励政策和福利内容。

(二)市场接待方的旅游企业

旅游企业是一个范围比较广的概念,它包括为旅游者的吃、住、行、游、购、娱提供直接服务的组织和机构,通常我们讲的旅游企业主要是指旅行社、旅游酒店和旅游交通。虽然这些企业归属不同的行业,有不同的经营特点,但在为旅游者提供服务方面表现出高度的协调性和合作性,特别是在为服务质量要求极高的奖励旅游者服务时尤其如此。

开发奖励旅游市场能为旅游企业带来高额的回报。据国际奖励旅行协会(SITE)研究报告所示,一个奖励旅游团的平均人数是 110 人,而每一个客人的平均消费(仅指地面消费,不包括国际旅行费用)是 3 000 美元。一个考察活动结束后,客户在未来 12 个月的时间内回头咨询反馈的比率是 80%,其中有效比率(即实际成团的比率)为 15%~20%。但奖励旅游的高回报、高要求和高专业性必然决定它拥有高门槛,也就是说,不是每一个旅游企业都有能力进入这一高端市场进行生产经营和市场开发的。奖励旅游的高端性也导致这一市场的容量不是很大,不像传统旅游可以大众化,它只能限定在一定的范围之内,而且对旅游企业也有严格的要求,不仅要求提供旅行、食宿等方面的优质服务,还要求有良好的信誉、极佳的口碑和成功的案例。

相关链接

土耳其,会议与奖励旅游的理想国家

首选之地:伊斯坦布尔。拿破仑称其为"世界的中心",他是对的!无论你来自东方或西方,北方或南方,都可轻松到达伊斯坦布尔。每天,都有直达航班,将来自纽约、开普敦、北京及其他主要城市的访客送至伊斯坦布尔。从欧洲、中东、北非乘飞机只需几小时便可到达。土耳其航空公司,标着土耳其国旗,拥有广阔的航线和世界先进的航空港。伊斯坦布尔的两大国际航空港拥有现代化新式航站及设施。在这里,每天进出港的航班超过 250 架次,每年接待超过 150 万的来往旅客。伊斯坦布尔复杂而精细的城市运输网包括新地下、地面地铁列车,巴士及现代化的轻轨电车,快速艺术级双体船,浪漫的传统摆渡船和 25 000 台环保燃料出租车。该系统能保证当地人和游客快捷舒适地穿梭于城市中。

著名酒店:任你选。伊斯坦布尔有超过两万的宾馆房间,其中的 7 000 间堪称五星。它们皆隶属于最负盛名的国际大饭店:康拉得(Conard),四季,希尔顿,洲际酒店,假日酒店,Marriott、Ritz-Carlton,凯宾斯基和瑞士酒店。其他的饭

店由土耳其饭店公司经营。由于这些饭店的专业服务,土耳其已跻身于世界前20名旅游对象国之列。除了众多豪华饭店的会议设施,伊斯坦布尔还有一个新的会议场所——伊斯坦布尔会展中心。该中心拥有最先进的视听设施,容纳6 000人的21个大厅和会议室,其中主礼堂可容纳2 000人。

菜系:美味。用餐时,代表们可以品尝到美味可口的土耳其菜。土式烹饪是与中国菜、法国菜齐名的世界三大菜系之一。会议后,代表们可以尽情享受世界最伟大的城市之一——伊斯坦布尔。她曾是拜占庭和奥斯曼帝国的首都,苏丹们在这块土地上生活了许多世纪。这里高耸入云的清真寺宣礼塔,镀金的宫殿,承载着8 000年文明之珍宝的博物馆,迎接着每位访客。

异国风情礼品:琳琅满目。说到购物,最著名的要数大集市(Kapali Carsi)。这是一座迷人的中世纪购物场所,4 000家商铺分布在65条街道上。您可以买到铜器,黄铜器,艺术彩绘瓷砖,别致的皮革,木制装饰,闪闪发光的首饰和珍贵的古董。在伊斯坦布尔您不仅可以感受到古老文明的冲击,而且在城市之中还有现代化的运动——高尔夫球来充实您的休闲生活,有9洞或者18洞的地形供您选择。同时,伊斯坦布尔并不是唯一的拥有高级会议场所和高尔夫球场的地方。您还可以考虑地中海旅游胜地——安塔利亚和爱琴海城市——伊兹密尔。

安塔利亚:地中海天堂。安塔利亚拥有大型现代化机场设施,飞往国内、欧洲和中东的航班,设施齐全、提供各种服务的五星级宾馆。安塔利亚拥有31家五星级宾馆和各种会议中心。最大的厅可容纳2 400人。除了好的博物馆,美丽的公园,可供散步的码头,安塔利亚还是一处海滨休闲,游访古迹的好去处:佩尔格高大的罗马门;阿斯潘多斯保存完好的罗马剧场;西代,安东尼与克利奥帕特拉曾浪漫幽会的美丽沙滩;还有光泰尔迈索斯,修筑于陡峭险峻高山上的建筑。提起安塔利亚的高尔夫运动,土耳其的第一家国际水平的高尔夫俱乐部就位于地中海沿岸离安塔利亚东40分钟车程的地方。这里松树和八角树绿树成荫,气候宜人。球场拥有18洞,6 109米的光滑草地,具有举办锦标赛的高水准。另一个安塔利亚的高尔夫球场,拥有高尔夫球迷都称赞的一点:它的沙地,地形和水洼,都仿佛自然形成。提到人工因素,就是27洞的球场上有特别设计的能够存储水的掩体。总之,这里的球场环境都尽量符合于地中海地形,充满惊奇。

伊兹密尔:爱琴海明珠。伊兹密尔,土耳其第三大城市,是您另一个相聚胜所。她的海景,温和的地中海气候,以及欧洲氛围,使得这个土耳其的"海滨城市"成为聚会的最佳之处。伊兹密尔处于爱琴海沿岸中部,非常利于会议前后的短途旅游。《圣经》上所提到的著名的古城以弗所(Efes),崇高的贝尔加

(Bergama),国际旅游胜地博德鲁姆(Bodrum)和世界文化与自然双重遗产棉花堡(Pamukkale)的矿物温泉 SPA,您皆触手可及。

(资料来源:蔡文琪.土耳其——会议与奖励旅游的理想国家.http://www.lotour.com/member/other/3684/bulletin778.html)

第三节 奖励旅游的管理

一、奖励旅游的策划

奖励旅游的策划可以从制定奖励目标开始,只有制定了具体的奖励目标,才能确定奖励旅游的人数和规模,才能最后选择是由公司组织旅游还是委托目的地管理公司(DMC)来组织旅游。

(一)公司组织奖励旅游的步骤

(1)公司确定奖励的规模,也就是说在某一时期公司准备拿出多少资金来做奖励旅游活动。

(2)根据公司确定的奖励旅游规模来进一步制定奖励目标,只有实现目标的员工才能有资格参加奖励旅游活动。

(3)选择奖励旅游目的地,既要考虑成本因素,又要考虑员工的偏好;既要考虑时间因素,又要考虑安全因素。

(4)确定旅游时间和具体负责人,时间确定要合理,人员安排要得力。

(5)实施奖励旅游计划。

(二)委托目的地管理公司(DMC)组织奖励旅游的步骤

(1)公司确定奖励的规模,也就是说在某一时期公司准备拿出多少资金来做奖励旅游活动。

(2)根据公司确定的奖励旅游规模来进一步制定奖励目标,只有实现目标的员工才能有资格参加奖励旅游活动。

(3)选择奖励旅游目的地,既要考虑成本因素,又要考虑员工的偏好;既要考虑时间因素,又要考虑安全因素。

(4)寻找理想的目的地管理公司(DMC),成本和信誉是选择的主要标准。

(5)委托目的地管理公司(DMC)实施奖励旅游计划。

二、奖励旅游的控制

国际上的专业奖励旅游公司非常重视帮助奖励旅游的使用公司进行奖励旅游的完整策划,从而使奖励旅游的使用公司能通过整个活动达到激励员工的预期目的,从而产生经济效益。不管由谁来策划和组织奖励旅游活动,都要注意以下一些主要问题(表6-9)。

表6-9 奖励旅游策划中应注意控制的问题

控制因素	注意的问题内容
预算充足	没有充足的资金分配给奖励旅游活动的前期宣传工作和所要组织的奖励旅游活动,那结果可能令人非常失望。
制定目标	策划奖励旅游先要为雇员、经销商和客户制定一个奋斗目标,只有达标的人才有资格参加奖励旅游。
责任到人	奖励旅游使用公司要落实专人负责活动,奖励旅游公司也应该指定专门的财务管理人员,同奖励旅游使用公司专门负责奖励旅游的工作人员一起工作。
期限要短	奖励旅游活动的持续期限是指奖励旅游活动的宣布开始,包括雇员、经销商或客户为争取参加奖励旅游所需要的达标时间。其中,短期奖励旅游活动最为有效。
专业销售	活动的成功取决于经常的沟通,仔细地选择时机,激励技术、管理和营销部门全体成员,以赢得他们的支持和热情。因此,奖励计划的专业沟通和促销是至关重要的。
选时正确	奖励旅游的时间安排不应使奖励旅游使用公司的正常经营活动感到过分的紧张。此外,时机的选择既要利用淡季价格,又要考虑到参与者的意愿。
选址精心	精心选择吸引人并且与众不同的目的地。旅行目的地必须迎合参与者的兴趣,在选址前,有必要在参与者中间先进行一次调研。
贵宾礼遇	奖励旅游应该让企业员工、经销商或客户在旅游时,享受到温馨的服务和贵宾的礼遇。例如,航班上要有为奖励旅游团特制的菜单,饭店客房桌上要放着印有烫金的客人名字的信封和信纸,等等。
经历参与	不管是主题晚会、专题研讨会,还是欢迎宴会、惜别晚宴等,要注意通过主题活动的巧妙策划和各项活动的精心安排,使参与者留下特有的难忘的经历。

三、奖励旅游的经营

(一)奖励旅游经营的影响因素

奖励旅游的经营成败取决于多种因素,但关键因素有五方面:一是要具备极强的创新能力,二是要适应市场的变化,三是要有专业知识,四是要有效地控制推销,五是要与航空公司和酒店建立良好的合作关系(表6-10)。

表 6-10 奖励旅游经营机构成功的主要因素

主要因素	相关内容
创造力	奖励旅游机构的策划人员和市场营销专业人员只有发挥想象力与创造力,才能制定出一种真正可以激励企业雇员和客户取得优异成绩的奖励旅游活动方案。
变革力	市场是千变万化的,作为奖励旅游经营机构,不仅要适应市场的这一变化,而且还要掌握市场发展的动向,将不利的因素转变为有利的因素。
知识力	获得奖励旅游的专业知识非常关键。奖励旅游经营机构必须了解奖励旅游使用公司的要求,并准备拿出一定的时间和精力为其出谋划策并提供专门的服务,还要与有丰富经验的旅游供应商紧密合作。
推销力	推销奖励旅游主要任务就是要使各公司相信,应当对公司取得重大成就的员工进行奖励,让他们到具有异国情调的目的地度假,同时本机构可以为各公司提供更好、更具想象力、更价廉物美的奖励旅游计划。
关系力	奖励旅游计划如果想获得成功,关键还得与航空公司和饭店建立良好的关系。航空公司和饭店是奖励旅游商品和服务的供应者,它们工作的好坏决定着奖励旅游商品和服务的质量,直接影响到奖励旅游计划的成功与否。

（二）奖励旅游的经营机构

奖励旅游的经营机构比较分散,主要集中在三类机构中,第一类是专门经营奖励旅游的机构,第二类是航空公司的专门机构,第三类是目的地管理公司网络。

1. 奖励旅游的专门经营机构

奖励旅游的迅速发展导致了相应经营机构的建立。在美国,这些机构被称为"动力所"(Motivational House)。这些机构不仅策划奖励旅游活动,而且还为需要购买奖励旅游的公司组织安排奖励旅游。许多组织奖励旅游的企业都属于它们自己的协会——奖励旅游管理人员协会(SITE)。

奖励旅游公司为公司、机关团体从供应商那里购买旅游产品。作为奖励旅游的组织者,它们同航空公司、游船公司、旅馆饭店、汽车出租公司这样的供应商谈判,得出每次旅行活动的总成本。在此之上,通常再加15%~20%,这里包括它们的费用和利润,最后给奖励旅游购买者一个综合报价。

所以,奖励旅游的费用取决于奖励旅游公司同饭店、航空公司这样的供应商谈判所获得的价格。因为奖励旅游公司是作为一个旅游批发商代表奖励旅游购买公司来经营管理,所以不必涉及为购买公司的雇员安排这次奖励旅游的所有细节。在许多情况下,这些奖励旅游公司只是帮助购买公司来宣传奖励旅游活动,从而调动公司雇员和客户的积极性。

在国际上,从事这类奖励旅游业务的机构有三类。

(1)全方位奖励旅游公司

全方位服务的奖励旅游公司(Full-service Incentive Tour Company)称为全方位奖励旅游公司。这类专业公司在奖励旅游活动的各个阶段向客户提供全方位的服务和帮助,如从策划到管理从开展公司内部的沟通,举办鼓舞士气的销售动员会到制定定额,以及从组织到指导这次奖励旅行,等等。这些工作需要耗费数百个工时,和访问不同厂商和销售办事处所花的费用。所以这类全方位服务公司的工作报酬是按专业服务费支出再加上交通和旅馆这样的旅游服务销售的通常佣金来收取的。

(2)完成型奖励旅游公司

单纯安排旅游的奖励旅游公司称为"完成型奖励旅游公司"(Fulfillment Type of Incentive Tour Company)。这类公司通常规模要小些,它们的业务专门集中于整个奖励活动的旅游部门安排和销售上,而不提供奖励活动中需要付费的策划帮助。它们的收益就来自通常的旅游佣金。

(3)奖励旅游部

奖励旅游部(Incentive Tour Department)是设在一些旅行社里从事奖励旅游的专门业务部门。这些旅行社的奖励旅游部也许能、也许不能为客户提供奖励活动策划部分的专业性援助。如果它们能提供的话,也常常按照全方位服务公司的收费标准来收费。

相关链接

新加坡旅游局来穗推介会议及奖励旅游

新加坡旅游局联合新加坡航空公司、圣淘沙旅游发展集团、丽星邮轮及新达新加坡国际会议与博览中心共同发起的"量身定做——会奖新加坡联盟说明会暨启动仪式"于2006年11月在广州白天鹅宾馆举行。

据了解,"会奖新加坡联盟"是特别针对中国市场量身定做的,其成员包括上述五个部门和企业。该联盟此次推出的特色服务及优惠方案包括:新加坡航空公司(广州)会为参与会展及奖励旅游的团体免费提供座位安排、特别餐单及独立值机柜台;圣淘沙旅游发展集团会为前来岛屿参加会奖旅游的公司提供场租设备优惠、活动协助及餐饮特惠;丽星邮轮会为享受海上会奖旅游的公司提供特殊体验,尤其是可以专门安排船长致辞和亲笔签名航行证书等非金钱可衡量的附加服务;新达新加坡国际会议与博览中心的特殊配套主要是场地、欢迎仪式及其他多项搭建服务优惠;新加坡旅游局的"BEinSingapore"奖励计划则包含了多项专为团体提供的财务和非财务上的支持。

新加坡旅游局大中华区署长蔡永兴先生表示,此次新加坡旅游局发起"会奖新加坡联盟"目的在于吸引更多商务会展活动及奖励旅游客人来到新加坡,体验新加坡商务会奖方面的先进设施与完备服务。

说明会后还举行了联盟启动仪式,并为刚刚评选出的华南地区新加坡商务旅游专家颁奖。

(资料来源:杨青. 新加坡旅游局来穗推介会议及奖励旅游. http://www.ycwb.com/ycwb/2006-11/20/content_1287201.htm)

2. 航空公司会奖部

由于越来越多的公司将旅游作为一种激励工具,所以许多航空公司亦把奖励旅游作为一项重要业务来抓。尤其是在今天的亚洲,很难发现哪家航空公司没有设立会议奖励旅游部门。最初这些部门只限于做会议旅行,它们着重强调的是自己国家作为会议举办地的吸引力,并积极支持申办具有重大影响的会议,但现在这些部门已将业务从会议旅游发展到了奖励旅游。

奖励旅游的最终使用者一般情况下都愿意把奖励旅游组织者或目的地管理公司作为中间人,而不愿意直接与航空公司打交道。这里将航空公司会奖部列入奖励旅游经营机构之内。但也有奖励旅游的最终使用者会自己找上门,在这种情况下,航空公司都会给予热情的服务和周到的安排。航空公司会议奖励旅游部经营范围的大小实际上取决于公司总部对其作用的规定,在这方面各航空公司之间是不一样的。

多数航空公司拥有奖励旅游策划人员,他们会列出所提供的服务项目。策划人员对策划奖励旅游行程非常关键。有时候航空公司要做一些旅行代理人或旅行批发商不能提供的工作,如进行促销宣传、申办会议、为组织者提供免票,以及提供折扣或免费机票。

航空公司会奖部门必须了解奖励旅游最终使用者的基本详情,要知道人数、出发日期,以及有无特殊要求。团队越大,所需的准备时间就越长,通常的准备时间要6~18个月。大的团队经常要运送几天才能完成。希望订包机的公司必须给航空公司时间,以调配额外的班机。在旅游目的地机场已达到饱和的市场上,谈判包机至少需要1年时间。

3. 目的地管理公司网络

企业可以通过目的地管理公司(DMC:Destination Management Company)网络来策划奖励旅游。当企业决定进行奖励旅游时,往往需要在短时间内拿出多个不同目的地的、完备而又经济的计划,供企业的高层管理者进行最后决策时考虑和选择。如果个人信息量有限,又要在规定的短时间内按要求提出多项可

供选择的计划,那就必须寻求帮助。通常人们都是向旅游公司进行咨询并希望获得帮助,而常常忽视了国际上常用的目的地管理公司网络这一联盟性的组织。目的地管理公司(DMC)网络有大有小,有一些是国际性的,各大洲间相互联网,有一些是专属于某一地区的,如地中海、欧洲或美国。这些网络的任务是给奖励旅游组织提供信息,包括某一目的地的专门信息,推荐目的地管理公司,满足所策划的奖励旅游或者会议的需求。

当人们同目的地管理公司网络联系时,可以从以下两点着手进行。首先,可以通过与网络联系,找到目的地公司,并在电脑屏幕上浏览该公司的整个情况,包括该公司从事奖励旅游业务有多长时间,财政状况如何,信誉和创造力如何,对奖励旅游和会议有何认识。也可以通过互联网搜寻或者查询黄页,以了解目的地管理公司网络。或者可以与奖励旅游管理人员协会联系,询问加入网络的目的地管理公司的名字。必须面对一个现实,就是不能等到需要时,才去查询目的地管理公司网络,而是现在就应同目的地管理公司网络建立联系,让其为策划奖励旅游服务。其次,要讲清楚奖励旅游的计划和对时间、开支和住宿的要求,以及参加人员和公司的背景,还要讲清楚有无特殊要求,网络代表将会依次就目的地的各个方面与客户磋商,并向客户介绍有关基础设施、旅馆饭店、娱乐活动和专门的会议设施等。

相关链接

外地企业看好上海奖励会议旅游市场

奖励会议旅游对于国内来说相对还比较新鲜,很多人并不清楚这块近两年才新兴的旅游板块中所蕴藏的市场容量。而桂林乐满地度假世界却称,"5月左右,百胜餐饮集团包了四架专机来我们这儿召开中高层员工大会。"曾负责接待的莫经理透露,"基本上每个会议团的消费额至少都在几十万至上百万之间。"莫经理表示,奖励会议旅游是一个综合性的旅游消费行为,所能为商家创造的利润远超过了传统旅游消费方式。

这其中最能吸引商家的是这些奖励会议旅游团雄厚的"二次消费"能力。据介绍,此类旅游大都带有员工激励色彩,因此整个行程对于参会的员工都是免费的。所以绝大部分的参会员工会把这部分节省下来的行程费用花在他们每天的娱乐项目上面,例如高尔夫、森林别墅度假、游艇、特色餐饮、召开公司的主题party等,都是参会者们所热衷的消费项目,这些都被称为二次消费。

会议旅游团往往人数众多,并且参加这种会议旅游的员工都具有相当的消费能力,累加起来就是一个巨大的数字。"很多大型会议旅游团客户仅仅在二次消费方面就为我们带来了上百万的收入,"莫经理透露,"这样,我们在住宿等方面给企业的优惠价,就能够通过这种方式获得平衡。"

据她透露,在上海的奖励会议旅游的业务开发上,他们将采取与旅行社合作,先推散客旅行团的方式扩大知名度及影响力。"对于会议旅游市场的开发,由于我们与旅行社的经营定位不同,虽然在部分散客旅游业务上面会依托于他们,但对于占到我们利润收入接近三成的奖励会议旅游业务方面,我们还是会靠自己去开发市场。"

(资料来源:佚名.奖励会议旅游市场:外地企业看好上海.每日经济新闻,2006-7-6)

第七章 节事活动概述

第一节 节事活动的内涵

一、节事的定义

"节事"一词来自英文"Event",含有"事件,节庆,活动"等多方面含义。国外常常把节日(Festival)和特殊事件(Special Event)、盛事(Mega-event)等合在一起作为一个整体,在英文中简称为 FSE(Festivals & Special Events),中文译为"节日和特殊事件",简称"节事"。西方学者根据自己的理解,将文化庆典、文艺娱乐事件、体育赛事、教育科学事件、私人事件、社交事件等通通归结到节事范围内。

从概念上来看,节事是节庆、事件和精心策划的各种活动的简称,其形式包括精心计划和举办的某个特定的仪式、演讲、表演和庆典活动,各种节假日及传统节日以及在新时期创新的各种节日和事件活动。

二、节事活动的内涵

可从节事活动的目的、内容、形式、功能和实质等方面来理解节事活动的内涵(表7-1)。

表7-1 节事活动的内涵

项目	主要内容
目的	为了达到节日庆祝、文化娱乐和市场营销的目的,提高举办地的知名度和美誉度,树立举办地的良好形象,促进当地旅游业的发展,并以此带动区域经济的发展。

续表

项目	主要内容
内容	具有浓郁的文化韵味和地方特色,应根据当地的文化和传统特色来具体设计。
形式	要求生动活泼,具有亲和力,大多数的参与者都是想通过这一活动达到休闲和娱乐的目的。节事活动的编排应严谨、环环相扣、切合主题。
功能	节事活动不但是一种文化现象,更重要的是一种经济载体。节事活动应围绕经济活动的开展而做适当的调整。
实质	节事活动的实质是商业性活动,举办期间大量的人流不仅使服务性行业收入迅速增长,还会促进交通、贸易、金融、通信等行业的发展。

三、节事活动的特点

节事活动作为会展活动的一个部分,除了具有会展活动的一般特性以外,还具有自身的一些特性,这些特性主要包括:文化性、地域性、时效性、体验性、多样性、交融性、二重性、个性化、吸引性、认可性等(表7-2)。

表7-2 节事活动的主要特点

主要特点	主要内容
文化性	节事活动本身就是文化活动,这些以民族文化、地域文化、节日文化和体育文化等为主导的节事活动往往具有极浓的文化气息。
地域性	节事活动都是在某一地域开展的,都带有明显的地域特性,可成为目的地形象的指代物。有些节事活动已经演变成为地域的名片,而少数民族节日更是独具地方特色。
时效性	每一项节事活动都有季节和时间的限制,都是按照预先计划好的时间规程开展和进行的。
体验性	节事活动实际是亲身经历、参与性很强、大众性的文化、旅游、体育、商贸和休闲活动,是建立在大众参与和体验基础上的。
多样性	节事活动的内涵非常广泛,其开展形式可多元化,开展内容可丰富多彩。
交融性	节事活动的多样性和大众参与性决定了其必然有强烈的交融性,许多节事活动都包含了会展活动,从而成为带动当地经济发展的引擎。
二重性	节事活动参与者的角色,一是该主题节事活动的参与者,二是该主题节事活动的旅游者。
个性化	举办地必须有特别出色的节事活动产品提供给参与者和旅游者挑选,否则一般很难成功。

续表

主要特点	主要内容
吸引性	节事活动本身必须具备强大的吸引功能,给参与者以非常好的感知印象,在心理上产生非去不可的愿望。
认可性	节事活动应该控制节事活动参与者的数量,保护当地旅游环境不受破坏,在当地居民承受能力之内,以当地居民认可并显示出友好的态度为准。

四、节事活动的意义

节事活动具有强大的产业联动效应,可使旅游者在停留期间具有较多的参与机会。它不仅能给城市带来场租费、搭建费、广告费、运输费等直接收入,还能创造住宿、餐饮、通信、购物、贸易等相关收入。更为重要的是,节事活动能会聚更大的客源流、信息流、技术流、商品流和人才流,对一个城市或地区的国民经济和社会进步产生促进作用(表7-3)。

表7-3 奥运会规模的相关数据(1980~2004)

项目	莫斯科	洛杉矶	首尔	巴塞罗那	亚特兰大	悉尼	雅典
NOCs 代表	8 310	11 120	14 950	17 060	16 238	约16 500	18 582
记者/来源地(NOCs)	3 860/74	3 840/105	4 930/108	4 880/107	5 954/161	5 300/187	21 500/199
转播人员	4 100	4 860	10 360	7 950	9 880	约11 000	-
志愿者	-	33 000	27 200	34 600	47 466	47 000	60 000
票务销售	526 800	5 720 000	3 306 000	3 812 000	8 384 290	7 000 000	5 300 000
转播权(百万美元)	87.9	286.8	398.7	635.5	898.2	131.6	1 498.5
全球赞助商	0	0	9	12	10	11	10
国家赞助商	35	35	13	24	34	32	10
官方供应商	290	64	55	25	65	60	23
许可权持有者	6 972	65	63	61	125	约100	-

注:NOCs 为国家奥委会(National Olympic Committees)的缩写。

资料来源:www.olympic.gov(2005)。

节事活动除了具有提升举办国和城市的知名度和美誉度、扩大信息交流、增强对外合作、推动旅游发展、加快城市建设、促进地方经济发展等促进作用以外,还具有丰富人民精神生活、弘扬民族文化和扩大旅游市场、提升目的地旅游形象、降低目的地旅游季节性、调整旅游资源、提高管理水平等特殊作用。

相关链接

第 23 届国际孔子文化节精彩纷呈

2006 年的国际孔子文化节在精心策划下,亮点、看点超过了以往任何一届,可谓精彩纷呈,具体如下:

一是"孔子教育奖"成为亮点。首届"孔子教育奖"颁奖盛典将于 9 月 23 日文化节期间在曲阜举行。这是联合国教科文组织在中国举办的一项重要颁奖活动,在海内外将会产生重大影响和关注度。

二是突出两岸文化交流主题。本届孔子文化节将举办"两岸孔子文化交流周"大型交流活动,国台办对此给予高度重视和大力支持,中央电视台多个频道、中央人民广播电台、国际广播电台等主流媒体形成了重大报道计划。这项活动将成为两岸文化交流的一大亮点,对加强两岸交流与合作,扩大当地对外开放具有重大意义。

三是高水准经科贸活动精彩纷呈。文化节期间,将举办第七届中国专利高新技术产品博览会、中国(济宁)现代生态农业特色产品暨乡村旅游国际博览会、孔子文化节经贸洽谈会等系列活动,让各位嘉宾在品尝文化大餐的同时,共享科技交流与经贸合作的成果。

四是社会各界踊跃参与文化节。与往届文化节不同,本届文化节社会参与度与参与规模空前活跃,"国内第一股"五粮液集团积极参与孔子文化节,五粮液集团成为"海峡两岸同祭孔曲阜孔庙祭孔大典唯一民间祭祀人",五粮液酒为本次祭孔大典唯一祭祀酒。

去年,我们精心组织策划了"全球联合祭孔活动",以山东曲阜孔庙为主祭现场,联合上海、浙江衢州、云南建水、甘肃武威、中国台湾台北、中国香港、韩国首尔、日本足利、新加坡韭菜芭、美国旧金山、德国科隆等地为港台地区和海外祭孔点,形成全球互动、共同祭孔的盛举,进一步打响国际孔子品牌,增强中华民族的凝聚力和文化认同感,扩大中华传统文化在世界的影响和传播。今年,我们策划了"两岸孔子文化交流周"大型系列活动,不仅两岸同祭孔,而且,将两岸文化交流活动延伸到各个领域、多个层面,在两岸互动和两岸"血脉相同,文脉相通"的主题下,共筑华夏儿女共同的精神家园。

(资料来源:聚焦第 23 届国际孔子文化节:文化盛典全球盛事. http://qnjz.com/dzzb/dzly/200608/t20060829_1724527.htm)

第二节 节事活动的分类

一、按内容划分

节事活动按内容划分,可以主要分为以下几类(表7-4)。

表7-4 节事活动的分类

主要分类	相关内容
文化庆典	包括节日、狂欢节、宗教事件、节事展演、历史纪念活动等。
文娱事件	文化演出、音乐会等表演,文化展览、授奖仪式等。
商贸会展	展览会/展销会、博览会、会议、广告促销、募捐/筹资活动、贸易促销和产品投放等。
体育赛事	职业比赛、业余竞赛等。
教科事件	研讨班、专题学术会议、学术讨论会、学术大会、教科发布会等。
休闲事件	游戏和趣味体育、娱乐事件、社团活动、市民活动等。
政治事件	就职典礼、授职/授勋仪式、贵宾VIP观礼、群众集会等。
私人事件	个人庆典(如周年纪念、家庭假日、宗教礼拜等),社交事件(舞会、节庆、同学/亲友联欢会等)。

二、按形式划分

节事活动按照活动的形式,也可以分为单一性节事活动和综合性节事活动。

单一性节事活动。单一性节事活动是指活动内容和形式比较单一,专业性很强的节事活动,如瑞士伯尔尼的洋葱节、法国香槟节、上海徐家汇广场啤酒节、新加坡的食品节,等等。

综合性节事活动。综合性节事活动是指活动内容和形式广泛,具有较大包容性的节事活动,如杭州的西湖博览会、上海的旅游节,等等。

三、按地域范围划分

按照地域范围划分,节事活动可分为国际性节事活动、全国性节事活动和地方性节事活动。

国际性节事活动。国际性节事活动是指那些规模庞大、在全球媒体中引起反响的活动。例如,每4年举办一次的奥林匹克运动会以及残疾人奥运会、世界杯足球赛、F1方程式大赛等,不仅参加人数很多,而且规模越来越大。国际性节事活动,不仅可以为举办国家和城市带来更多的客源,带动其相关产业的发展,还可以为举办地树立新的形象,提高举办地在国际上的声誉。

全国性节事活动。全国性节事活动是指范围波及一定的地理和行政区域,主要在一定的区域内引起反响的活动。全国性节事活动能引起地区以外的政府组织、经济组织以及媒体的注意,对于提升国家的知名度、提供商机并带动经济发展都有很大的作用。在中国,全国性的节事活动有国庆节、五一劳动节、春节、厦门中国广告节、青岛啤酒节、大连服装节,等等。

地方性节事活动。地方性节事活动是指与一个乡镇、城市或地区的精神或风气相关,并获得广泛认同的活动。地方性节事活动一般有一定的持续时间并且是重复发生的活动。它可以在短期或长期内提高某一地区的知名度和吸引力。由于各地的风俗习惯不尽相同,所以地方性的节事活动非常多。许多著名的地方性节事活动享有一定的国际声誉,像美国的肯塔基赛马会,英国的切尔西花展,中国的龙舟节、柑橘节、茶文化节、火把节、都市森林狂欢节、桃花节、森林旅游节、民俗文化节、庙会,等等,这些在当地都是具有广泛影响的节事活动。这些活动为当地带来了巨大的旅游收入,并提高了地方的自豪感和举办地的国际声誉。

四、按组织划分

节事活动按照组织者不同,可分为政府型节事活动、民间型节事活动、企业型节事活动。

政府型节事活动。政府型节事活动是由政府出面组织的公益节事活动。例如,由中央政府组织的春节或中秋节的联谊活动、劳动节和国庆节的联欢活动以及诞辰纪念日,等等;由地方政府组织的贸易洽谈会、旅游节、艺术节、体育活动等。

民间型节事活动。民间型节事活动是由民间团体组织的节事活动,如一些具有民族特色的各类节事,像彝族的火把节、傣族的泼水节、法国的狂跳节、意大利狂欢节等。

企业型节事活动。企业型节事活动是由企业组织的商业节事活动,一般为商业性活动,诸如投资洽谈会、产品推广活动、打造形象的赞助活动,具体如大连服装节、北京国际汽车展、潍坊风筝节等。

五、按主题划分

节事活动按照主题可以分为贸易性、宗教性、民俗性、文化性、商业性、体育性、政治性、自然景观等几大类型的节事活动。

贸易性节事活动。一般均以举办地最有代表性的风物特产为主打品牌,如青岛的啤酒节以著名的青岛啤酒作为节日的主题,类似的还有洛阳的牡丹花会,景德镇的国际陶瓷节等。

宗教性节事活动。例如,麦加朝圣、伊斯兰教古尔邦节、西藏晒大佛、复活节、佛教的观音菩萨生日以及各种宗教组织举办的资助和捐款活动等。

民俗性节事活动。以举办地独特的民族风情为主题。如傣族的泼水节、彝族的火把节、潍坊的风筝节、吴桥的杂技节、南宁的民歌节等。

文化性节事活动。以地方文化内涵为主题,如巴西嘉年华、哥伦布航海500周年历史纪念日、戛纳国际电影节、上海国际文化艺术节等。

商业性节事活动。以举办地举行的商业贸易节事为主题,如五年一次的世界博览会、一年两次的广交会、一年一度的德国法兰克福书展、一年一次的大连国际服装节等。

体育性节事活动。以体育赛事为主题,如奥林匹克运动会、世界杯足球赛、F1方程式大赛、网球大师杯赛、北京的国际马拉松赛事、伦敦的马拉松赛事、香港的赛马会等。

政治性节事活动。以政治事件为主题,如两国建交周年庆典、世界银行大会、APEC会议等。

自然景观为主题的节事活动。以举办地的著名景观为主题,如华山国际旅游登山节、桂林的山水节、重庆三峡国际文化节等。

六、按属性划分

节事活动按照属性可以分为传统节事活动、现代节事活动和其他节事活动三大类。

传统节事活动。在古代,传统节事活动是以弘扬民族文化为主,中国有端午节、重阳节、春节、元宵节等,国外有圣诞节、复活节、狂欢节等。在近代,世界各地又涌现出一批受欢迎的节日节事活动,如各国国庆节、国际劳动节、儿童节、妇女节、美国纽约的玫瑰花节、奥尔良的圣女贞德节等。

现代节事活动。世界上有许许多多的节事活动,有的与生活有关,有的与生产有关。与生产有关的现代节事活动有广州花会,深圳的荔枝节,菲律宾的捕鱼节、水牛节,阿尔及利亚的番茄节,摩洛哥的献羊节,意大利丰迪市的黄瓜节,新墨西哥州哈奇城的辣椒节,西班牙的鸡节,等等。与生活紧密相连的现代节事活动有潍坊风筝节、上海旅游节、大连服装节、上海服装节、青岛啤酒节、蒙古族的那达慕大会、浦东国际烟花节,等等。

其他节事活动。除了传统节事活动和现代节事活动以外，还有一些会议、展览和体育等活动，特别是体育活动越来越受到广大人民的喜爱，如每 4 年举办一次的奥运会和世界杯足球赛，各大洲举行的洲际运动会，以及各种专业体育运动委员会组织的世界锦标赛和大奖赛，等等。举办体育活动，可以提高主办国家和城市的知名度和美誉度，并通过旅游和各种商业活动为主办国家和城市创造更多的财富。对那些自然旅游资源缺乏的国家或地区来说，举办体育运动会还可以创造更多的人文景观，从而吸引更多的游客。

七、按影响划分

从节事活动投资额、参与活动（包括观众）人数、活动产生的媒体曝光度、社会声誉影响面、举办的时间间隔性等影响层面考察，节事活动可以分为以下几个层次。

重大节事活动。重大节事活动参加人数应超过 100 万人次，投资规模应不少于 5 亿美元；从声誉影响看，应该是必看的活动；从规模和重要性角度看，能为东道国或地区创造极高水平的声望影响或经济收益的活动。如世界杯、世博会、奥运会等。

特别节事活动。特别节事活动指的是精心计划和举办的某个特定的仪式、演讲、表演或庆典。如国庆节和庆典、重大市民活动、独特的文化演出等。

标志节事活动。标志节事活动是指那些一次性或在有限的时间内可重现的活动，举办这些活动的主要目的是为了在短时间内或可长远地增加人们对旅游目的地的认知、增强目的地吸引力、获取更多的经济收益。如西班牙的奔牛节、苏格兰的爱丁堡文化节、里约热内卢的狂欢节、肯塔基的赛马会、切尔西的花展等。

社区节事活动。社区节事活动包括乡镇和地方社区事件活动，与前三个节事活动的区别在于前者具有较大的影响力。

八、按类型划分

从节事类型上看，节事活动可分为自然节日、社会节日、民族节日、历史节日、政治节日、国际节日、休闲节日、文化和经济节日等节事类型（表 7-5）。

表 7-5　按类型划分的主要节事活动

节事活动类型	主要特点
自然节日	节事内容多与农业、或者崇拜自然有关，如清明节。
社会节日	多与"人本"精神有关，如"五一"劳动节，"六一"儿童节，"三八"妇女节，"三一五"消费者权益保护日，"九一〇"教师节，等等。

续表

节事活动类型	主要特点
民族节日	一般是一个国家多元化的象征,如中国56个民族几乎都有自己独立的节日文化。
历史节日	纪念历史上某个特殊日子而举行的活动,如佛祖诞辰日,虎门禁烟日以及抗日战争胜利纪念日。
政治节日	强调公民的国家意识,具有强烈的震撼力,如国庆节、"七一"中国共产党建党纪念日和"八一"建军节。
国际节日	多反映社会的开放度和跨文化交流,具有外来强势文化的渗透意义,如西方的圣诞节、情人节。
休闲节日	是现代文明进步的标志,如中国政府推出"十天假日"举措,就体现了政府对国民生活质量的关心。
文化与经济节日	带有强烈的商业色彩和明显的区域特征。

第三节 节事活动的管理

一、节事活动的条件

举办节事活动之前,目的地应该衡量自己在城市吸引力、城市形象、城市环境、城市气候等方面,是否具备承办节事活动的主要条件(表7-6)。

表7-6 节事活动的承办条件

节事承办条件	主要特点
旅游附加值	举办节事活动应做到以下几点:一是建立节事品牌,二是提高媒体覆盖率,三是公众积极参与,从而使节事举办地的旅游附加值进一步提高。
城市独特形象	具备独特形象的城市更有可能创造具有一定影响力的节事活动。
城市经济环境	城市本身雄厚的经济实力、较高的服务水平、当地政府的公信度,是成功举办节事活动的重要前提。
文化特色鲜明	依托风格独具的城市文化特征,可以产生个性鲜明、魅力十足的节事文化活动。
城市交通便利	成为重要节事活动的标准之一,指的是有否高效、快捷的城市公共交通系统。
客源距离远近	节事活动举办地所吸引的客源市场的空间距离,离举办地越近,影响力越大。
气候宜人舒适	宜人舒适的气候,是指参加节事活动的人无须借助任何消寒、避暑的装备和设施,就能保证一切生理过程正常进行的气候条件。

二、节事活动的原则

(一)系统协调性原则

节事活动是一个社会经济、政治、文化和环境的系统工程,涉及交通、住宿、餐饮、通信、购物、贸易等多种行业,节事活动的策划要从整体出发,综合考虑各种因素,使各环节、各部分、各层次相互衔接,有序进行。

(二)大众参与性原则

节事活动本身就是一个大众性的活动,没有广大群众的积极参与,节事活动就失去了应有的意义。因此,吸引广大群众积极参与节事活动是组织者应该考虑的重要原则之一。

(三)活动针对性原则

节事活动的策划要针对该节事活动的市场定位、活动主题、产品价格和服务、参与对象、节事的内容与形式等。

(四)经营市场化原则

节事活动的组织者要运用市场化原则考虑活动的经营与管理问题,淡化政府行为,强化市场行为,引入公平竞争机制,最大限度地追求经济效益。

(五)实际操作性原则

节事活动的策划要有针对性和高度的可操作性,要从实际情况出发,按照一定的程序,制订出最佳方案,以取得经济效益、社会效益和环境效益的统一。

(六)独特创新性原则

节事活动的策划必须常变常新,不断地寻找亮点、热点和卖点,以确保所举办的节事活动始终成为人们关注的焦点。

不同的节事活动要采取不同的形式和礼仪,如联欢晚会、文艺晚会、舞会、游园、花会、灯会、演讲会、座谈会、报告会、茶话会等。无论采用哪种形式,都应注意以下方面:①活动灵活、新颖、欢快;②尽量节省开支,防止铺张浪费;③严密组织,保证安全,防止意外;④重大活动可请有关方面领导人参加;⑤讲话简短、精彩;⑥政治性庆祝活动应注重宣传报道,以扩大影响,烘托气氛。

三、节事活动的策划

(一)节事活动的主题策划

节事活动的主题就是指活动的核心思想,整个节事活动的开展都必须围绕着它来进行。有了活动主题,组织工作才能有条不紊地展开,活动才有鲜明的形象、生动的内容、高度的凝聚力和巨大的号召力(表7-7)。

表7-7 奥运会的主要战略目标

奥运会年份与主办地	主要战略目标
1988年首尔	是韩国对外开放战略的核心组成部分,用以展示韩国在世界政治和经济体系中民主、开放的新定位、新形象。
1992年巴塞罗那	促进卡特鲁尼亚地区的经济复兴,实施巴塞罗那城市更新。
1996年亚特兰大	为本区域增加新的商业活动,吸引企业进驻亚特兰大(尤其是美国国内的企业及商务活动)。
2000年悉尼	促进国际旅游业发展和吸引区域性(亚太地区)服务活动,提高悉尼作为国际都市的地位和吸引力。
2004年雅典	将雅典"再造"成现代化城市,促进旅游业发展。

资料来源:付磊.奥运会旅游的国际比较和启示.中国网,2002-11-19.

没有主题,就没有核心,就必然杂乱无章。所以,节事活动的主题策划是非常重要的。节事活动的主题策划要注意以下几个方面(表7-8)。

表7-8 节事活动的主题策划

主题策划	内容
充分调研 依托文化	节事活动策划,应该对当地进行切实的市场调研,以挖掘地方性和特色性文化,节事活动越具有地方性,就越具有民族性,越具有市场潜力。
主题鲜明 特色突出	节事活动的主题要与主办地的特色相结合,因地制宜,充分发挥举办地的政治、经济、文化、自然、地理等优势,旗帜鲜明地突出民族文化,策划"独一无二"的活动项目。
切中要害 突出要点	为了吸引更多的人参与节事活动,主题的选择要切中要害,突出关注的焦点问题和热点问题。
体现共性 普遍关注	节事活动的主题应该突出人们普遍关注的共性,能使人们从中获取共同的利益以及有益的信息和启迪而乐于参加。
以人为本 天人合一	主题策划要始终坚持以人为本的原则和立场,一是要做到人与人之间的和谐,二是要做到人与自然的和谐。
信息及时 多人参与	及时发布信息,让更多的人参与到节事活动中来,为节事活动出谋划策。这是节事活动组委会倾听群众意见、改善组织工作的极好机会。

(二)节事活动的内容策划

确定了节事活动的主题后,就可以有针对性地开展节事活动的内容策划。

1. 主题物品的策划

主题物品是整个节事活动的灵魂和载体,它不仅承载着节事活动的主题内容,而且还要充当人们留作记忆的纪念品。主题物品要实在具体,不能太抽象,即使是抽象物品,组织者也要提供相关的旅游纪念品供游客选购,以留作纪念。

2. 主题吉祥物的策划

吉祥物或象征图案是表现某种文化主题内容的物品或图案,是经过深思熟虑和多方论证的理想化设计的活动饰物,其主要功能是标示活动、展示活动主题、烘托活动气氛和诱导公众情趣。吉祥物的创意构图以及色彩组合都有着丰富的内涵,是组织委员会的注册商标,未经允许不得随意使用。

3. 主题典故的整理

举办节事活动要根据需要挖掘出相关的典故和趣闻,从而提高节事活动的文化品位,增强节事活动的魅力和吸引力。

4. 主题仪式的策划

策划节事活动时,既要重视硬件,又要重视软件。其中,软件的策划指对节事活动程序和仪式的设计。主题仪式设计要注意两个方面:一是仪式要融合民族文化,要用民族文化的精华贯穿仪式全过程,以表现当地民族文化风采;二是仪式要突出活动的主题,气氛活跃,娱乐性强。

5. 主题氛围的设计

策划节事活动的过程中,组织者要高度重视运用音乐、音响和装饰色调烘托节事活动的现场气氛,以营造欢快祥和的基调,以及既符合主题思想,又具有鲜明文化特色的氛围。

四、节事活动的成功

节事活动对整合举办地各形象要素,塑造和传播举办地的形象有至关重要的作用。就旅游目的地而言,节事活动的成功举办对提高其公众关注度更有着巨大的推动作用。节事活动的成功标准有如下一些要素(表7-9)。此外,衡量节事活动的成功与否也不能忽略举办地的供给能力、交通的便利性、节事活动的象征性和能否满足参与者基本需要等方面。

表7-9 节事活动成功的主要标准

成功标准	特点
确切性	节事活动的内容及举办时间的确切性是其成功与否的首要前提。
独特性	节事活动的独特性是其成功的标志。
好客性	节事活动的参加者更关心的是当地人是否好客、是否热情。

续表

成功标准	特点
真实性	节事活动的原创性与真实性可增加对游客的吸引力。
传统性	有悠久历史传统和浓厚大众色彩的节事活动都深受大众的欢迎,也极易成功。
主题性	大多数国家或地区举办的成功的节事活动,都拥有鲜明的主题旋律。
品质性	质量是节事活动能否存在下去的生命源,一流的品质是节事活动成功的关键,包括过硬的节事设施、一流的节事效果、严格的节事制度等。
多元性	节事活动的宗旨就是实现各民族文化的交融,证明举办地是多元文化汇集的城市。
节日性	节日精神是节事活动的灵魂,失去了灵魂,就失去了节事活动的气氛,也就不可能把节事活动办下去。
适应性	节事活动内容的适应度是决定其能否为大众所认可的又一前提条件。
主导性	各国政府都非常重视节事活动的发展,由政府领导人亲自出面参与申办和举办的节事活动成功的可能性更大。
专业性	运用现代化管理手段对节事活动进行专业管理和专业促销,可以进一步促进节事活动的成功。
志愿性	依靠志愿者保证节事活动短期内对大量工作人员的需要,也是节事活动成功的关键因素。

五、节事活动的安全

节事活动是人流、物流、资金流和信息流高度聚集的场所,因此,安全是非常重要的。1972年慕尼黑奥运会上,以色列代表团11名成员被恐怖分子劫持、谋杀;2000年亚特兰大奥林匹克公园爆炸案造成1人死亡、100多人受伤;2004年北京密云元宵灯会踩踏造成30多人死亡,此类恶性事件至今仍然历历在目。因此,举办节事活动的组织者要从这些教训中总结经验,重视节事活动的安全问题,防患于未然。

(一)节事活动的安全范围

1. 节事活动的安全内涵

节事活动的安全问题主要包括暴力行为,非法侵占他人财物行为,以及由自然灾害、公共卫生、饮食卫生所引发的安全问题,等等。节事活动风险管理者要关注以下暴力行为:一是工作场所暴力;二是针对参加节事活动游客的暴力;三是社会混乱,如由于酗酒、毒品或帮派引起的纷争;四是家庭暴力;五是财产纠纷。另外,还可进一步把风险管理的暴力犯罪类型分为:节事暴力犯罪、节事非暴力犯罪和投机犯罪、节事自我伤害犯罪三种类型。

对于类似于盗窃与扒窃等影响较小的违法犯罪行为,组织者不应花费太多的精力,而对那些绑架游客、谋杀等恶性犯罪行为,组织者要重点防范。任何节事活动都必须面临暴力与犯罪风险的挑战与考验。目前,一些国际性节事活动已经积累了一些降低暴力风险的经验和教训。组织者应对有"前科"的外国肇事者实行重点监控,对那些危险分子不予签证,在现场布置大量警察和便衣,发现危险苗头及时制止。

2. 节事活动的风险类型

安全的等级就是指风险的等级,按照风险等级的划分,节事活动的风险也处在四个象限之中:象限Ⅰ表示风险发生的可能性很大,后果严重;象限Ⅱ表示风险发生的可能性很小,但后果严重;象限Ⅲ表示风险发生的可能性很小,影响很小;象限Ⅳ表示风险发生的可能性很大,但影响很小(图7-1)。

风险发生的可能性很小,但后果严重 (Ⅱ)	风险发生的可能性很大,后果严重 (Ⅰ)
风险发生的可能性很小,影响很小 (Ⅲ)	风险发生的可能性很大,但影响很小 (Ⅳ)

图7-1 节事活动存在的四种风险类型

对(Ⅰ)区的风险,应采取严密的措施,层层把关,努力降低风险发生的可能性,尽量使(Ⅰ)区风险转化为(Ⅱ)区风险。对(Ⅳ)区的风险,要控制其发生的各种条件,尽量把(Ⅳ)区风险转化为(Ⅲ)区风险。当然,在降低风险发生的可能性的同时,还应该不断地降低风险的影响程度。

(二)节事活动的安全管理

1. 节事活动的人群控制

节事活动的人群控制是至关重要的,因为人群的涌动最容易出现踩踏事件。2006年初麦加朝圣造成几百人死亡的踩踏事件提醒节事活动的举办者,在活动举办期间要严格控制人群,避免此类悲剧再次发生。

在节事活动中,个别滋事分子容易制服,但失控的人群就很难控制。节事活动中的人群就像奔腾的河流,稍有不慎,就会酿成大祸,造成重大人员伤亡。因此,控制和分流人群是节事活动组织者必须首先考虑的问题。

节事活动的组织者要尽可能少地提供酒精饮料,尽可能多地展示笑容,尽量不要使用武力;与广大媒体保持良好的沟通,对游客进行正面引导,防止其因不知情而产生恐慌的情况出现。

2. 节事活动的自然灾害预防

地震、飓风等自然灾害对节事活动的影响有时是不可预测的。虽然天气预报和其他灾害预警系统已经建立,但就目前的科技水平而言,还达不到百分之百的准确率。所以,节事活动要建立灾害发生时的紧急预案,以防不测。

当发生地震、飓风等自然灾害时,要尽量控制人群的随意流动,要按照预案疏散人群,避免更大的人员伤害。对受伤的人员,要及时自救和他救,要准确地将灾情报告给有关部门以尽快获得社会的救助,不能盲目行事,贻误抢救的最佳时机。

3. 节事活动的内部安全

节事活动的内部安全包括设备运转安全、饮食卫生安全、公共卫生安全、游客财物安全等方面的内容。

设备运转安全涉及照明系统是否正常、电路是否存在安全隐患、设备是否正常运转等一系列的问题。饮食卫生安全涉及食物供应是否达到卫生标准、饮用水是否达到饮用标准、食品安全检查工作是否到位等一系列的问题。公共卫生涉及洗手间的分布是否合理、指示是否清晰、数量是否足够、设施是否齐全等一系列的问题。游客的财物安全涉及大件行李寄存制度是否完善、防盗措施是否建立,安全检查是否到位等一系列的问题。

总之,如果节事活动的内部安全出了纰漏和问题,就会影响整个活动的开展,大大降低活动的质量,使活动的影响大打折扣。

相关链接

新加坡官员称国际会议期间不排除恐怖袭击可能

新加坡副总理兼内政部长黄根成 2 日表示,在 9 月中旬举行的国际货币基金组织和世界银行年度大会期间,新加坡不能排除遭受恐怖袭击的可能性。黄根成当天在出席新加坡内政群英学院的开幕式时说,为了这次年会,新加坡很早就开始做安全方面的准备。来自新加坡警察部队和民防部队的官员一直在进行训练,在体能和精神上准备应对潜在的安全问题和在会议期间可能出现的突发事件。但他强调,这并不能排除新加坡遭受恐怖袭击的可能性。

国际货币基金组织和世界银行年度大会将于9月19日至20日在新加坡举行，在此之前，还将举行一系列相关会议。为确保会议的安全举行，新加坡警方加强海陆空保安，采取了历来最大规模的保安措施，已经动员了超过1万名执法人员参与这一全国性的保安活动。

警方行动局局长甘泽铨8月底表示，警方将加强关卡检查、提高全岛保安戒备，及加强会场和酒店保安。警方将增派警察展开全岛巡逻，特别是公共交通设施、商业大楼及购物商场的保安。巡警将对公众进行临检，检查随身携带物品。他吁请公众采取合作态度。空军直升机也会不时在空中巡逻，以支援地面执法单位的交通疏导及保安行动，并监视海域。移民与关卡局也提高海陆空关口检查。他重申警方禁止街头示威的立场，"以免影响会议期间警方部署的保安行动"。

（资料来源：新加坡官员称国际会议期间不排除恐怖袭击可能. http://www.xi-an.net/xiannews/newspage.asp?articleid=8575）

第八章 会展主要国际组织概述

第一节 会议的主要国际组织

会议是具有国际性的经济活动,它不仅促进了国家或地区的经济发展,而且推动了各国之间相互了解和建立友谊的进程。举办会议也会产生许多复杂的国际问题,这就需要会议业涵盖的各细分市场的国际会议专业组织作为协调的机构,制定相关细分市场各企业机构共同合作的各种规范。实践证明,与会议业有关的国际专业组织在推动世界会议业市场化的发展中,发挥了重大的作用。了解这些国际会议专业组织,积极地建立和它们的联系,成为它们的成员,参加它们的活动,将有更多的机会获取国际会议业发展的各种信息,更快地开发国际市场和发现业务机会,更好地借鉴会议业市场化发展的国际经验,融入国际会议市场参与竞争,并在竞争中与国际市场同步发展。

一、国际大会和会议协会（ICCA：International Congress & Convention Association）

国际大会和会议协会（ICCA）是最主要的国际专业组织之一,是全球唯一将其成员领域涵盖了国际会务活动的操作执行、运输及住宿等各相关方面的会议专业组织。ICCA 创建于 1963 年,总部位于荷兰首都阿姆斯特丹。其目标是,通过合法的手段,促进各种类型的国际会议及展览的发展,评估实际操作方法,以促进旅游业最大限度地融入日益增长的国际会议市场。到 2004 年,ICCA 在全球拥有 80 个国家的 650 多个机构和企业会员,而中国已有近 30 家单位成为 ICCA 成员。

作为世界主要的会议专业组织,ICCA 包含了所有当前以及未来的会议领域专业部门,协会肩负的使命是:①提高协会成员举办会议的技巧及对会议行业的理解;②为协会成员间的信息交流提供便利;③最大限度地为协会成员提供发展机会;④根据客户的期望值逐步提高专业水准。国际大会和会议协会将其成员按所属会议产业专业部门分类,并以一个英文字母作为成员类型的代号(表8-1)。

表8-1 ICCA成员分类体系

成员类型	代表字母	成员数量
会议/旅行/目的地管理公司	A	68
航空公司	B	10
专业会议展览组织者	C	115
旅游及会议局	D	149
会议信息及技术专业机构	E	53
饭店	F	56
会议场所及展览中心	G	179
荣誉会员	H	5

资料来源:ICCA(2004)。

ICCA采用一种区域性的组织结构,不仅致力于促进同一会议产业专业部门成员之间的协作,而且还要突破成员所属会议产业部门类型的限制,促进在同一地理区域的不同会议产业部门成员之间的合作。基于此,ICCA成立了区域分会、国家和地方委员会。ICCA将全世界划分为9个区域,设立了9个区域分会:非洲分会、法国分会、北美分会、亚太分会、拉美分会、斯堪的纳维亚分会、中欧分会、地中海分会、英国/爱尔兰分会。此外,ICCA在全球17个国家和地区设立了委员会,即澳大利亚委员会、以色列委员会、瑞士委员会、奥地利委员会、日本委员会、泰国委员会、巴西委员会、马来西亚委员会、慕尼黑委员会、中国台北委员会、荷兰委员会、维也纳委员会、德国委员会、葡萄牙委员会、国际会议协会欧洲理事会、印度委员会、斯里兰卡委员会。

各种会议公司或机构必须缴纳会费和年费才能成为ICCA的成员,并享受该协会提供的产品与服务。国际会议协会提供的产品和服务有:①协会数据库说明;②协会数据库报告书;③协会数据库提供的按客户要求特制的表格名录;④公司数据库说明;⑤公司数据库提供的按客户要求特制的表格名录;⑥国际会议协会数据专题讨论会资料;⑦国际会议市场统计资料。

ICCA提供的产品和服务对于帮助其会员了解国际会议市场,获取行业信息,开展会议行业教育和调研活动,以及制订会展发展计划和策略,有着重要的参考价值。

二、国际协会联盟(UIA:Union of International Association)

国际协会联盟(UIA)于1910年在比利时布鲁塞尔召开的国际组织第一届世界大会上正式宣告成立。以后,UIA又根据1919年10月25日比利时法律,正式以一个具有科学宗旨的国际协会的名义登记注册。1951年,UIA修改了章程,成为一个世界聚焦的有个人正式会员的机构。

UIA是一个独立的、非政府的、无政治色彩的、可帮助4万个国际组织和客户交换信息的非营利性组织,以书面、光盘和互联网的形式为广大用户提供了大量的数据资料。UIA的宗旨和活动是:①在维护人类尊严、促进各国人民团结和沟通自由的基础上为建立全球秩序做出贡献;②在人类活动的每一个领域里,特别是在非营利性组织和志愿者协会里,促进非政府网络的发展和效率的提高;③收集、研究和传递有关信息,如政府和非政府国际机构的基本情况、它们之间的关系、召开的会议及它们面临的问题与采取的策略;④尝试用更有意义、更切实有效的信息传递方法,将其所提倡的联合活动和跨国合作发扬光大;⑤促进国际协会就法规政策、协会管理和其他问题开展研究。

UIA每两年召开一次大会,选举国际协会联盟执行委员会成员。该执行委员会由15~21个成员组成,每个成员任期最长4年,也经常有短期工作人员签订短期项目合同。UIA的正式会员不超过250个,要由全体大会根据候选人的兴趣和他们在国际机构中的作用选举产生。通常候选人都在某个国际机构中发挥过积极的作用。正式会员包括外交家、国际公务员、协会管理人员、国际关系教授和基金负责人。正式会员不需缴纳年费,但要在各自的领域内为维护UIA的利益、进一步扩大UIA的影响做出努力。对UIA的宗旨和活动感兴趣的法人团体和个人,只要缴纳年费,并经过国际协会联盟执行委员会批准,就可以成为国际协会联盟的非正式会员。UIA年预算约为80万美元,通过成员的预订刊物费、联盟的研究和咨询合同收入、出版物的销售及服务收入达到95%财务自立,其余部分来源于比利时、法国、瑞典政府及一些官方和私人机构的捐款和赞助。

三、会议产业委员会(CIC:Convention Industry Council)

1949年四家社团组织的领导人在一起讨论会议业的发展形势,建立了一个委员会,并制定了一套贸易标准,即著名的会议联络委员会(Convention Liaison Council)。这四家创始组织为:美国住宿业与汽车旅馆协会、美国社团组织经理人协会、国际服务业市场营销协会、国际会议和旅游局协会。2000 年会议联络委员会更名为会议产业委员会(Convention Industry Council),并制定了以下基本目标:①达成这些组织对各自责任的相互理解和认同;②通过研究项目和教育项目,为处理会议程序创造一个坚实和稳定的基础;③在会员组织间举行大家共同感兴趣的教育项目和活动;④让众人知晓会议对整个社团和国家经济的必要性。

多年来,CIC 一直是这个行业中的教育领导者,它创建了注册会议专业人士认证项目(Certified Meeting Professional Program)。CMP 认证项目从 1993 年起在国际推广,平均每年有 1 000 个项目得到 CMP 认证。1961 年出版的会议联络委员会手册介绍了会议中涉及的三方——赞助组织、饭店和会议局各自的具体责任。该手册现在已经重印了 7 次,内有实用的清单、表格和行业词汇。目前,该委员会由 29 家会员组织构成,一半代表买方,一半代表卖方,共代表着1 300 个公司和机构。

四、国际专业会议组织者协会(IAPCO:The International Association of Professional Congress Organizers)

国际专业会议组织者协会(IAPCO)成立于 1968 年,其前身是英国专业会议组织者协会(ABPCO:The Association of British Professional Organization)。这是一个由专业的国际国内会议、特殊活动组织者及管理者组成的非营利性组织,服务于全球的专业会议组织者,其总部设在英国伦敦。

IAPCO 成员遍及全球,每年举行各种活动。其成员质量保证受到全球会议服务商的认可。不管它们是独立的专业会议组织者,还是一个单位内部的专业会议组织者,是为公司、协会和政府会议市场服务,还是为教育和科研会议市场服务,所有的 IAPCO 成员都需要有丰富的办会经验和经历,都应该是熟练的国际和国内会议活动策划和协调的咨询者和管理者。IAPCO 的标志意味着质量,对专业会议筹划和管理者而言,它就是一个全球性品牌。作为这个杰出标志的代表,IAPCO 的成员在全球会议行业的供应商和经营商中获得普遍认可。IAPCO 成员分为普通会员、荣誉会员、邀请会员、项目经理会员、分支机构会员5 类。

IAPCO 设有会议管理职业学院,致力于通过教育及与专业人员的沟通,不断提高其成员和会议行业人员的服务水平。IAPCO 在会议教育方面有着空前的纪录。每年为专业会议组织者举办的 IAPCO 讲座,即广为人知的 Wolfsberg 讲座,最早开始于 1975 年。从那时起,来自 70 多个国家的超过 1 000 名学员参加了为期1 周的讲座,并获得 IAPCO 讲座证书。这是世界上为专业人员(包括会议组织、国际会议目的地促销、周年活动举办)举办的最具综合性的培训项目。此外,IAPCO 也举办各种中高级管理讲座,主要讨论的是关于会议业作为一个服务性产业的运作,内容涉及了当今会议产业的新趋势等热点话题。IAPCO 的国内和地方性的讲座,主要由当地主办方邀请举行,通常在欧洲以外的国家,例如亚洲的各种联合性的 IAPCO 或 AACVB 讲座。所有由 IAPCO 的会议管理职业学院资助的活动,都对 IAPCO 成员开放,并允许其成员支付较低的费用参加。

随着亚太地区在国际会展市场份额的增加,IAPCO 会员在亚太地区不断发展壮大。IAPCO 正在亚洲举办各种教育项目,支持会议产业在其他新兴会议目的地的良好发展。除香港外,中国国内还没有企业或个人成为 IAPCO 成员。

五、会议专业工作者国际联盟(MPI:Meeting Professional International)

会议专业工作者国际联盟(MPI)成立于 1927 年,是全球会议和活动取得成功的主要依靠力量,其使命是致力于成为会展行业策划和开发会议这一领域内的未来领导性的全球组织。为了获取更多的专业和技术资源,赢得专业发展和网络工作的机会,利用战略同盟、折扣服务和分部成员之间互相沟通的优越性,越来越多的企业、机构和组织加入了 MPI。

MPI 总部设在美国的达拉斯,目前在全球 60 个国家有近 2 万个成员,他们分别属于 61 个分部,另有 3 个分部正在筹建。成员共分 3 类,即会议策划者、提供会议业所需产品和服务的供应商及大专院校会展专业或接待业的全日制在校学生。其中,会议策划者成员占总数的 46%,其余的 51% 为后两类成员。他们通过参加或赞助 MPI 会议,在《会议专业工作者(The Meeting Professional)》杂志或在 MPI 网页上刊登广告及购买 MPI 成员标签来获取商机和发展机会。《财富》杂志评选的 100 家公司中有 71 家公司参加了 MPI。

MPI 主办了会议专业工作者绝大多数的集会,其中包括世界教育大会(WEC:the World Education Congress)、北美专业教育大会(PEC-NA:Professional Education Conference North America)、欧洲专业教育会议(PEC-EU:Professional Education Conference Europe)等。MPI 开发的全球会议管理证书强化培训项目(CMM:Certification in Meeting Management)通过让其参与者学习特别设计的各种课程和进行练习,来提高他们的战略思考、领导和管理决策的能力,为他们和其他有志于进入会议业的人士提供了继续学习和提高的机会。目前,在世界范围内已有 250 多名会议专业工作者获得了这一证书。

六、专业会议管理人协会(PCMA:Professional Conference Manager Association)

专业会议管理人协会(PCMA)是一个非营利性的国际组织,1957年成立于美国费城。2000年,PCMA将其总部迁移至芝加哥。该协会为协会经理人提供了一个交流平台,其使命就是通过提供高质量的教育来提升专业会议管理的价值与水平。

PCMA从成立至今,该协会经历了如下几个重要的发展过程。

(1)1980年,PCMA会员投票决定将其会员范围扩大到会议业的供应者,如酒店、会议与旅游局、视听公司等,并将其称为附属会员。

(2)1985年,为了保证会议业的发展,培养出足够数量的受过良好训练的专业员工,PCMA成立了教育机构。PCMA教育机构从成立至今,教育范围已涉及全球90多所学院和大学。该机构出版的一些参考资料,如《专业会议管理》已经第四次出版,被称为"会议业的圣经"。该机构还通过几项自学课程为会议业从业人员提供继续教育培训。

(3)1986年,PCMA开始发行该协会的刊物Convene。在1996年,该杂志被认为是会议业杂志中"最具有信息价值的",并于1997年荣获希尔顿荣誉奖。

(4)1987年,PCMA会员投票决定将其会员范围扩展到科学、教育以及工程界。

(5)1990年,PCMA决定将其会员范围扩大到所有非营利性协会会议策划者与首席执行官。

(6)1992年,PCMA董事会同意设立分会。今天,PCMA在美国与加拿大共有16个分会。

(7)1997年6月,PCMA设立了网站www.pcma.org。

(8)1998年,PCMA会员同意给其内部章程增加附加条款,附加条款对组织的使命进行了修改,澄清了PCMA的核心任务在于为协会提供支持和教育。

(9)2000年,PCMA将其总部迁移至芝加哥。

PCMA会员的类型包括:

(1)专业会员。专业会员所在的组织全部职责就是负责发展、组织与管理会议展览业务,会费为325美元。

(2)供应商会员。该类会员所在的组织主要为与会议或展览有关的业务提供产品与服务,会费为450美元。

(3)协会会员。该类会员主要为协会或非营利性组织的雇员、代理商或其他代表,会费为165美元。

（4）教师会员。会费为195美元。

（5）学生会员。会费为40美元(距毕业时间不足6个月的学生不允许申请学生会员)。

（6）分会会员。分会会员的会费为30美元。

七、专业会议组织者(PCO：Professional Conference Organization)

专业会议组织者又称专业活动管理公司，简称PCO，主要职能有：评估和推荐会议举办地点；帮助策划会议及相关社会活动项目；为与会者预订住宿和旅行机票；策划与会议同时举办的展览和展示会；编制预算和处理会议的全部财务问题，等等。

PCO是会议的专业经营和代理机构，具有丰富的会议举办经验和最先进的会议举办技术。PCO一般参与客户的招投标竞争活动，通过竞争接受客户的委托，根据客户的要求提供会议的"一条龙"服务，与此同时，委托单位要向PCO缴纳一定的费用。

目前，PCO所提供的服务内容极为丰富，除了一些基本的服务以外，有的PCO公司还提供一些能够满足客户需要的特殊服务。尽管如此，PCO为客户提供的基本服务项目是必不可少的，主要包括以下内容。

（1）会议选址、预订和联系；

（2）与会代表住宿的预订和管理；

（3）活动的营销，包括会议程序和宣传材料的策划、公关和传媒的协调以及向管委会和董事会提交报告；

（4）发言人员的选择和情况简介；

（5）提供会议的秘书，以处理代表的登记事务、会议人员的招聘和情况介绍、协调代表的旅游安排；

（6）组织展览和展示，包括销售和营销；

（7）咨询和协调视听服务同活动的开展，包括提供多语种的翻译服务；

（8）策划会议的招待服务工作，联系要人、参加会议和宴会的人员，以及独立的招待服务公司；

（9）安排社会活动、旅游项目和技术性的参观访问；

（10）安排安全事务，咨询健康和安全问题。

八、目的地管理公司(DMC：Destination Management Company)

目的地管理公司(DMC)是奖励旅游市场中的专业会议组织机构，其服务对象一般是国际性的会议举办方。DMC作为一种地方特色的会议服务组织，一般具有其他组织所缺少的优势,它们对举办地的情况较为熟悉,能够为客户提供咨询服务,举办有创意的活动,并提供适合客户需要的会议管理。由于 DMC 能提供专业性很强的服务,所以一些国际会议往往聘请它们作为会议的代理人。一般情况下,DMC 所收取的费用要高于普通的会议中介机构,因为它们提供的服务更有地方特色,更具有魅力和吸引力。

当某个单位想在某个特殊举办地组织一次奖励会议时,最好是聘请当地的 DMC 来为其提供服务。这样一来,举办单位就节省了许多成本,避免了不必要的麻烦。DMC 会为委托单位寻找会议地点、预订客房、帮助安排交通工具、计划旅游线路和社会活动项目,有的 DMC 还为大会准备了奖品(当然,这些奖品的费用最终是由举办单位来付的)。在这里,可以看出 PCO 和 DMC 的服务职能有许多是相同的,不过 DMC 的要求比 PCO 更加严格,DMC 常常必须掌握 PCO 的某些专门知识,同时还必须具备为客户提供特殊服务的本领。

九、国际会议与旅游局协会(IACVB:International Association & Convention Visitor Bureau)

为便于会议旅游局(CVB:Convention Visitor Bureau)之间互相交流信息、提高会展业招徕与服务水平而成立的国际会议与旅游局协会(IACVB),主要职责就是为其会员提供教育资源与网络关系,并将会议业的信息传递给大众。IACVB 的使命就是要提高世界各地会议组织者的专业水平与形象。

IACVB 的网址为 www.iacvb.org,通过登录该网站,可以了解到有关 CVB 的信息,而且可以超链接到 IACVB 分布在世界各地的会员网站。IACVB 会将目的地的旅游景点、设施以及服务等信息提供在网站上,会议策划者与旅游者都可以通过登录该网站而获取相关的信息。此外,在 IACVB 的网站里设有一个被称为会议信息网络的数据库,该数据库记载了以往会议的资料。

IACVB 的功能还体现在以下方面:

(1)教育培训。IACVB 为全球各地的目的地管理公司提供教育与培训。

(2)绩效评估。IACVB 有助于实现会议业务绩效的标准化与评估数据的统计。

(3)品牌效应。IACVB 可以为世界各地目的地管理公司所提供的产品与服务建立一个值得信赖的品牌。

第二节 展览的主要国际组织

一、国际展览局(BIE:The Bureau of International Exposition)

国际展览局(BIE)是专门监督和保障《国际展览公约》的实施,协调和管理世界博览会的举办并保证世博会水准的政府间国际组织,宗旨是通过协调和举办世界博览会,促进世界各国经济、文化和科学技术的交流与发展。

1928年11月,31个国家的代表在巴黎开会签订了《国际展览公约》,该公约规定了世界博览会的分类、举办周期、主办者和展出者的权利及义务、国际展览局的权责、机构设置等。《国际展览公约》后来经过多次修改,成为协调和管理世界博览会的国际公约。BIE依照该公约的规定应运而生,行使各项职权。

BIE总部设在巴黎,成员为各缔约国政府。联合国成员国、不拥有联合国成员身份的国际法院章程成员国、联合国各专业机构或国际原子能机构的成员国均可申请加入。各成员国派出1～3名代表组成BIE的最高权力机构——国际展览局全体大会。该机构决定世界博览会举办国时,各成员国只有一票资格。

BIE目前共有88个成员国,下设执行委员会、行政与预算委员会、条法委员会、信息委员会4个专业委员会。国际展览局主席由全体大会选举产生,任期2年。BIE成员国遍布欧洲、北美洲、中美洲、南美洲、非洲、亚洲和大洋洲。1993年5月3日,BIE通过决议,接纳中国为其第114个成员国。同年12月5日,在巴黎召开的BIE第114次成员国代表大会上,中国被增选为BIE信息委员会的成员。1999年12月8日,在法国召开的BIE第126次会议上,中国首次当选为执行委员会成员。

由BIE主办的世界博览会,是一项由主办国政府组织或政府委托有关部门承办的有较大影响、历史悠久、水平最高的国际性展览会。100多年来,尤其是近几十年以来,世界各国都积极争办世界博览会,主要原因在于:一是主办国可以把自己的产品和技术推向国际市场,开展国际贸易和技术合作,寻求更大发展;二是可以扩大国际交往,提高主办国的国际地位和声誉;三是可以开阔眼界,学习别国的先进技术,拓展本国的发展途径;四是带动、促进主办国的城市建设和经济的发展;五是可以借举办世界博览会的商业机会获得较好的经济效益。

世界博览会分为综合性世界博览会和专业性世界博览会两大类。综合性世界博览会是由参展国政府出资,在东道国无偿提供的场地上建造自己独立的展览馆,展示本国的产品或技术的世界博览会。专业性世界博览会是参展国在东道国为其准备的场地中,自己负责室内外装饰及展品设置,展出某类专业性产品的世界博览会。按照国际组织的规则评定,综合性世界博览会分为一般博览会和特殊博览会两种;专业性世界博览会分为 A1、A2、B1、B2 4 个级别,其中 A1 级为国际园艺博览会,A2 级为国际专业展示会;B1 级为国内园艺博览会,B2 级为国内专业展示会。

申办世界博览会的主要程序如表 8-2。

表 8-2 申办世界博览会的主要程序

程序	主要内容
申请	按 BIE 规定,有意举办世博会的国家要在举办前的 9 年内,向 BIE 提出正式申请,并缴纳 10% 的注册费。申请函包括开幕和闭幕日期、博览会主题,以及组委会的法律地位。BIE 将向各成员国政府通报这一申请,并要求他们自通报到达之日起 6 个月内提出他们是否参与竞争的意向。
考察	在提交初步申请的 6 个月后,BIE 执行委员会主席将根据规定组织考察,以确保申请的可行性。考察活动由一位 BIE 副主席主持,若干名代表、专家及秘书长参加。所有费用由申办方承担。考察内容包括:主题、开幕日期与展期、展览场地、面积(总面积以及可分配给各参展商面积的上限与下限)、预期参观人数、财政可行性与财政保证措施、申办方关于参展成本的预算及财政拨款的方法(以降低各参展国的成本)、对参展国的政策和保证措施、政府和相关组织的态度,等等。
投票	如果申办国的准备工作获得考察团的支持,全体会议将按常规在博览会举办的 8 年之前选择举办国家。如果申办国不止 1 个,全体会议将采取无记名投票形式表决。若第一轮投票后,某申请国获 2/3 赞成票,该国即获得举办权。若任何申请国均未获 2/3 赞成票,将再次举行投票,每次投票中票数最少的国家被淘汰,随后仍按 2/3 多数原则确定主办国。当只有两个国家竞争时,根据简单多数原则确定主办国。
注册	获得举办权的国家要根据 BIE 制定的一般规则与参展合约(草案)所确定的复审与接纳文件对世界博览会进行注册。注册申请应在举办前 5 年提交给 BIE。注册意味着举办国政府正式承担起申请时承诺的责任,认可 BIE 提出的标准,以确保世博会工作的有序开展,保护各成员国的利益。BIE 在收到注册申请时,将向申办国政府收取 90% 的注册费,金额按 BIE 全体会议通过的规则确定。

表 8-3 列出了各届世界博览会的举办情况。

表 8-3 历届世界博览会一览表

举办年份	博览会名称	宣传主题	参观人数(人次)
1851	伦敦世界博览会	万国工业	6 300 000
1853	纽约世界博览会	—	—
1855	巴黎世界博览会	农业、工业和艺术	5 162 330

续表

举办年份	博览会名称	宣传主题	参观人数（人次）
1862	伦敦世界博览会	农业、工业和艺术	6 096 617
1867	巴黎世界博览会	农业、工业和艺术	15 000 000
1873	维也纳世界博览会	文化和教育	725 500
1876	费城世界博览会	庆祝美国百年独立	8 000 000
1878	巴黎世界博览会	农业、工业和艺术	16 156 626
1883	阿姆斯特丹世界博览会	—	—
1893	芝加哥世界博览会	纪念发现美洲400周年	27 500 000
1900	巴黎世界博览会	新世纪发展	50 860 801
1904	圣路易斯世界博览会	纪念路易斯安娜100周年	19 694 855
1915	巴拿马太平洋世界博览会	庆祝巴拿马运河通航和旧金山建立	19 000 000
1926	费城世界博览会	庆祝建国150周年	36 000 000
1930	列日产业科学世界博览会	—	—
1933～1934	芝加哥世界博览会	一个世纪的进步	22 317 221
1935	布鲁塞尔世界博览会	通过竞争获取和平	
1937	巴黎世界博览会	现代世界的艺术和技术	31 040 955
1939～1940	纽约旧金山世界博览会	建设明天的世界	45 000 000
1939	金门世界博览会	—	—
1958	布鲁塞尔世界博览会	科学、文明和人性	41 500 000
1962	西雅图21世纪世界博览会	太空时代的人类	9 640 000
1964～1965	纽约世界博览会	通过理解走向和平	51 670 000
1967	蒙特利尔世界博览会	人类与世界	50 306 648
1970	日本世界博览会	人类的进步与和谐	64 218 770
1975	冲绳海洋博览会	海洋——充满希望的未来	3 485 750
1982	诺克斯威廉国际能源博览会	能源——世界的原动力	11 120 000
1984	新奥尔良国际河川博览会	河流的世界——水乃生命之源	11 000 000
1985	国际科学技术博览会	居住与环境——人类居住科技	20 000 000
1986	温哥华国际交通博览会	交通与通信——人类发展与未来	22 111 578
1988	布里斯班国际休闲博览会	科技时代的休闲生活	18 574 476
1990	国际花与绿博览会	花与绿——人类与自然	27 600 000

续表

举办年份	博览会名称	宣传主题	参观人数（人次）
1992	塞维利亚世界博览会	发现的时代	41 814 571
1992	热那亚国际船舶与海洋博览会	哥伦布——船与海	1 694 800
1993	大田国际博览会	新的起飞之路	14 005 808
1998	里斯本国际博览会	海洋——未来的财富	10 128 204
1999	昆明世界园艺博览会	人与自然——迈向21世纪	9 300 000
2000	汉诺威世界博览会	人类—自然—科技—发展	18 000 000
2005	爱知世界博览会	超越发展——大自然智慧的再发现	22 000 000
2006	杭州休闲世界博览会	休闲——改变人类生活	20 405 500

资料来源：国际博览局（2006）。

二、国际展览管理协会（IAEM：The International Association for Exhibition Management）

国际展览管理协会（IAEM）成立于1928年，总部位于美国得克萨斯州的达拉斯市，是当今展览业最重要的行业协会之一，管理和服务于全球展览市场。IAEM成员来自近50个国家，总数超过3 500个。其使命是通过国际性网络为成员提供独有和必需的服务、资源和教育，促进展览业的发展。

IAEM的基本目标包括以下主要方面：一是促进全球交易会和博览会行业的发展；二是定期为行业人员提供教育机会，提高其从业技能；三是发布展览业相关信息和统计数据；四是为展览业人员提供见面机会，便于其交流信息和想法。

IAEM拥有的成员包括：展览经理、准会员、商业机构成员、学生成员、教育机构成员、退休会员、分部成员等。IAEM由13名成员组成的董事会领导。

IAEM提供展览管理的注册培训认证项目，即CEM（Certified in Exhibition Management）的培训认证项目。该培训项目的必修课程包括：项目管理、选址、平面布置与设计、组织观展、服务承包商、活动经营、招展。选修课程包括：展示会开发、计划书制订、会议策划、住宿与交通、标书的制定与招标。高级课程为：经营自己的业务（包括策划与预算）、经营展会的法律问题、安全与风险问题、登记注册、了解成人教育。高级课程专为取得CEM认证，并可能使用CEM培训认证项目再去开展培训认证的个人所开设。

三、国际博览会联盟(UFI：Union des Foires Internationales 或 UIF：The Union of International Fairs)

国际博览会联盟(UFI)是世界主要博览会组织者、展览场所拥有方、各主要国际性组织及国家展览业协会联盟,于 1925 年 4 月 15 日在意大利米兰市由 20 个欧洲主要的国际展会发起成立的。目前已从代表欧洲展览企业和展会的洲际组织,发展成为重要的全球性展览业国际组织,代表着分布在五大洲近 80 个国家的 154 个城市的 237 个正式成员组织(其中 190 个成员为展会组织者,10 个成员为展馆拥有者,37 个成员为展览业的协会和合作者)。

UFI 没有个人成员,只有团体成员,包括公司协会、联合会等。UFI 吸收两类成员:正式成员(Full Member)和非正式成员(Associate Member)。正式成员包括国际展览会的一国或跨国的组织者(包括组织展会及提供展会服务的公司)、全国展会的组织者、非展会组织者的展馆拥有者和管理者的协会,以及进行展会数据统计和研究的组织。UFI 的正式成员有权在它和它举办的经 UFI 认证的展会的所有印刷材料和其他宣传材料上使用 UFI 的标志,以反映企业和展会的质量。未经 UFI 认证的展会不得使用 UFI 的标志。

此外,UFI 有一套成熟的展览评估体系,对由其成员组织的展览会和交易会的参展商、专业观众、规模、水平、成交量等进行严格评估,以此标准挑选一定数量的展览会和交易会给予认证。国际博览会联盟认证(UFI Approved Event)是高质量国际展览会的证明。由于 UFI 在国际展览业中具有权威性,达到标准并被其认可的展览会在吸引参展商、专业观众等方面具有很大的优势,它可以向展览商和观众保证,它们能从专业化策划和管理的展会中获益。

中国目前已有 34 个展会企业和组织加入了国际博览会联盟(表 8-4)。

表 8-4 加入国际博览会联盟的中国会员

会员名称	会员类型	所在地	加入时间
北京振威展览有限公司	展会组织者	北京	2005
北京国际展览中心	展会组织者	北京	2000
香港旅游局业务开发部	展会合作商	香港	1999
中国展览馆协会	协会	北京	2003
中国贸促会纺织分会	展会组织者	北京	2002
中国商城展览中心	展览中心业主	义乌	2005
中国国际展览有限公司	展会组织者	上海	2000
中国商务部投资发展处	展会组织者	北京	2005

续表

会员名称	会员类型	所在地	加入时间
中国国际贸易中心	展会组织者和展览中心业主	北京	2004
中国国际展览中心集团公司	展会组织者和展览中心业主	北京	1988
CMP 亚洲有限公司	展会组织者	香港	1995
中国机械工具和工具制造商协会	展会组织者	北京	1993
东莞名牌家具协会	展会组织者	东莞	2005
广东现代展览中心	展览中心业主	东莞	2004
大连国际服装博览会有限公司	展会组织者	大连	2002
中国国家建筑机械公司	展会组织者	北京	2000
香港展览会议业协会	协会	香港	1998
香港会议展览中心	展览中心业主	香港	2001
香港贸易发展局	展会组织者	香港	2000
深圳会议展览协会	展会合作机构	深圳	2004
苏州国际博览中心	展览中心业主	苏州	2005
厦门国际会议展览中心	展览中心业主	厦门	2004

资料来源:国际博览会联盟(2005)。

四、世界场馆管理委员会(WCVM:The World Council for Venue Management)

世界场馆管理委员会(WCVM)成立于1997年。为促进公共集会场馆行业内的专业知识提高和互相理解,它积极地致力于场馆信息和技术的交流和沟通。其现有协会成员是:会议场馆国际协会(AIPC:Association Internationale des Palais de Congres)、亚太会展委员会(APECC:Asia Pacific Exhibition and Convention Council)、国际会议经理协会(IAAM:International Association of Assembly Managers)、欧洲活动中心协会(EVVC:European Association of Event Centers)、亚太场馆管理协会(VMA:the Venue Management Association,Asia and Pacific,Limited)和体育场馆经理协会(SMA:Stadium Managers Association)。

WCVM 的目标是:①有助于世界更好地了解公共集会场馆行业;②鼓励成员协会的互相帮助和合作;③促进有关公共集会场馆管理专业信息、技术和研究的分享;④推动成员协会之间的沟通,以提高全世界公共集会场馆管理行业的知识水平和了解程度;⑤为成员协会提供与世界场馆管理委员会所代表场馆和个人直接有效的途径和通道;⑥召开由 WCVM 主办的周期性会议,以便分享与公共集会场馆管理经营专业有关的信息和教育/专业开发活动。

五、国际展览运输协会(IELA:International Exhibition Logistics Association)

国际展览运输协会(IELA)于1985年由来自5个国家的7个公司发起成立,1996年增加到36个国家和地区的73个成员。IELA总部设在瑞士,代表展览运输者的利益。协会设标准和职业道德委员会、海关委员会、组织者委员会、新闻委员会和会员委员会。该协会是在会展业不断发展、展会越来越专业的形势下成立的。协会的目的是使展览运输业专业化,提高展览运输的效率,更好地为展览组织者和展出者服务,此外,为展览运输业提供一个交流信息的论坛,向海关及其他部门施加影响。

六、国际场馆经理协会(IAAM:International Association of Assembly Managers)

国际场馆经理协会(IAAM)是比较"老"的场馆协会,一些展览场馆和设施经理加入该协会。但是,由于这里所指的场馆主要是体育馆,与展览场馆有所不同,因此,也有不少展览场馆和设施经理加入其他有关国际组织。

七、欧洲主要展览中心协会(EMECA:European Major Exhibition Centers Association)

欧洲主要展览中心协会(EMECA)于1992年成立,协会在1993年有14个成员,展场面积超过200万平方米,每年举办800多个展览会,约有30万个展出者。该协会建立的目标包括加强欧洲会展业以展开与亚洲和美洲的竞争,简化有关会展业的法规,协调展览技术标准等。

八、亚太地区展览会议联合会(APECC:Asia Pacific Exhibition and Convention Council)

亚太地区展览会议联合会(APECC)于1989年在韩国创建,目前有会员24个。它每年举办一次年会,在主席、副主席领导下,下设秘书处、章程委员会、会员委员会、使用标准码委员会、筹划指导委员会。APECC秘书处常设在汉城韩国展览中心。其宗旨是:通过密切合作推动太平洋周边地区会展业的发展,提高会员的商业利益。出版物有APECC新闻通信、宣传手册等。该联合会的资金主要靠会员入会费、会费、年费、出版物中的广告费来筹集。

除上述会展管理组织以外,国际博览会联盟(UFI)、国际展览会管理协会(IAEM)、国际园艺生产者协会(AIPH)和总部设在美国的贸易展览商协会

(TSEA)都是著名的会展管理组织。

九、CeBIT

以 CeBIT 全球展览会为例,可以在世界的几大重要和新兴市场上,同时看到 CeBIT 的名字,如土耳其伊斯坦布尔(CeBIT Bilisim Eurasia plus CeBIT Broadcast Cable and Satellite),中国上海(CeBIT Asia),澳大利亚悉尼(CeBIT Australia)和美国纽约(CeBIT America)等。

第三节 奖励旅游的主要国际组织

奖励旅游管理者协会(SITE:The Society of Incentive & Travel Executives)成立于1973年,是全球唯一的非营利性的、致力于综合效益极高的奖励旅游产业的世界性组织。该协会为那些设计、开发、宣传、销售、管理和经营奖励旅游的机构提供教育研讨会和信息服务。目前奖励旅游管理者协会有 2 000 个会员,遍布82个国家,协会还在不同区域设有 28 个分会。协会会员主要来自航空公司、游船公司、公司企业、目的地管理公司、地面交通公司、饭店、官方旅游机构和旅游公司。

奖励旅游管理者协会的会员享有的权利包括:获得与分布在82个国家的 2 000个会员的联系方式;被列入协会的名录;在参加奖励旅游管理者协会年会时享受优惠注册费;能够参加奖励旅游管理者协会在全世界的分会活动和教育培训项目;在参加奖励旅游交易会时会获得展示台所需的奖励旅游管理者协会成员展示材料;可以在个人名片和公司信笺上使用奖励旅游管理者协会的标志;有资格参加奖励旅游管理者协会水晶奖大赛;有机会获得奖励旅游管理者协会认证的称号;能以会员价订购奖励旅游管理者协会的出版物,免费获得奖励旅游管理者协会提供的研究报告。

奖励旅游管理者协会还设立了专门基金支持世界各地有关奖励旅游的课题研究,对世界奖励旅游的发展起了很大的推动作用。奖励旅游管理者协会在世界下列地区设立了它的分会:美国亚利桑那州、芝加哥、拉斯维加斯、明尼苏达州、纽约、北加利福尼亚州、南加利福尼亚州、南佛罗里达州和得克萨斯州、荷兰、哥斯达黎加、澳大利亚、新西兰、比利时、卢森堡、加拿大、东非、德国、大不列颠、中国香港、爱尔兰、印度尼西亚(在筹建中)、意大利、马来西亚、马耳他、葡萄牙、苏格兰、新加坡、南非、西班牙、泰国、土耳其。

国外会展业概述

第一节 国外会展业的发展概况

一、国外展览业的发展概况

(一)国外展览业的发展概况

国外展览业的发展已有很长历史,其办展内容、功能和展会的组织等方面已相当完备。欧洲是世界展览业的发源地,经过100多年的积累和发展,欧洲展览经济整体实力最强,规模最大。德国、意大利、法国、英国都是世界级的展览业大国。

其中,德国是世界展览业的代言人。全世界150个重要的专业展览会,有近120个是德国举办,称其为世界展览王国,名副其实。德国举办的这些权威性的展览会深受参展商、专业观众的欢迎。德国会展业的世界代言人地位的造就,得益于以下几方面:地处欧洲中部,交通条件便利;贸易展览历史悠久;是重要工业国,拥有潜力巨大的消费市场;能给参展商和参观者提供高质量的展览会,带来巨大的经济效益。同时,德国展览业也是世界经济全球化的受益者。

总的来看,德国展览业具有以下先进特点:有全国性的行业协会——德国展览业协会(AUMA);展览会拥有科学的法规和长期的计划;组织者重视宣传效果;德国政府注重展览投资;会议、研究会和展览相辅相成;展览工作人员专业素质高,具备国际领先的服务水平。

英国展览业的历史可追溯到19世纪50年代,经过150年的时间已发展成为一个很成熟的行业。英国展览业的特点是完全市场化、规模小、专业性强、协会多、国际化程度高、展览会内容以服务业为主。

北美的美国和加拿大是世界展览业的后起之秀,举办展览最多的城市是拉斯维加斯、多伦多、芝加哥、纽约、奥兰多、达拉斯、亚特兰大、新奥尔良、旧金山和波士顿。经济贸易展览会近年来在中美洲和南美洲逐步发展起来。巴西、阿根廷和墨西哥的展览业名列其中三强。除这三个国家外,其他拉美国家的会展经济规模很小,很多国家尚处于起步阶段。

非洲大陆的展览经济发展情况基本上与拉美相似。非洲展览业主要集中于经济较发达的南非和埃及。凭借雄厚的经济实力及有利的地理位置,南非和埃及的展览业发展近年来突飞猛进,在整个非洲地区处于遥遥领先的地位。除南非和埃及外,整个西部非洲和东部非洲的会展经济规模都很小,一个国家一年基本上举办一个到两个展览会,而且受气候条件的限制,这些展览会不能常年举办。

亚洲展览业的规模和水平比拉美和非洲要高,是新兴的世界展览地区。该地区中,展览业居前的是东亚的日本、中国,西亚的阿联酋和东南亚的新加坡。

大洋洲的展览业发展水平仅次于欧美,但规模则小于亚洲。该地区的展览业主要集中于澳大利亚。

从欧美展览强国的发展历史和现状看,不论是宏观还是微观方面,都有不少值得借鉴之处,主要规律和经验包括:①展览业随着经济的发展而发展,在不同经济发展阶段,展览发挥不同的作用并有不同的展览形式;②展览业不能完全靠市场机制运作,要有行业规范,要有行业干预和协调机制;③展览业的发展,需要政府支持和调控。

(二) 国外展览业的发展历程

1. 国外展览业的发源地

欧洲当之无愧是世界展览业的发源地,具有十分悠久的历史。据考证,早在公元710年,法国北部的圣丹尼省就举办了一个大型的展贸会,参展商多达700余家。1170年,地处中欧交通要道的莱比锡街头开始出现商业性的集市,这便是著名的莱比锡博览会的前身。到15世纪,法兰克福、莱比锡和许多其他欧洲国家的城市相继成为欧洲各国商品交换的中心。

一般认为,德国是世界贸易展览会的发源地,也是当今世界第一会展强国。德国的展贸业可以追溯到中世纪。1240年法兰克福获得神圣罗马帝国的授权举办第一届秋季博览会,并被当时的德国皇帝弗里德克希二世正式下诏命名为会展城市,参展的客商也受到其保护。在法兰克福,参展商拥有最高的商业自由,甚至有的商人曾有过犯罪行为,但在展览期间也免予追究。这种特殊优惠政策为法兰克福向一个国际性的会展大城市转化打下了较好的发展基础。1330年,法兰克福又获得了一个展贸会的举办特权。1268年,莱比锡也获得特

许权,可以每年举行3次展贸会。1507年,神圣罗马帝国皇帝马克西米连一世下诏,规定莱比锡周围15德里的范围内享有集市优先权。法兰克福和莱比锡是德国历史上的两大展贸中心,14~16世纪,尤其是法兰克福,凭借其位于莱茵河和美茵河交汇地区的优越地理位置和水运条件,成为手工业会和小商品经营者的理想展贸中心,直接带动了整个城市的发展。从那时起,法兰克福书展已经是世人皆知。

法兰克福书展的开端是法兰克福图书市集。印刷术的兴起使得16~17世纪时的法兰克福,成为德国最重要的图书贸易场所,其提供的服务不仅面向德国人,而且面向其他拉丁语系欧洲国家。书籍被成箱地运往法兰克福,由来自各地的书商带回本地销售。除了图书销售外,法兰克福更发展成为当时的知识中心。除了书商、印刷商之外,欧洲大学的教授、公立图书馆员、诗人、档案室管理员、数学家和知识分子也现身市集。当时的古典文学研究学者埃斯蒂安还称呼这里是"市集学院",因为在这里可以直接聆听许多大师的话语。

15世纪末16世纪初,由于"地理大发现"的进展,世界各大洲的经济及文化交流很快密切起来,形成连接大西洋、太平洋、印度洋的国际市场,人类经济活动由于世界市场的出现第一次被广泛联系在一起,经济全球化自国际贸易中产生。哪里市场需要,展贸会就出现在哪里,从而形成了跨地区、跨国界发展的趋势。

一般认为,18世纪,展览会开始从西欧向北美传递和扩散。这些展览会刚开始主要集中在早期殖民城市波士顿举办。1765年,美国第一个展览会在温索尔市诞生。1792年,加拿大尼亚加拉联邦的一个农业组织发起和举办了加拿大的第一个展览会。北美展览会起源于专业协会的年度会议,贸易性不及欧洲。起初,展览只作为年会会议的一项辅助活动,是一种信息发布和形象性展示的活动,展览会的贸易成交和市场营销功能曾在很长一段时间里并不为企业所重视。现在仍有许多美国展览会与专业协会年度会议结合在一起同时举办。

2. 国外展览业的发展基础

国外展览业是工业革命和经济全球化的产物。1640年开始的工业革命推动了欧洲的经济发展,同时也促进了展览业的极大发展。在大约两个世纪的时间里,展览会经历了急剧的发展过程,展览业发生了巨大的变化。

(1) 现代贸易展览会阶段

17世纪的英国工业革命以及后来的比利时、法国、美国和德国发生的产业革命,推动了世界经济的迅猛发展。在工业革命的推动下,欧洲工业展贸会纷纷兴起。工业展贸会有着工业社会的特征,不仅有严密的组织体系和极其丰富的工业交易品,而且将展贸的规模从地方扩展到国家乃至全世界。这一时期是近代展览业的发展时期。欧洲发达国家的城市如莱比锡、法兰克福、米兰和里昂等地纷纷将其定期举行的很多集市贸易发展成为较大规模的展贸会,并花费巨资建设展览场馆。

在工业革命的影响下,展贸会上的货物交易变为样品交易,标志着展览业进入现代发展阶段,这一时期始于19世纪。18世纪后许多西欧的展贸会都衰退了,唯独莱比锡和东欧的展贸业得到发展。贸易自由化使得展贸会逐渐丧失特权,行业自由化发展、工业技术的发展以及交通手段的改善,使商人们无需在特定的时间、地点提供产品,而只需带上样品参展,拿走订单,并通过工业化的生产及时提供交易产品。于是,展贸会开始调整他们的功能。

现代意义上的贸易展览会最早诞生在德国。1894年莱比锡举办的第一届国际工业品博览会不仅规模空前,吸引了来自各地的大批展览者和观众,更为重要的是配合资本主义生产方式和市场扩张的需要,对展贸方式和宣传手段进行了改革和创新——按照国别和专业划分展台,按照样品看样订货,展贸会逐渐有了一种"展览"功能;参展商也逐步由贸易商为主转变为以产品厂家为主,展贸会由此成为厂家推广其产品的重要途径。莱比锡第一届国际工业品博览会引起了展贸界的重视,欧洲各地纷纷效仿。自此,展览业进入了现代贸易展览会阶段。现代贸易展览会与传统庙会式展览会的一个重要的差别是,现代贸易展览会是以展出样品为主的展览会,具有开创意义。

(2)世博会的发展历程

除了现代贸易展览会,世博会是现代展览会的又一个重要分支。世博会的产生是近代工业生产发展和资本商品投入国际市场竞争的结果。19世纪40年代,英国完成了工业革命。此时的英国堪称"世界工厂",工业总产值占世界工业总产值的39%。1850年,英国贸易占世界贸易总额的35%,伦敦更是成为世界上第一个金融中心。处于鼎盛时期的英国为了扩大贸易,展现英国工业的成就,在维多利亚女王的丈夫阿尔伯特亲王倡议下,决定举办一届"伟大的万国博览会"(The Great Exhibition of Industries of All Nations)。为了吸引各国参展,维多利亚女王发出外交邀请函,最终有10个国家接受邀请。

1851年5月1日,世界博览会正式开幕,开幕式当天就有25 000人入场参观。女王和亲王莅临开幕式。博览会分原料部分、机器部分、产品部分和工艺部分。在占地9.6万平方米的展区中,仅展览用的桌子就连绵13公里。博览会上展出了14 000件展品,涵盖了当时几乎工业文明的全部内容,如引擎、水力印刷机、纺织机械等。来自世界各地的珍品也陈列其中,如一块24吨重的煤块,一颗来自印度的大钻石……值得中国人关注的是,当时广东人徐瑞珩把自己经营的中国特产"荣记湖丝"以个人名义送去参展,引起了轰动,还夺得维多利亚女王颁发的金、银奖牌各一枚。

到10月15日世博会结束时,参观的人数达到了630万人。英国人也从这届博览会中获得了17万英镑的直接收入。通过这届世博会,人们看到了工业革命给人类生产和生活带来的巨大而深刻的变化,正如恩格斯所评价的那样,"1851年的博览会给英国岛国的闭塞性敲起了丧钟",世博会强有力地打破了岛国的闭塞性,也迅速有力地打破了欧洲大陆所有工业国的闭塞性。

从性质上和形式上看,伦敦世博会是一个全新的展览会,与1894年莱比锡第一届国际工业品博览会一样,英国伦敦世博会成为现代展览会形成的又一标志。现代科技展览会、宣传展览会等都是在世界博览会的基础上发展成型的。另外,世界博览会也是许多国际活动和国际组织的先驱,并直接导致国际评奖、国际会议等活动的产生。世界博览会对艺术和产品设计、国际贸易关系甚至旅游业的发展都起到了巨大的推动作用,并产生了良好的经济效益和深远的社会影响。在此之后,各国竞相争办类似的展览会,从整体上影响了西方世界的经济和社会生活。

伦敦世界博览会启动了博览会在世界各地轮流举办的进程。看到英国举办世界博览会的成功,大西洋彼岸新兴的美国不禁跃跃欲试。时隔两年,即1853年,美国在纽约举办了第二届世博会。美国人仿照英国也建了个水晶宫,由于设计及施工不良严重漏水,结果部分展品毁坏,观众也被淋湿,成为英国人的笑柄。该届世博会虽然号称有23个国家参加,但在5公顷的土地上展示的4 854项展品,只有23项来自其他国家。另外,世博会管理的混乱还导致了严重的财政亏损。尽管如此,欧洲人还是从这届博览会上看到了美国的成功之处和新大陆的无限前景。这次博览会新增了农业机械产品和农业优良品种的展示,使美国的西部开发得到了宣传的良机。美国由于财力日趋雄厚,加上扩大对外贸易的需要,因此举办世界博览会的愿望也最为强烈。从1853年到1984年,美国举办了10次世博会,成为举办世博会最多的国家。

在欧洲大陆,法国与隔海相望的英国一直互相较劲。早在1798年,即法国大革命当年,已经征服欧洲大陆的拿破仑为了迫使英国就范,想了一个法子:在巴黎举办一届博览会,"共和国工业产品展(Exposition Publique des Produits de l'Industrie)"。这是世界上第一个由政府组织的国家工业展览会。当时,英国有着巨大的工业优势,英法贸易严重不平衡。法国把工业发展视为民族生存的条件,把国家工业展览会作为促进工业发展的手段。因而法国国家工业展览会具有很强的政治色彩,是一种宣传鼓舞性质的展览会,也邀请各国提供各种工商业产品参加展出,只要有比英国展品好的,就可以获得奖赏。第一届法国工业展览会有110家厂商参展,时间为3天,主要展出了法国当时最新的工业产品。

到1849年止,法国政府陆续举办了11届国家工业展览会,规模越办越大。最后一届参展者数为4 532人,展出时间为180天。以往展览会基本是地方或地区规模,国家工业展览会将展览会的规模扩大到国家,有利于展示和了解国家工业的整体水平,显示成就和促进发展。1820年后,许多国家模仿法国举办国家工业展览会。由于当时保护主义盛行,各国为自身生存而发展工业,视他国为威胁,与其竞争,因此国家工业展览会基本没有外国参展者。

拿破仑三世上台后,启动了大规模的巴黎重建计划,并于1855年举办了第三届世界博览会。在这届巴黎世博会上,首次展出了混凝土、铝制品和橡胶等新产品。另外,崇尚艺术的法国人还开创了博览会开设艺术展的先河。法国从这届博览会上了解到本国工业的实力已经达到自立的地步,可以放手和别国竞争,于是开始推行自由贸易政策,由此推动了19世纪法国工商业的兴旺,这也是巴黎世界博览会的重要影响之一。巴黎堪称世界博览会之都,曾先后6次举办世博会。其中1889年的巴黎世界博览会诞生了举世闻名的埃菲尔铁塔。

在150多年中,每一届世界博览会都反映了当时政治、经济、文化和科技的发展水平及其成就,同时也展示了人类社会经济发展的前景,提出了人类社会所面临的重大问题,成为人类文明成果的展示舞台。世界博览会因而被誉为"经济、科技与文化界的奥林匹克盛会"。在现代展览业中,贸易展览会以商业为目的,举办主体主要是企业;而世博会主要是国家主办,保证了博览会的文化和科学特征。

简单回顾世博会的发展历程,不难发现世博会是工业时代的产物。工业革命的直接成果是工业产品愈加丰富,但在交通、通信等信息交流手段相对滞后的情况下,世界上必须有一个互相展示与交流工业成果的场所,世博会应运而生。因此,最初的世博会也仅仅是展示各国商品的场所而已,1851年伦敦世博会上我国的湖丝,1906年意大利世博会上我国江苏的颐生酒,1915年在美国旧金山世博会上我国的刺绣、贵州茅台酒、张裕白兰地等获奖也就不足为奇。也正是因为世博会是工业时代的产物,因此早期世博会主要集中在工业革命先行的发达国家也就理所当然了。

3. 国外现代展览业的发展历程

现代展览业也表现出对经济全球化的强大推动力。现代贸易展览会和世博会的出现,推动了世界贸易和经济的发展。直到第一次世界大战前,展览会、博览会成为发达国家争夺世界市场的场所。为了适应市场变化,扩大对外贸易,展览会和博览会改变过去单纯的商品展示方式,采用样品展示、邀请专业贸易人员参加观摩、进行期货贸易等方式,以达到扩大市场份额的目的。全世界对于博览会的热情空前高涨,在英国伦敦、法国巴黎等地接连举办的世博会,创造了工业、贸易乃至建筑的奇迹。在德国也产生了莱比锡、法兰克福等世界知名的会展城市,使其会展业得到迅速的发展。随后而来的两次世界大战停止了一切。

(1) 两次世界大战期间的展览业发展

一战后,综合性质的贸易博览会获得了很大发展,成为展览的主导形式。

法国于1916年举办了"里昂国际博览会",有1 342个展出者,其中143个是外国展出者。1917年举办了第二届,有2 169个展出者,其中424个来自外国。战后,1919年举办了第三届,有4 700个展出者,其中1 500个来自外国。贸易展览会和博览会的作用和效益在大战期间和大战后得到证实。于是,贸易展览会和博览会便以非常快的速度在欧洲普及,并形成体系。在德国,从1919年至1924年,贸易展览会和博览会的数量从10个增加到112个。1924年全欧洲有214个贸易展览会和博览会。大规模的综合性展览会除了有经济流通的功能外,还有展示工业整体规模和发展水平的作用。

但是,这一时期的贸易展览会和博览会的发展超出了经济需要的规模,展览界称之为"博览会流行病(fairs epidemic)"。各地都希望举办自己的贸易展览会和博览会,结果导致展览会数量过多,展出水平和经济效益下降。有些低质量的展览会在一段时间后自然地被淘汰了。但是,展览业混乱的局面未得到根本改善。展览业界因此感到必须共同努力,通过组织形式来建立展览业秩序。

1924年,国际商会在巴黎召开了国际展览会议。在此基础上,民间性质的国际展览联盟(UFI:Union des Foires Internationales)于1925年在意大利米兰成立。UFI原为法文 Union des Foires Internationales 的缩写,是"国际展览联盟"的名称,英文写作 Union of International Fairs。关于 UFI 的读音,在相当长的一段时间里,也是按照法文字母的发音,将 U 读成"乌",而不读成英文字母的"优"。在2003年10月20日开罗第70届会员大会上,该组织决定更名为全球展览业协会(The Global Association of the Exhibition industry),仍简称 UFI。UFI 是迄今为止世界展览业最重要的国际性组织,总部设在法国巴黎。国际展览联盟成立后,制定了一系列展览规章制度,在国际范围内采取了一系列措施,维护展览业的正常秩序。在许多国家的支持、配合下,经济贸易展览走上正常的发展道路。

一战后,世界展览业还发生了两件大事,即国际展览管理协会(IAEM)和国际展览局(BIE)的成立。而前者与 UFI 在国际展览界均享有盛誉,被认为是目前国际览览业最重要的行业组织,两者现已结成全球战略伙伴,共同促进国际会展业的发展与繁荣。

为了进一步制止这一时期展览业的混乱状况,一些国家政府建议举行一次国际会议,专门讨论建立世博会管理的规范制度。1928年11月22日,欧洲31个国家政府代表出席了在巴黎举行的国际会议,讨论世界博览会的管理问题,并共同签订了《1928年国际展览会巴黎公约》。这是第一个关于协调和管理世博会的建设性公约,规定了世博会的举办周期、举办者和组织者的权利与义务。在此基础上,1931年在巴黎成立了国际展览局(Bureau of International Expositions)作为公约的执行机构,致力于为世界各国政府举办世界博览会建立正常的秩序。中国于1993年正式成为国际展览局成员国。

随着第二次世界大战的到来,展览行业的状况又发生了改变。大多数展览停办,能源、资源都用于庞大的军需。政府对各行各业都进行了管制,从尼龙到"不必要的旅行"。

两次世界大战导致世界各主要国家建立起贸易壁垒,使得各国不得不依靠国内市场建立内向型经济以维持国家的经济运转。作为促进经济发展的一个重要手段,综合性贸易展会和博览会获得了很大的发展,主要特征表现为展会为综合性、国家(或地区)性。

(2)二战后的展览业发展

第二次世界大战之后,世界进入一个相对稳定的和平时期,综合性质的贸易博览会再次发展起来。一批因战争而停办的展览会和博览会重操旧业,为世界经济复苏注入了勃勃生机。当时世界著名的"米兰博览会"、"莱比锡博览会"和"巴黎博览会",被誉为连接各国贸易的三大桥梁。这一时间的贸易展会和博览会由综合性向专业化方向发展,主要表现为参展商的专业化和观众的专业化。同时,展会越来越普遍地伴之以讲座、研讨会、报告会等,以促进信息和技术的交流。

二战后德国的许多展览场地也遭到轰炸破坏,需逐步重建。1946年莱比锡在前苏联军事管制的同意下,举办了战后第一个展览会,由此成为社会主义国家中某种意义上的"资本主义孤岛",并成为后来广州"出口商品交易会"的榜样。1947年汉诺威会展中心第一次举办出口交易会,并很快成为德国商品及工业制造发展的窗口。1949年,法兰克福举办了第一个战后展贸会;1950年,奥芬巴赫开始有皮制品展;而慕尼黑则开始了手工业制品展览。伴随着战后各项设施的迅速重建、全球经济贸易活动的繁荣以及两德的合并,德国又重新树立起会展业大国的形象,并一直保持着良好的发展态势。

20世纪50年代是美国展览行业的振兴时期。美国战后经济的飞速发展,极大地刺激了依托战时技术发展起来的新兴工业,如计算机、电信技术、新型纺材、塑料等,这些商品的市场都需要直接面向它们的终端消费者,展览成为买卖双方建立联系的最简便、最经济的手段之一。展览会与博览会为科技成果在国际生产领域的应用和传播起到了不可低估的作用。

进入世界经济高速发展的20世纪60年代,专业性质的贸易展览会成为展览主导形式。第二次世界大战后,技术更新和经济发展速度加快,工业分工越来越细,新产品层出不穷。1945年到1966年,市场上出现了约400万种新产品。这使包罗万象的综合贸易展览会和博览会很难全面、深入地反映工业发展情况和市场需求。同时,庞大的展览会不仅使组织变得困难,而且使参展者和参观者都感到不方便。因此,贸易展览会和博览会开始朝专业化方向发展。

在60年代,许多综合性的展览会都不同程度地转为专业性展览会。一些综合性的展览也已被细分为若干个专业展,如汉诺威工业博览会就是由机器人展、自动化立体仓库展、铸件展、低压电器展、灯具展、仪器仪表展、液压气动元件展等专业展组成的。同时,专业消费展览会也从专业贸易展览会中分离出来。消费展览会向公众开放,展示消费品并直接向观众销售。这种展览会的主要作用是通过与消费者的直接接触来了解消费的趋势。另外,消费展览会也是一些消费品销售的主要渠道如住宅,游艇等。世界上许多国家,特别是发达国家大举建设大型展览中心,并大量扩充从业人员队伍,国际展览业形成了庞大的产业规模。

20世纪70年代和80年代,酒店里进行的短期性的展览逐渐增多,一些会展在古老的、长期闲置的"标志"建筑中进行,还有一些是在城市中心地区举行,如芝加哥大体育馆、麦迪逊广场公园、纽约中央公园和大西洋城会议大厦等。

20世纪90年代以来,以信息技术为核心的新一轮科学技术革命使世界市场的时空距离大大缩短,为全球贸易的开展提供了更为便捷的手段。网络技术不断完善,网上会展日渐推广,电子商务日益普及。通过国际互联网,使用虚拟技术组织的虚拟展览会为现代会展的发展注入了新的生机与活力。1996年11月,由英国虚拟现实技术公司和英国《每日电讯报》电子版联合举办了世界上第一个虚拟博览会。包括美国IBM公司在内的世界各国约100家计算机公司参加了展出,展期为一年。自此,网上展览作为展览的一种新形式,在发达国家开始发展起来,在中国也初露端倪。

可见,展览会的功能由货物交易、展销逐渐发展到今日的信息交换、展示,在产品销售活动中起着重要作用。以欧洲为发祥地,现代展览随着世界经济的发展和对新技术、新产品的需求日臻成熟,并在全球范围内蓬勃发展,形成了以欧洲和美国为龙头,以亚太地区为强大新生力量的全球化产业,拥有了全球性的行业组织国际展览局和全球展览业协会。

二、国外会议业的发展概况

按照国际大会和会议协会(ICCA)的统计,每年全世界举办的国际会议中,参加国超过4个、参会外宾人数超过50人的各种国际会议有40万次以上,会议总开销超过2 800亿美元。

国际协会联盟(UIA)每年都对全球会议市场进行统计研究,为国际会议市场发展趋势做出综合评估。成为UIA研究评估的对象,需要满足以下几个条件:有国际性组织参加,且该国际性组织出现在UIA的"国际组织年报"上;与会人数300人以上;外国与会人士占全体与会人数40%以上;至少有5个国家参加;会期5天以上。

从各洲举办会议的数量与市场份额来看,欧洲一直占据重要地位(表9-1)。统计表明,欧洲和美国是世界会议产业最发达的两大地区。

表9-1 全球各洲所举办的国际会议占全球市场的份额(1954~2005年)

单位:%

洲名	1954	1968	1974	1982	1992	1999	2000	2002	2003	2004	2005
欧洲	74	70	65	65	61	57	56.19	58.8	58.3	56.8	57.3
北美	11	12	14	14	14	16	17.17	9.9	14.9	13.9	20.4
南美	8	5	5	5	6	5	5.12	3.8	6.0	6.4	
亚洲	4	8	9	11	12	13	13.08	17.6	12.9	14.9	14.6
非洲	3	3	4	3	5	5	4.03	5.6	4.8	4.8	4.8
大洋洲	1	1	3	3	2	4	4.1	3.8	3.1	3.2	2.9

资料来源:UIA(2005)。

从各国举办国际会议的数量和市场份额来看,美国近年来一直排在世界首位,法国、英国、德国、意大利、西班牙则一直位居前列。同时,一些新兴的政治与经济后起之秀正在赶超老牌的会议强国,特别是亚洲的一些新兴国家正在奋起直追(表9-2、表9-3)。

美国作为世界最大的国际会议主办国,其航空客运量的22.4%、饭店入住率的33.8%来自国际会议及奖励旅游。

亚洲地区的日本、中国香港、新加坡则是国际会议市场近年来发展较快的国家和地区,特别是香港已成为亚洲会议产业的"大哥大",其国际会议日程已排到2008年以后。

表9-2 全球国际会议主要举办国排名(1954~2005年)

排名	1954	1968	1974	1988	1992	1999	2000	2001	2002	2003	2004	2005
1	法国	法国	美国	美国	美国	美国	美国	美国	美国	美国	美国	美国

续表

排名	1954	1968	1974	1988	1992	1999	2000	2001	2002	2003	2004	2005
2	瑞士	美国	英国	英国	法国	法国	法国	英国	法国	法国	法国	法国
3	美国	德国	法国	法国	英国	英国	英国	法国	英国	德国	英国	德国
4	意大利	英国	瑞士	德国	德国	德国	德国	德国	德国	意大利	德国	英国
5	英国	瑞士	意大利	意大利	西班牙	意大利	意大利	意大利	西班牙	英国	西班牙	意大利
6	德国	意大利	德国	澳大利亚	荷兰	荷兰	澳大利亚	西班牙	意大利	西班牙	意大利	西班牙
7	荷兰	比利时	比利时	荷兰	意大利	澳大利亚	荷兰	比利时	比利时	瑞士	瑞士	荷兰
8	巴西	奥地利	奥地利	瑞士	比利时	西班牙	西班牙	澳大利亚	澳大利亚	比利时	比利时	澳大利亚
9	比利时	荷兰	以色列	比利时	瑞士	比利时	比利时	荷兰	加拿大	澳大利亚	澳大利亚	瑞士
10	奥地利	西班牙	加拿大	西班牙	日本	奥地利	瑞士	瑞士	荷兰	荷兰	中国（含港澳）	比利时

资料来源：UIA（2005）。

表9-3 国际会议举办国家的市场份额（2000～2005年）

排名	2000		2005	
	国家	所占百分比（%）	国家	所占百分比（%）
1	美国	13.81	美国	11.61
2	法国	6.70	法国	6.59
3	英国	6.50	德国	4.58
4	德国	6.26	英国	4.31
5	意大利	4.56	意大利	4.27
6	澳大利亚	3.82	西班牙	4.11
7	荷兰	3.69	荷兰	3.81
8	西班牙	3.51	澳大利亚	3.51
9	比利时	3.31	瑞士	2.99
10	瑞士	2.59	比利时	2.70

资料来源：UIA（2005）。

与2003年相比，2004年除了亚洲会议数量在以14.9%的比率增长外，全球其他各洲的会议数量呈下降趋势(表9-4)美、欧诸国虽仍位于2004年十大国际会议国家前列,但所占的国际会议市场的份额,已分别下降11%和22%。亚洲迅速崛起是因为新加坡、中国香港、泰国等国家和地区拥有其发达的交通、通信等基础设施,较高的服务业发展水平、国际开放度,以及较为有利的地理优势。

表9-4 国际会议的市场区域分布

地区	2004年市场份额(%)	比2003年增长率(%)
欧洲	56.8	-11
北美洲	13.9	-6
亚洲	14.9	14.9
南美洲	6.1	-16
非洲	4.8	-11
澳大利亚	3.2	-2

资料来源:UIA(2005)。

由于需要考虑会议总成本,所以,到达目的地的交通、会议代表距离目的地的距离、所需要的旅行时间、交通费用等,都是目的地选择的考虑要素。因此,邻近国家和地区往往是首先考虑的目标。多数亚洲国家之所以成为受欢迎的目的地,是缘于其相邻的国家或地区,如中国内地是香港第一位的会议目的地,马来西亚是新加坡的会议目的地,而新西兰又是澳大利亚的会议目的地(表9-5)。

表9-5 亚太地区最受欢迎的会议目的地

调查反馈者的国家和地区	第1		第2		第3	
	国家	比例(%)	国家	比例(%)	国家	比例(%)
中国香港	中国内地	53	新加坡	32	北美	28
新加坡	马来西亚	49	印尼	34	中国内地	20
澳大利亚	新西兰	18	新加坡	17	北美	17
印尼	新加坡	70	澳大利亚	33	中国香港	30
日本	北美	46	中国香港	22	欧洲	20
马来西亚	泰国	45	新加坡	32	印尼	27
菲律宾	中国香港	52	北美	39	新加坡	35
泰国	新加坡	30	中国香港	32	北美	22

资料来源:亚太会议市场报告(1995)。

从各大城市举办会议的情况来看,欧洲以拥有众多会议城市而著称。无论从数量还是市场份额,维也纳、巴黎、布鲁塞尔、伦敦,一直位居世界前列(表9-6、表9-7)。

法国一年举办的国际会议有近一半是在巴黎进行,会议每年为巴黎带来7亿多美元的经济收入。法国首都巴黎因此享有"国际会议之都"的美誉。

表9-6 国际会议举办城市的排名(1953~2005年)

排名	1954	1968	1974	1988	1992	1999	2000	2001	2002	2003	2004	2005
1	巴黎	巴黎	巴黎	巴黎	巴黎	巴黎	巴黎	巴黎	巴黎	巴黎	巴黎	巴黎
2	日内瓦	日内瓦	伦敦	伦敦	伦敦	布鲁塞尔	布鲁塞尔	伦敦	布鲁塞尔	维也纳	维也纳	维也纳
3	伦敦	伦敦	日内瓦	马德里	布鲁塞尔	维也纳	伦敦	布鲁塞尔	伦敦	日内瓦	布鲁塞尔	布鲁塞尔
4	罗马	布鲁塞尔	布鲁塞尔	布鲁塞尔	维也纳	伦敦	维也纳	维也纳	维也纳	布鲁塞尔	日内瓦	新加坡
5	布鲁塞尔	斯特拉斯堡	罗马	日内瓦	马德里	新加坡	新加坡	新加坡	新加坡	伦敦	新加坡	巴塞罗那
6	纽约	维也纳	纽约	西柏林	日内瓦	柏林	悉尼	日内瓦	哥本哈根	新加坡	哥本哈根	日内瓦
7	维也纳	罗马	维也纳	罗马	阿姆斯特丹	阿姆斯特丹	柏林	柏林	巴塞罗那	巴塞罗那	巴塞罗那	纽约
8	阿姆斯特丹	纽约	华盛顿	悉尼	新加坡	哥本哈根	阿姆斯特丹	首尔	日内瓦	哥本哈根	伦敦	伦敦
9	哥本哈根	墨西哥城	西柏林	新加坡	华盛顿	悉尼	日内瓦	哥本哈根	柏林	柏林	柏林	首尔
10	海牙	西柏林	都柏林	华盛顿	巴塞罗那	华盛顿	哥本哈根	悉尼	悉尼	罗马	首尔	哥本哈根

资料来源:UIA(2005)。

表9-7 国际会议举办城市排名的市场份额

排名	2000年		2005年	
	城市	所占比例(%)	城市	所占比例(%)
1	巴黎	2.93	巴黎	3.28

续表

排名	2000 年		2005 年	
	城市	所占比例(%)	城市	所占比例(%)
2	布鲁塞尔	2.21	维也纳	2.74
3	伦敦	2.07	布鲁塞尔	2.11
4	维也纳	1.66	新加坡	1.98
5	新加坡	1.31	巴塞罗那	1.81
6	悉尼	1.28	日内瓦	1.80
7	柏林	1.19	纽约	1.44
8	阿姆斯特丹	1.15	伦敦	1.43
9	日内瓦	1.11	首尔	1.15
10	哥本哈根	1.09	哥本哈根	1.09

资料来源：UIA(2005)。

在亚洲,根据国际会议协会 ICCA 的统计,2003 年举办国际会议前 10 名的亚洲城市分别是新加坡、曼谷、中国香港、首尔、北京、中国台北、名古屋、东京、大阪和上海(表 9-8)。新加坡,2000 年被国际协会联盟评为世界第五大会展城市,并连续 17 年成为亚洲首选会展举办地城市。中国香港和澳门地区已跻身 2004 年全球十大会议城市行列,而中国内地凭其广阔的市场与经济发展潜力,逐渐成为亚洲地区的新秀。中国香港连续 10 年被英国著名杂志《会议及奖励旅游》评为"全球最佳会议中心",每年在香港举办的大型会议超过 400 个,来自世界各地的与会人员达到 7 万人,国际形象不断得到强化。

表 9-8 亚洲地区举办国际会议前 10 名城市排名(2003 年)

名次	城市	会议数量
1	新加坡	30
2	曼谷	27
3	中国香港	22
4	首尔	21
5	北京	16
6	中国台北	12
7	名古屋	10
8	东京	9
9	大阪	9
10	上海	7

资料来源：中国会展经济发展报告(2004)。

相关链接

美国展览业呈现新趋势

  随着经济全球一体化的进程,更多的企业直接参与国际市场竞争。参加美国国际性会展,尤其是参加美国国际行业的展览与会议,是企业了解美国及国际市场的重要方式,也是拓展美国及全球市场的最重要途径。美国在世界经济的主导地位使全球企业都把美国作为参展的首选地。

  每年美国各地的展览会召开极为频繁。在全美范围内,每星期都有不同规模和不同行业展览会。美国主要展览会的分类为礼品展(Gift Show)、玩具展(Toy Show)、五金展(Hardware Show)、汽车展(Automobile Show)、游艇展(Boat Show)、计算机展(Computer Show)、成衣展(Apparel Show)、时装展(Fashion Show)、食品糖果展(Food & Confection Show)、消费电子展(Consumer Electronic Show)、工业电子展(Industrial Electronic Show)、电器用品展(Electric Product Show)、运动器材展(Sport Goods Show)、文具展(Stationary Show)、酒店餐厅用品展(Hotel and Restaurant Supply Show)、纪念品展(Souvenir Show)、办公用品展(Office Product Show)、杂货展(Variety Merchandise Show)、赠品展(Premium Show)和切货展(Surplus Show)等。

  这些展览会对于美国企业来说也相当重要。无论公司大小,都可以通过展览会拓展销售网,接触平时销售人员所不能接触到的客户,这也是建立品牌形象的最佳场合。美国的展览调查公司统计指出:美国一个行业性的展览会,全部观展者中,平均有50%的观展者抱着购买产品和了解发展新趋势的目的,15%的人对此行业有兴趣。10%的人只对某个参展商有兴趣,9%的人是为了参加技术和教育性的研讨,10%的人为了获得技术和产品信息。而且,按行业不同,有54%到89%的观展者是平时销售员接触不到的客户。这些观展者一般在8到10个星期后还会回忆起参展商,而且他们的购买意图最长可持续到两年以后。在美国,无论公司或个人,有效沟通都受到重视,情商的功效更胜于智商的功效。几乎每个美国公司展台都会摆上糖果或其他免费的小礼品,任人自取,其亲近感和轻松解乏的功效自然显现。

  通过"贸易展认证"和被批准为"国际购买商项目"的美国展览会具备较高的组展水平和办展质量,但是由于美国各个行业都存在激烈的竞争,一般来说,存在了三年以上的展览主办者就算是成熟的业者。美国的会展场地大多面积大,而且是上下两三层楼,易于使人疲劳和迷失方向,有的展览一天都看不完,因此,靠近出口的位置(Corner Booth)总是参展者选择的热点,虽然价格比其他展台贵100美元到200美元。美国展览会的规模都很大,从头走到尾再加上停留谈话的时间要花几个小时,参观者很可能因为疲劳而不光顾最后几排的展位。因此居中的数排展位是理想的选择。

在美国,对于个人或企业的参观展览人士来说,参加展览会的费用是一项很大的支出。不计算旅行住宿及其他的费用,中等以上规模的展览门票价格即要100美元到300美元不等。因此,各类观展的人都会使自身的时间和费用得到最大化利用。有平均高达94%的观展者表示展览会对他们很有用。

美国的展览会之多令人眼花缭乱,展品包罗万象。展览会有地区性的、全国性的和国际性的。比如每年在曼哈顿的国际玩具展和芝加哥的五金展和电子消费品展,都是相当有影响力的,也是亚洲地区企业参加最多的展览会。参加这种国际性商展的参展商大多是生产厂家,相关设备及原材料供货商和大型出口商;买方,即大多数观展者,来自于大的批发商、进口商、零售连锁商和有关采购机构。鉴于参展费用大,双方都会有充足的准备,而且在这种展览会上拿到的订单,多半是要尽早交货的,因此供货商要有充足的货源或准备能力。全国性的展览会一般是跟行业具体相关的。全美共有280多个上规模的行业协会。每年它们都在固定的时间和地点有规律地举办全国或地域性的展览会。这种展览会召集与本行业直接相关的买卖双方参展,因此有号召力并且实用。其他地域性展览和零售展览规模较小,参展商多为美国企业及批发商。譬如在美国现在也有中国出口商品博览会名义的展览,行业人士认为这基本上是当地一个规模较小的地区华人工商展览,参展商主要是当地的一些做中小生意的华商,并不值得中国进出口参展商跨海而来。

"九一一"事件以后的几年来,美国贸易展览业的环境与以前相比,已经有了很大的不同,特殊情况造成了一种特殊的会展气候。人们一度感到,贸易展览会不再可能给参展商带来足够的参展市场回报。这场"风暴"的到来取决于纽约华尔街经济走势。当经济开始滑坡后,许多公司减少商业购买合同的签约,停止雇用工人,并迅速套取大量的现金和保持核心资产。这样一来,会展在经济发展之中产生摆动,最终导致恶性循环。

美国展览业目前正面临以下情况和趋势:

参展商的重新签约率下降。许多参展商并不急于就展览会上的展位与组展单位签约,对展览会的积极参与意识也不如从前了,重新预订展位的比率减少已是大势所趋。展览会人数在下降的事实,使参展商感受不到立即签约或者失去展位的压力。同时,这也是美国展览业流行协同办展的原因之一。

展览会中的会议越来越少。展览会中的会议越来越少已经成为一个不争的事实。由于观众与参展商人数减少,展会就不必要提供已经安排好的许多项目的服务。同时,展览会管理者因为减少会议而恶化了参展环境,这样就使参展者没有积极性去主动参与。值得注意的是,作为展会管理者必须不断对展览会及会议安排进行适时的更新,比如,有的展览会会议原来是3~4天,而现在也缩短成1~2天。

新的展览会增长势头减弱,新投资运营的展览会越来越少。以前一个新的展览会如果没有300~400个展位,会被认为不值得举办。但是现在一般新的展览会拥有展位在75~100个左右,新展会主要集中在一些合适的细分市场方面。会展业的环境一再表明,一个新展会的运作在第一年至第二年会面对一个很困难的时期。

参展商签约参展的预留时间缩短。2001年年初的时候,参展商在参展前的签约情况良好,在展会举办前9个月支付展位费50%,在参展前3个月把参展商的全部展位费付清。2002年年底以来情况就有所不同,展会主办单位让参展商提前签约展位,参展商即使签约也不超过3个月。这种情况造成了展会主办单位资金困难,无法统计展会的参展规模,也没有可靠的资金保障。

出版公司正在出售展会项目。这虽不是一个全球化的趋势,但在2002年以来美国会展业中表现突出的是,许多出版公司欠下大量的债务。它们想通过抛售展会项目得到现金来清债。根据美国《展览》杂志报道,从2001年10月到2002年2月,仅有3个展览会是媒体举办的,到了3月份以后,几乎全是商业性会展公司在运作展会了。

同一时间或地点举办的"套展"可能性增加。会展业的专业人士发现,当某一展会与另一展会出现排期与地点相同而且与本行业相关时,谁是谁非就说不清了。从某种意义来说,"套展"表明了一个展会是另一个展会的部分缩影,或者说是受到其他同一体系展会的影响的另一个展会。一直注意吸收对方的经验可以使本来优势明显的展会办得更好,但作为模仿一个较强展会的"套展"一般很难成功。

消费类展会走势坚挺。消费类的展会使人们有机会走出门,并且有一个娱乐的地方,这是消费类展会在经济不景气的背景下保持不衰的原因。例如纽约一个4口之家在展会一天的花费,仅仅相当于看两小时电影的费用,况且消费类展会中可选择的娱乐活动更让人们感兴趣。这种展览会的参展人数一直能够得到保证,并且在很多地方增长很快。

并购热潮。据JEGI(即总部设在纽约的The Jordan Edmiston Group公司)透露,2005年上半年美国共举办了15次展览会和会议并购活动,交易总额高达18亿美元,这一数值与2004年同期的11次并购、5.05亿美元的交易额相比,增长了2.5倍。其中,比较有影响的并购包括T&F以14亿美元收购IIR Holdings

公司(注:该公司每年举办400多个会议和10个业内顶尖的展览会)、Hanley Wood展览公司以6.5亿美元卖给JP Margan Partners等。

(资料来源:崔婕.谈中国企业如何通过商品展览进入美国市场[N].经济日报,2005-1-5)

第二节 国外会展业的发展模式

一、国外会展业的发展模式

目前,国际上会展业的发展模式,按照政府、市场和企业之间的关系,主要可归纳为三种:以美国、英国为代表的"完全市场化发展模式";以德国为代表的"混合经济发展模式"(综合模式);以中国内地为代表的"政府主导型模式"。这三种模式是混合经济体制下会展业的不同表现。

纯粹形式的自由放任经济和命令式的计划经济都存在着这样或那样的问题,因而在现实中并不存在,所有现实的经济体制在某种意义上都是上述两种制度混合而成的,即混合经济(mixed economy)。混合经济是指既有市场调节,又有政府干预的经济。不过,由于政府和市场混合的程度不同,有的国家靠近计划经济(比如朝鲜),有的则更靠近完全自由的市场经济(比如美国)。不过,多数国家或地区的经济体制朝着市场经济方向调整,主要通过市场机制的作用配置资源、调节经济运行;在这一经济体制中,同时也运用了计划这一调控手段,国家对宏观经济活动进行预测、规划和指导,规范微观经济,使其符合宏观经济发展目标,引导市场经济的发展方向。

在中国,政府主导会展经济是一大特色。政府主导型展会在会展业乃至整个国民经济的发展中起到了不可替代的重要作用。尤其是像广交会、糖酒会、科博会、义博会、中国——东盟博览会等一些重大的会展项目更是如此。全国政府主导型展会尽管在数量上仍是少数,但对国民经济的拉动作用却占到整个会展业的70%以上。可以说,对经济发展相对滞后、会展业起步较晚的国内各城市来说,如果没有政府主导型展会的先导和示范作用,就不会有今天如此迅猛发展的会展业。在相当长一段时间内,国内大多数展览会的办展模式仍是政府部门和协会主办、展览公司承办。

但从另一个方面看,政府主导型展会所产生的负面影响也是不可忽视的。主要表现为:政府投入资金的利用率不高、效益不好;办展机构内部缺少应有的活力和创新机制;政府与民争利,形成不平等竞争;如果监督不力,容易产生腐败现象;有些政府投入力量过大的展会,还会导致政府工作重心错位,影响机关工作的正常进行等。所幸的是,各级政府及业界人士已经认识到这一弊端,并通过不断加大市场化运作来减少政府直接操作的行为。所以,对于一些专业展览会,比如纺织、机械、消费电子等,政府就不宜参与。但是像世博会或者其他综合性的展会,公司办不了或不愿办就应该由政府来运作。下面主要介绍国外的会展业发展模式。

(一)完全市场化发展模式

以美国、英国为代表的完全市场化运作模式是消费者导向型市场经济模式,又称自由主义的市场经济模式。它十分强调会展企业(市场力量)对促进经济发展的作用,依靠会展市场供求关系,自动调节会展业。这种市场模式的特点是推崇企业家精神,崇尚市场效率而批评政府干预,会展服务要素有较高的流动性。政府进行调控与否往往以是否有利于消费者利益为目标,而较少从生产者角度出发。

在会展业完全市场化运作模式中,政府的支持亦不可缺少。比如,美国政府通过实行"贸易展认证计划(TFC)"和设立"国际商购买项目(IBP)"等措施,实现对展览会的质量和组展水平的监督,有效地确保了会展知识产权保护工作的开展,从而使贸易展览成为促进美国企业发展的重要手段。

比如政府推销。美国商务部、美国驻成都总领事馆于2003年9月15日至16日在成都银河王朝大酒店举办"2003年美国新产品样本跨国展览会",传递新产品专业信息。不同于其他贸易会或展览会,美国公司送展的是他们的产品说明书,有的还有录像带和光盘。参加展会的来宾浏览这些信息,寻找自己感兴趣的产品或公司,然后留下联系方式。美国商务处将把有关的中国公司名单转给美国公司。美国政府扶持本国中小型企业发展的重要举措,已经实行近10年,此类展览会经常在亚洲的中国、泰国、菲律宾等国家巡回展出。这样的活动对中小企业而言意义重大,因为它们有别于大公司,没有庞大的广告和市场预算来帮助其开发新市场。美国商务部以庞大的机构和财政预算来帮助美国中小企业在有潜力的国际市场寻求商业机会,每年有详细的展览计划。各州政府有不同的促进机构,佛罗里达州采用了半官方的商务展览公司来专门负责市场推广及招商引资,保证最优化地利用政府拨款,减少企业支出。

又比如,美国大部分展览中心都是公有。尽管许多公有会展中心是损失大户,地方政府作为所有者直接管理,仍然可以获得某些关键利益。首先,展览中心的经营可以更好地体现政府发展区域经济和特定产业的意图。其次,控制展览场地市场可以作为展览市场宏观调控的手段。

完全市场化发展模式中,政府对会展业发展起补充作用,政府永远远离办展的市场主体。不过协会办展得到大力倡导。这一点在美国体现得尤其明显,其直接表现就是美国有国际展览管理协会（IAEM）和独立组展者协会（SISO）。前者的会员主要是参与办展的各个协会。存在相同利益的会展企业自发形成、自愿参加行业协会,当它们在发展过程中碰到同行业内部价格上的相互倾轧与产品质量问题时,会展行业协会用行业自律的方式规范市场行业秩序。显然,在这种背景下所成立的行业协会,其动力源就在于企业本身,政府对此既不干预,也不予资助。行业协会为企业提供技术与信息服务,协调政府、企业、消费者之间的关系。同时,实力强劲的行业协会,如美国商会、美国制造商协会与联邦政府、议会都保持密切联系。当政企发生矛盾时,这些行业协会组织会寻求议会的支持与介入。

(二)混合经济发展模式

以德国为代表的"混合经济发展模式"是一种政府行政作用参与其中、大型会展企业充当市场主体的模式,其突出特点是强调政府的推动作用。在这种模式下,很难分清是企业还是政府起了主导作用。"混合经济发展模式"可以说是企业和政府合力推动的产物。比如,德国会展业发达的原动力首先来自于政府的高度重视和支持。德国政府对展览业的支持力度很大,许多城市的政府官员普遍将展览业作为支柱产业加以扶持。更与众不同的是,德国的六大展览公司几乎全是由政府控股,而且都拥有自己的场馆。比如,汉诺威展览公司的两大股东——下萨克森州政府和汉诺威市政府,就分别持有49.8%的股权;法兰克福展览中心市政府占60%股份。根据德国财政统计上的定义,国家股份占100%的为纯国有企业,超过50%但不足100%的为多数参股企业,高于25%但低于50%的为少数参股企业。1988年后政府推行国有企业私有化政策,国有企业的数目较大幅度减少。但不难发现会展业绝对是德国私有化浪潮的一个例外。与其他市场化国家不同的是,德国政府不但采取法律和规章来干涉企业行为,而且通过企业国有化来实行政府对会展经济的直接干预。

二、欧美会展发展的特点及其内部差异

受历史传统和文化因素的影响,世界各国的展览会都具有明显的地域特点和不同的办展风格。从总体上看,欧美展览会的质量、贸易效果和办展水平都高于其他地区,代表了当今世界会展业发展的最高水准。对细微之处进行比较,欧美展览会在办展方式和展览会风格方面又形成各自显著的特点。以下主要论述欧美会展业的发展水准。

第一,欧洲的展会明显具有数量多、规模大的特点。据统计,每年在欧洲举办的贸易展览会约占世界总量的60%,而且欧洲展会规模巨大,参展商数量和观众人数众多,绝大多数世界性和行业顶级展览会都在欧洲举办。在这方面,

德国堪称最典型的代表。世界著名的国际专业性贸易展览会中,约有三分之二都在德国举办。按营业额排列,世界十大知名展览公司中,也有六个是德国的。

第二,欧洲展览会的国际性远远胜过其他地区。世界各国的展览会数量很多,但是称得上世界知名的展览会却不多。很多国家的展览会只能在本国、甚至在城市周边地区有一定的辐射力。而参加欧洲展览会的参展商和参观者来自世界各地,展览会影响早已超出国界和地域的限制,成为名副其实的国际盛事。每年,德国举办的国际性贸易展览会就有近一半的参展商来自国外。美国虽然是世界经济强国,但展览会的国际性远不及欧洲。在大多数情况下,美国展览会更多地是为了满足美国各州间贸易往来的需要。在美国展览会上,最活跃的交易是在批发商和零售商间进行,外国参展商的成交常常是小批量的,单个合同成交额一般都小于欧洲。

欧美展览会间产生这种差别的原因主要是,与北美的美国和加拿大相比,欧洲各国地域相对狭小,各国企业进行本国市场营销的目标群和产品的购买群也相对较小。因此,欧洲企业传统上就十分重视国际贸易,一直积极活跃在国际市场上和国际贸易领域内。此外,欧洲市场属于非同质性混合型市场,市场内每个国家都有不同的语言和文化背景、文化传统。在这种情况下,欧洲企业如选择通过电话联系的方式或通过印刷、发布和直接邮寄产品广告宣传材料的方式进行市场营销,费用相对较高。而欧洲贸易展览会有效地把各地的推销和购买商吸引在一起,既方便成交,又能节省费用,所以受到参展商和参观商的共同青睐。据统计,在欧洲贸易展览会上,平均约有30%～40%的观众和参观商来自展览会举办地以外的国家。质量高、数量大的专业观众反过来刺激了各国参展商的参展欲望和参展热情,使欧洲展览会的国际化程度不断提高。

因此,在选择欧洲展览会和确定参展目标时,就不能把眼光和考虑问题的着眼点仅仅盯在展览所在的国家上,而应充分考虑欧洲展览会的国际影响力。比如,在做出是否到德国参加展览会的决定时,不能仅仅考察德国市场的容量,还应把展览会所能影响到的国家的市场也充分考虑在内。欧洲展会所覆盖的市场容量是多国的和宽范围的。许多参展商在谈到利用展览会开拓欧洲市场时,都有这样的心情体会:开拓意大利市场,不一定非得到意大利去参展;去德国参展,下单最多的不一定总是德国公司。意外的收获是常有的。

而美国自身的市场容纳力和消费能力就很强,是内需型市场。由于市场辐射力的限制,美国的知名展览会数量相对较少,规模也较欧洲的同类展览会小。美国展会的专业观众中进口商、大批发商不多,零售商占很大的比例,影响了国际参展商的积极性,因此参展商主要以本国企业居多。美国展览会特点是以美国参展商为主、规模也不小,但观众质量参展参差不齐,成交效果一般。但出于美国市场容量巨大,美国展览会对国外参展商的吸引力仍然不小。

第三,相比其他地区的企业,欧洲企业对展览会的重视和利用程度最高。由于北美展览会的贸易性不及欧洲,因此贸易展览会在欧洲企业开展市场营销和贸易促销中所发挥的作用大于其在北美所发挥的作用,从而导致欧美企业对展览会的重视和利用程度也存在较大的差异。据统计,欧洲企业编制市场营销费用年度预算中,用于参加展览方面的费用约占总预算的五成;而美国企业用在这方面的费用所占比例不到两成。

第四,欧美办展的内部分工形式不同,从而形成德国式办展模式与美国式办展模式的区别。德国式办展模式是指展览场地和展览设施拥有者可以同时是展览会的主办者和组织者,他们曾在很长一段历史潮流时期成为办展主体。同时,展览市场上,还有为数不少的专业商协会组织和专业展览组织者,他们可以向展览场地所有者租用展览场地。不过在欧洲也有例外,比如法国和德国就不一样,法国展览公司不拥有场馆,而场地公司不组织办展,也不参与其经营。法国的会展业人士坚持这种做法,认为能够促进展览公司之间的公平竞争,也有利于场馆公司专心做好自己的场馆服务工作。

欧洲的展览馆或会展中心一般都由专门的博览局来管理和经营,它们既出租展馆,又拥有自己的专业展览服务部门,自己举办展览会,还可以向其他展览会组织者和参展企业提供诸如道具租赁和展馆施工等相关展览服务。在欧洲这些机构一般全部或部分地由政府控制,展馆所在的州政府或市政府常常通过控股的方式实现对展览馆的控制。

美国式办展就有很大的不同。美国展览场地的所有者与展览会的组织者截然分开,展览馆出租展览场地和设施,没有自己的展览项目,而展览会组织者一般没有自己的展览馆,办展时需要从展览场地的所有者那里租用展览馆和相关设施。

美国大部分会展中心都属公有。在全美面积超过2 500平方米的会展中心中,大约64%(243个)的会展中心属于地方政府所有。在长期的产业发展过程中,形成了三种各有特点的公有会展中心管理模式:政府管理模式、委员会管理模式和私人管理模式。

政府直接管理模式是在地方政府成立大会和参观者事务局(CVB:Convention & Visitors Bureau),负责管理公有会展中心。在此模式里,展览会组织者预定展览场地需要到CVB事先登记,而不是去会展中心。尽管某些服务也外包给专有承包商,但CVB一般都有管理队伍,包括市场营销、销售和公共关系人员。在很长时期内,政府管理的市政会展中心通过提高停车价格和提供更多的专有服务等方式,增加收入和赢利。虽然政府管理模式有利于政府获得某些重要的利益,但是也会带来会展中心经营绩效低下、市场机制扭曲等问题,不利于会展产业的长远发展。从美国的情况来看,拉斯维加斯和芝加哥等最重要的会展城市都已不实行这种模式。

美国某些地区在公有会展中心的管理中实行委员会管理模式,即由地方议会或政府成立一个单独的非谋利管理委员会经营公有会展中心,对议会或政府负责。委员会管理往往比政府管理更有效。由于经营自主和收入独立,由一个管理委员会管理的展览中心,可以更少地受到政府采购和城市服务需求的限制。不过,从企业治理的角度来看,委员会管理模式下存在着激励不足的问题。很多时候政府还是要充当救火队长,补贴公有会展中心经营的损失。芝加哥市政府每年都把旅馆房间税收的2.5%转移给麦考米克展览馆。同时,委员会管理模式还存在官僚主义等弊病。

私人管理模式就是将公有会展中心的管理业务外包给私人会展管理公司。这是一个难以逆转的积极趋势。私人管理模式具有政企分开,经营自主,效率激励等许多公认的优势。私人管理公司愈来愈多地从市政府那里赢得公有会展中心的经营权和管理权。当然,对地方政府而言,将公有会展中心交给私人公司管理也有一定风险,有可能失去对其谋利动机的控制。由于不能排除异地办展的内在冲动,且所办展览会未必适应当地产业发展规划,私人管理公司利润最大化的经营可能不符合城市发展的整体利益。

第五,欧洲会展业在经济生活中的影响力大,欧洲绝大多数国家的政府都十分重视会展业的发展,政府对会展业的支持力度超过美国。

在欧洲,展览会近乎家喻户晓,展览举办地市民常常可以轻易向你一一列出一年中要举办的展览会名称和大致时间。展览会举办期间,外国游人剧增,外来流动人口增多,于是,宾馆和饭店常常爆满,地铁和公共汽车等市内交通吃紧。为保证展览会顺利进行,政府部门常常主动采取一些设施,出面协调有关部门的工作,共同做好展览会的接待。比如,城市交通警察在展览会期间会增派人员,延长工作时间,重视现场疏导,保持道路畅通;城市公交部门增开公交车辆,临时增加从市中心各主要地段到展览馆的公交线路,机场大巴则不停地往来穿梭于机场和展馆之间,以方便来自各地的参展人员参加展览会。展览馆的设施安排也尽量齐全、方便,展馆内常设有邮局、银行、药店、宾馆等服务设施。在汉诺威,整个城市犹如一个巨大的展馆,各种服务机构和设施是按照方便展览、服务于展览的原则安排和设立的,展览会在经济生活中的影响由此可见一斑。

第六,欧美展览会运作方式不同。从具体的办展方式比较,欧美展览会在展区划分与展位分配、展台设计与展位搭建、展品运输与报关、展期安排等方方面面,都存在一定的差别。

首先,在展区划分方面有区别。

由于欧洲展览规模较大,对于一个观众来说,要想在有限的几天展出时间内把整个展览会都认真而细致地参观一遍,既无必要也不可能。为进一步提高展览会的专业水准,方便专业客户根据自己的需要选择参观专业展区,目前绝大多数欧洲展览会都按展出商品的类别划分展区,实行分类展出。这种方法无疑给展览会组织者增加了巨大的工作量,但实践证明,它能很好地提高展览会的专业水平,便于买卖双方的贸易洽谈,从而提高了展览会的贸易性、展示性效果和知名度。这是许多欧洲展览会备受世界各地参展商和观众欢迎,推动展览会规模越办越大的重要原因之一。

欧洲展览会的组织者在分配展位时,习惯采用"祖父"原则,即连续参展商可以提出在下一届展览会继续展出同类商品、租用同一展位的申请,连续参展商的要求将被优先考虑和满足,甚至拥有长期和永久性展位。例如,在汉诺威举办的电脑展上,展会组织者专门将一个馆租给IBM等大公司建立永久性展台,该展馆每年只在展览会举办期间使用一次。

这种按展出商品的类别划分展区的展位分配方法给一些参展企业和专门组织企业集体出国参展的各国组展单位带来一定困难。如果参展商经营的商品类特别多,如一些综合性贸易公司,他们或者选几种商品参加某一个展览会,或者同时参加多个专业馆的展出,IBM曾在CeBIT展上同时参加五个专业馆的展出。组展单位组织企业集体参展(Joint-Participation或Group-Participation)遇到的问题会更大一些。当组展单位向展会组织者申请摊位时,展览会需要先上报参展商品的类别,但由于组展单位尚未开始招展或招展尚未结束,就很难给出一个明确的答复。在这种情况下,组展单位只能凭估计申请摊位或等招展结束后再申请摊位,这很可能使组展单位不能申请到合适的、位置比较理想的展位。

正是由于此类现象的存在,欧洲展览会在实行按专业类别划分展区时,一般都还划出综合馆或称国际馆,供组展单位组织的企业展出。组展单位从追求整体形象考虑或为简便从事,可选择国际馆综合展出。目前,我国一些组展单位在国内企业参加欧洲展览时,已开始尝试把参加企业按参加商品类别分配到不同专业馆,参加专业馆展出,以充分利用欧洲展览会专业性强的优势,提高展示效果和贸易成交效果。

申请摊位时,欧洲展览的展位租金相对比美国高,具体的收费标准要依不同的展览会和展位的具体位置而定。展位的不同类型,如一开面展位、两开面展位、三开面展位等,收费标准不尽相同;展位所处的楼层,如一层、二层、三层等,收费价格也不一样。一般而言,一层展位要加收额外的费用。

其次,在展台设计与施工方面存在较多差异。

美国展览会的展览传统上是用杆柱和五颜六色的围布搭成,因此过去欧洲企业在美国参加展览时,常常把美国展览会的展位戏称为"彩色尿布"(colorful diaper)。美国常把展台或摊位称之为"booth",欧洲则习惯称之为"stand"。欧洲展览会的展台搭建使用最多的是铝合金标准展架。用这种展架搭建的展位,四周都是硬板实墙,参展商可以在墙壁上挂图片及其他重量轻的展品。欧洲展览会的展台大多建在离地2英寸的平台上,电源线一般铺在平台下面,不必像美国展览会那样设法把电源包起来。

在欧洲,国外参展商自行设计和搭建展台时,可以选择展览会所属专业施工公司、展览会指定或推荐施工公司,也可以自带或选择其他施工公司。欧洲各国劳动法对劳务使用的规定不尽相同,但从总体上看,参展商在展台施工方面比美国具有更大的灵活性和自主权。例如,在德国,外国参展商可以开车把展台搭建所需的建筑材料和道具直接送到展馆内,自己搭建展台;到许多国家搞展览会都是自带工人自行施工布置,既方便又省钱。但在美国,展台搭建必须由美国施工公司负责进行。特别是美国的劳工法很严格,规定现场施工、搬运都必须雇用美国工人来进行,每个工种不能互相替代,现场都有工会人员进行监督,如有违背,工会就会立即出面干涉,自行施工和搬运视为非法;而且费用较高,特别是节假日或加班,有时还要支付双倍工资。美国对展览工作有许多文件规定,大多数城市的展览场馆对展品进馆、海关报关、展台搭建、现场施工、平面布置和运输等工作都有规章制度。所以到美国参展的道具设计要简洁,安装方便,这样可以节省人力和时间。

欧洲展览设计施工公司的业务范围比美国同行要广。它们可以承担展台设计、装修、施工等工作,甚至还承接展品装卸和开箱等业务。欧洲展览会不像美国展览会那样,在展览会现场设立专门的劳务与服务供应处。欧洲展览会的现场展台施工工作都由设计施工公司派往现场的工人完成。如果工期紧张,人手不够,他们常常打电话到公司总部要求增派工人,而不是像美国展览会那样在现场劳力与服务供应处临时雇佣劳务。

由于欧洲展览会规模较大,因此展览会允许的施工时间和撤展时间一般都比美国展览会长。在欧洲,大型展览会的组织者可以允许参展商在展览会开幕前3~4周开始施工,撤展时间也可以延至展览会结束后的2~3周。

再者,在展品运输与报关方面,美国习惯用"drayage"来表示专项运输服务,是指展品到达港口或机场后,参展商需要指定专门运输公司负责把展品从港口或机场运抵展馆指定位置。这个概念对欧洲人来说十分陌生。在欧洲,选择了运输代理公司，他们就可以为展品办理报关手续，同时还负责把展品从港口或机场直接运抵展馆指定位置，展品运输和报关业务可以由一个公司来完成，不像美国那样分得那么清，由不同的公司分开来进行。

最后，在展览会展期方面，欧洲的展览会展期一般长于美国的展览会，一般都有4天的展出时间，还有不少展览会的展期达到一周或一周以上。每天的展出时间一般从上午9点或9点半直至下午的6点半或7点，每天开馆9~10个小时。欧洲展览会展期和每天开馆时间长的原因与展览会的规模较大有关。参展商在展台设计、装修和其他各项参展准备工作上花费了大量的时间和精力，希望有足够的时间来发挥其应有的作用，而且参展商需要有足够的时间来接待从四面八方涌来的观众商和专业购买商。展览会主办者、展馆、城市交通、旅游及宾馆饭店等行业和部门也都需要较长的时间来分散人流，做好观众的接待工作。

欧洲展览会虽然贸易性很强，但一般都安排专门的时间来接待普通公众。展期为4天的展览会，开幕时间一般安排在星期四、星期五连续两天对专业客户开放，星期六和星期天则扩大到面向普通公众开放，以提高普通民众对展览会的参与度和关注度，这或许正是欧洲展览会为社会各界所重视，在社会经济生活中具有重要影响的原因之一。

相关链接

瑞士国虽小而会展闻名世界

瑞士是人口只有700多万的内陆小国，但每年举办的国际会议超过2 000个，因会议而带来的外国游客超过3 000万人。每年1月份在瑞士东部山区小镇达沃斯举行的世界经济论坛，有来自世界各地的政界、经济界要人和新闻媒体人员共3 000多人出席会议。随着与会者层次的提高和论坛影响的不断扩大，达沃斯论坛被称为"非官方的国际经济最高级会谈"，并已成为世界政要、企业界人士研讨经济问题最重要的非官方聚会的场所。

瑞士每年举办近200个全国性和国际性展览，其中国际知名的展览有：世界"五大车展"之一的日内瓦车展、世界最大的钟表珠宝展——巴塞尔钟表珠宝展等。除了一些定期的展览外，一些不定期的国际展会也经常在瑞士举办，如为我国企业熟知的国际电信展、欧洲精细化工展等。

2004年，瑞士共举办160多个全国性和国际性展览，其中面向专业人士的展览60个，面向大众的主题展览66个，综合展39个，展览面积161.8万平方米。4万多家企业参展，其中瑞士参展商3万多家，国外参展商1万多家。参观者650万人次。展台出租收入2.43亿瑞士法郎。2004年瑞士展览行业全职从业人数为793人,其中行政管理人员255人,市场营销人员274人,技术服务人员264人。

瑞士的会展业主要由瑞士展览协会和瑞士贸易促进中心进行协调和促进。

瑞士展览协会的主要职能是促销、宣传和协调。尤其是面对其他国际会展中心城市的竞争,协会加强了对瑞士会展场馆的优势整合和对外宣传。协会还与瑞士圣加仑大学市场商业研究所联合成立中心,培训会展专业人才。瑞士展览协会集中了瑞士26家最主要的展览公司,其中13家拥有自己的场馆。主要展览中心有苏黎世、巴塞尔、日内瓦、伯尔尼、洛桑、圣加仑、阿劳、卢塞恩、库尔、锡永、马蒂尼、图恩、德雷蒙等。

瑞士贸易促进中心总部设在瑞士苏黎世,在洛桑设有法语区分部,在卢加诺设有意大利语分部。瑞士贸易促进中心主要为瑞士中小型企业拓展国际市场服务,包括组织瑞士企业参加一些国际性的展会。

(资料来源:瑞士会展经济对我国会展业借鉴意义. http://info.textile.hc360.com/2006/12/22141250890.shtml)

第三节 国外会展业的发展趋势

在国际上,会展业的专业化、国际化和集团化,成为会展业发展的主流方向,代表着会展经济的发展趋势。

专业化是会展活动的基础。国际会展业的发展趋势是运作和管理越来越专业化,形成了PCO、DMC等分工体系。展会将朝着规模增大但分类越来越细、专业性越来越强的方向发展。专业化有利于提高会展的针对性和操作性,增强吸引力并以较少的投入取得较大的效果。

会展国际化是经济全球化的要求。经济全球化大大加强了国际供货商与客户的联系,企业需要洞察国际市场全貌。因此,无论对参观者还是参展商而言都产生了巨大的会展市场需求,需要展会进一步国际化以提供更多的信息。会展国际化主要表现在产品、资本、管理、品牌等要素在国际市场上自由流动。比如,发达国家向其他国家移植知名展会,在其他国家成立合作、合资或独资会展企业,输出管理经验和管理模式;发展中国家引进外资(成立合资合作企业和外商独资企业)、对外投资等。

集团化是会展业规模经济发展的需要。由于展览规模直接与展览效果和效益挂钩,展会大型化已成为国际展览业的发展趋势。这就给展览公司在资金、人力资源、国际网络等各方面提出了更高的要求。具体表现为,人型展览公司兼并收购力不从心的小型展览公司,企业之间实现优势互补,形成了展览公司集团化的趋势,从而优化了资本结构,扩大了展会规模,提高了市场占有率。

除此以外,国际会展还面临如下发展趋势:

欧美会展业在国际会展市场中竞争愈加激烈。欧美会展业已相当发达,由于国内市场的局限性,许多欧美会展公司开始把目光投向国外。为了谋求全球发展,国际会展业巨头通过资本运作和品牌移植,寻求低成本扩张的途径,以进入会展业相对落后的发展中国家和一些新兴市场国家。

会展业正在被越来越多的发展中国家重视。会展必然成为外贸发展趋势的镜子。一些亚洲和非洲国家的会展业在国际会展业的地位越来越重要,甚至可能成为国际会展业今后几年继续保持高速发展的重要因素之一。中、东欧国家以及亚洲国家的会展业将愈发强大,反之西欧老牌工业国家和美国将失去一部分市场份额。同时,发展中国家质优价廉的展会提供者将越来越受到瞩目。

会议与展览之间的关系逐渐融为一体。越来越多的展览结合专题会议一同举办,邀请专业人士为参展商和客商提供业内信息,并为各方提供结识和交流的机会。国际性会议一般以会议为主,但是会议的同期总要结合一些商业化的展览活动。国际性展览虽然以展览为主,但展出期间的研讨会、专题会等会议越来越多。会展的形式更加注重展与会的结合,展中有会,会中有展;以展带会,以会促展。

现代展会与因特网在"竞合"中形成了一种特殊的共生关系。一方面,网络、电子与可视技术的发展使顾客远距离就能了解到产品及供应商的细节,可能使得展会参观者的人数会下降;网络视频会议真正实现了多媒体互动功能,并把矛头指向不具备效率的部分面对面的传统会议。另一方面,会展通过面对面的交流创造了无可替代的规模经济、信任度和信息等优势。因此,对应网络技术的发展,展会提供信息的模式也应当改变,部分过度的展览服务必须被简化,如基础服务业中银行汇账可以不再需要到银行机构办理,只需通过网上的点击来实现。现代会议的形式也要不断改变,以便提供丰富多样的讨论形式与功能,这其中少不了高科技技术的合理运用。

消费类展会呈现旺盛发展的趋势。由于消费类展会能够将展览与休闲娱乐活动紧密结合起来,吸引更多的参观者,获得可观的门票收入,所以近年来欧美国家的消费类展会呈现快速增长趋势。贸易展览周刊统计资料显示,2001年在贸易展展出面积下降了1.5%,参展商数量下降了2.4%,专业观众减少了4.5%的情况下,消费类展会却逆风直上,继续保持了增长的势头,展出面积增加了3.2%,参展商增加了2.7%,专业观众增加了2.6%。

相关链接

英国展览业的主要市场化

英国的展览行业主要遵循的是优胜劣汰的自然淘汰法则。由于英国的场地和人工费用很高,经营展览是具有较高商业风险的行业,经济效益不好的展览会将很快被放弃,而在选择新的展览项目时,展览公司则十分谨慎,一般都要经过周密的市场调研后才做出决定。在英国,展览业服务的主要行业是艺术、文化、休闲、体育以及服务业。服务业包括广告和营销、航空和金融服务、书籍、教育和招聘会,印刷和出版以及旅游和零售。

英国重视展览业的发展,但没有专门的政府部门负责展览事务。在英国,举办展览完全是商业行为,各展览公司举办展览的内容只要合法,均可自行确定,不需审批。英国的展览市场准入政策十分宽松,任何商业机构和贸易组织不需要经过特殊的审批程序便可以进行展览业务。展览公司的商业注册也和普通商业公司一样,没有额外的要求。但英国政府长期以来十分重视展览业的发展,特别强调展览对于扩大出口的推动作用,主要通过财政手段,如对参展单位通常实行有针对性的费用补贴措施等,鼓励英国参加海外展览。由于受到政府资助的展览会项目在招展过程中会具有更大的吸引力,因此,英国展览公司一般均力争使自己举办的境外展览会能够被英国工商业部(DTI)纳入资助范围,这通常需要在DTI预算制定前12个月提出申请。

虽然英国的展览市场十分开放,但专门举办展览的公司数量并不多,且都是大型展览公司,包括励展公司、CMP Information、ITE 集团、Haymarket、Penton、DMG World Media、Clarion Events 等。主要原因是展览行业风险较高,同时重视规模效益,所以在自由竞争的市场环境下,中小公司很难与跨国性的大型展览公司抗衡。但在商业风险较低的展览配套服务行业,如摊位施工、展台装饰、花草服务、展览运输代理等领域经营公司数量很多,而且许多是中小公司,它们凭借周到的服务和低廉的价格和大公司进行竞争。

英国政府对展览业没有专门的法律法规及管理规定,只是在展览消防、电气安全、建筑安全、健康安全、有害物质等方面有具体的技术指标。展览业的行为准则多是通过行业自律的方式确定。英国没有政府部门负责展览事务,但却有不少展览协会。英国展览业的主要协会包括组展商协会(AEO:Association of Exhibition Organizers)、展览场馆协会(AEV:Association of Exhibition Venues)及展览承包商协会(AEC:Association of Exhibition Contractors)。英国的各类展览服务单位，包括展览组织、展馆场地和配套服务公司均有统一的行为规范，由各自的协会组织制定，对会员起指导和约束作用。例如组展商协会规定会员单位发布的展览会统计数字、展览会介绍必须真实、准确，不能夸大贸易效果和误导参展公司和观众。由于英国政府对展览行业不直接进行管理，因此行业协会发挥了重要的质量维护作用，而明确的行为规范有利于企业自律和用户监督。

通过结构调整增强实力。英国的展览行业高度开放，鼓励国际竞争，而且对本国企业基本没有保护政策。各类展览公司为加强竞争力纷纷通过兼并和收购手段来保持企业发展，而对于效益不好的下属公司和分支业务则尽快出售，以免影响整体实力。

（资料来源：会展讲堂之"城市运营". http://www.hz360.net/show.do? titleid=184）

国内会展业概述

第一节 国内会展业的发展概况

一、国内会展业的发展概况

入世以来,国内会展业蓬勃发展,已成为人们普遍看好的、有前途的"朝阳产业"。无论是从会展基础设施、会展从业人员队伍看,还是从会展活动的数量和规模看,中国会展业都已经具备了一定的实力,中国正在步入会展业大国的行列。同时,在加入WTO之后,中国会展业已经开始与国际接轨,并按照国际会展业的规则,与国际会展业界开展竞争与合作,求得生存与发展。

（一）国内展览业的发展概况

2005年7月,中办、国办联合派出"中国展览业现状调查组"赴北京、上海、广东、辽宁、四川、陕西6个省市及苏州、郑州、哈尔滨开展调研。从调查数据看,中国展览业现状具有以下主要特点。

第一,展览项目持续增长,数量扩张明显。据统计,2001年、2002年、2005年全国各地举办的经贸领域展览会分别为2 000个、3 000个、4 000个左右。在国际上,就展览项目数量而言,中国已居亚洲第一,世界第二,项目数仅比美国少一些,业已成为一个展览大国。但是,中国的展览项目绝大多数是中小项目,大规模的项目和品牌屈指可数。

第二,展馆建设方兴未艾,成为城市必要设施。近年来在发展城市会展经济的热潮带动下,各地大建展览场馆的势头一浪高过一浪。前几年建设展馆多从发展会展经济着眼,现在许多城市已不完全为了发展会展经济,而是从公益角度考虑,把展览场馆作为城市的必要基础设施。目前,中国的展览场馆数量在全世界排在第三位,仅比美国和英国少一些,展览场馆的总面积也居世界前列,但出租率比展览发达国家要低得多。中国展览场馆在区域布局、场馆规模、设计质量、实用性等方面问题很多。

第三,展览主办方多元发展,政府主导色彩浓烈。在中国,展览活动多年来一直是政府促进贸易、投资、科技、文化交流等事业发展的重要手段与载体,加之中国经济体制带有很强的政府主导性特征,因此,中国的大量展览活动由政府或半官方机构主导,这是有别于世界其他展览大国的一个显著特色。就展览主办机构而言,尽管目前参与者众多,多元化特征明显,但大体上有五大办展主体,即政府(包括政府及政府部门、政府临时机构、贸促会等半官方贸易促进机构)、商协会、国有企事业单位、民营企业、外资企业。中国的政府主导型展会项目数世界第一。许多大型活动,特别是中央和省级以上政府机构或全国性商协会主办的展览,主办方往往由数个不同机构共同组成,承办者往往是主办单位的下级政府机构。从法律意义上来看,在中国,主办机构是办展的主体和主要民事责任单位,但中国的展览活动大部分另有承办单位。从承办单位来看,企业承办的比重越来越大。目前中国对展览主办企业并没有特别规定任何入行"门槛"。近年来各地新注册的与展览相关的企业数以万计,尽管其中大部分都有主办展览的资格,但是,目前真正能独立主办或与其他机构联名主办的民营企业还是凤毛麟角。

第四,展览地区集中程度高,经济发达地区领先。目前全国除西藏外,各省市都有自己的展馆,或多或少都有在本地举办的展览活动,并且,越来越多的省份提出要大力发展展览业。但是,中国的展览业实际上主要集中在少数几个省市,而且集中程度相当高。就城市而言,公认的三大展览城市是北京、上海、广州,可进入世界展览中心城市百强;以省份、直辖市为单位来看,广东、北京、上海、浙江、江苏居前五位。这也反映了中国展览业主要集中在制造业和经济发达省份的特点。

第五,展览直接收入增长缓慢,社会经济效益驱动。相对于展览项目数的领先地位,中国的展览直接收入比很多国家都少得多,展览经济总量比不上美国、德国、日本、英国、法国、澳大利亚等国家。发达国家展览收入占GDP比重在0.2%左右,而中国目前这一比重仅有0.09%。尽管这些展览的总展出面积也是一个巨大的数字,但就展览收入而言,中国还不是一个展览大国。从展览业的社会经济效益来看,中国展览业发挥了显著作用。以2003年为例,中国当年的参展企业多达44万家,其中境外参展比重约10%,参会观众达到6 000万人次,境外观众约300万人次。这说明中国展会对观众的组织水平较高,观众观展的积极性也很高。尽管专业观众所占比重仍然偏低,展览的直接效果比展览发达国家要差一些,但展览已是中国企业推介产品、结识客户、达成订货交易的一个非常重要的载体。此外,中国展会参展企业数、观众总数居世界第二,展览会参加者范围广泛,加之中国政府主导型展会往往伴以中国内地主流媒体的强势宣传,展会具有明显的启迪大众、增长知识的宣传教育作用,从而产生很好的社会效益。

(二)国内会议业的发展概况

亚太经合会议、东盟会议、市长圆桌会议、IT行业全球会议、金融行业全球会议、各类学术交流会议等越来越多地在中国举行,北京、上海等大都市也已成为亚太地区的政治和经济中心;越来越多的跨国公司开始关注并重视中国市场,将公司的董事会之类的重要机构置于中国;具有一定影响力的会议逐渐产生,这一切无不昭示着中国会议产业的兴旺发展。

国内会议业的市场已经形成。会议公司承接各大企业的工作年会、学术交流会、经销商会、产品推广会、业务洽谈会、培训会、销售奖励等各种会议。目前光北京就有大大小小的会议公司1 000多家,全国类似的小公司就更不可计数了。但是,尽管会议公司数目很多,但并没有形成规模,社会认知度还很低。很多公司只有两三个人,来了业务就组织一些临时人员去服务,没有业务时就做其他行业的事务。这些小公司的从业人员多出自旅游公司,素质参差不齐,缺乏接待、服务会议的专业知识。

国内会议数量比较多,但形成规模、具有一定品牌影响力的会议较少,具有《财富》全球论坛、达沃斯论坛一类品牌影响力的几乎没有。虽然博鳌亚洲论坛在本土开了个头,但经济收益上远没有达到国际性水准。目前国内还没有一个像美国拉斯维加斯一样专门为会议服务的城市。究其原因,基础配套设施跟不上是一个重要因素,一流的会议,特别是国际会议,需要一流的软硬件配套,离不开口岸、边检、交通、公安、环保、酒店等相关部门和行业的协调配合。从非物化因素的角度看,国内会议业差距也相当明显,如难以发出有影响力的声音,形成一定的思想导向等。虽然中国近年经济发展有了相当大的飞跃,但还没有成为世界思想阵地的前沿。

从具体的企业经营层面看,国内会议公司主要业务是受非政府组织的会议委托进行专业服务。同时,会议公司还致力于提高会议业在社会上、在政府部门中的认知程度,目前也收到一些效果,拿到一些政府委托的会议项目。但和展览业、旅游业接受政府委托的项目相比,差距还很大。另外,除传统会议之外,视频会议的模式日益受到企业和政府机构的欢迎,由此又出现了专业的视频会议服务公司,专门负责视频会议的策划和安排。在这一背景下,会议服务行业对相关人员的需求将进一步凸显,招聘市场上的相关职位将会增多。

会议公司的发展有两种模式：一种是研究社会热点，主动策划会议，寻求有关部门的合作；另外一种就是被动服务，即有关部门做出会议安排后寻找会议公司服务。大多数会议公司目前的业务主要属于被动服务，具体内容包括会议接待、会议酒店预订、会议用餐安排、会议期间的会场布置、会议设备租赁、会议礼仪服务、会议秘书服务、会后活动安排、会后考察（旅游）、票务预订等。组织承办会议的往往是一些占有客户资源的政府和社会机构。

越来越多的国内会议公司有意识地向会议策划的方向发展。会议业的运作通常分三个阶段，即主题策划、商业运作以及现场执行，而在这三个阶段中，前两者是关键。在不久的将来，更多会议公司将成为一些社会热点问题研讨会议的召集人或筹办方，关注会议商业价值开发，在保证会议质量的前提下最大限度开发会议的商业产能。

除了没有主管政府部门的支持外，人才缺乏是目前会议业最大的障碍。会议组织管理、会议服务是会议业发展急需的两类实用型人才。劳动部对会议业人才培养项目非常重视，专门组织人员编写高职院校会议专业的教材。但是职业教育只能满足于短期的需要，从会议业长久的发展来看，不仅需要实用型人才，更需要理论上的研究。因此，大学对会议方向人才的培养有望得到教育部和相关部门的重视。

（三）国内会展城市的发展概况

目前，中国会展业在各城市遍地开花。就规模和实力而言，不同城市分别发展成一线会展城市（全国会展中心城市）、二线会展城市（地区会展中心城市）和有特色的地方会展城市。

会展中心城市，应该具备以下几个条件。其一，产地条件，即拥有庞大的产业生产基地。其二，市场条件，即具备浓厚的国际化商业环境，在国际上具有较高的知名度。其三，其他基础条件。比如交通条件便利，便于参展商与观众交通往来；商务服务基础完善，例如金融、广告、酒店等；旅游资源丰富，能为展商提供参展活动之外的休闲娱乐服务等。世界会展中心城市有德国的法兰克福、法国的巴黎、意大利的米兰、美国的拉斯维加斯等。

目前中国内地能成为全国会展中心城市的是北京、上海、广州三地。北京、上海、广州形成了中国会展业北部、东部、南部的三分格局，国内大型的展览几乎都落根在这些城市。这些城市的展览馆利用率高，特别是北京国际展览中心和上海新国际博览中心。其中上海新国际博览中心的场馆利用率达到了70%以上。北京的展览资源很多，但上规模的大型展览中心只有国展一家，因此利用率较高。而上海新国际博览中心的利用率之所以高，是因为其多方的投资者构成，如德国的展览公司移植到上海的项目，以及在本地又新开发的项目等。

其他二线会展城市如深圳、武汉、大连、厦门、成都、重庆、南宁、西安、郑州、长沙、海口等虽偶有个别大型展会,比如大连服装节、糖酒会、高交会、中国－东盟博览会等,但知名会展数量不多,致使很多时候展馆处于闲置状态。按照业内一贯的评价标准,一个展馆的利用率达到60%～70%时,才能实现最佳的市场效益。然而中国二线会展城市展馆目前整体的利用率仅在20%左右,有的地方展览馆一年只有一个像样的专业展览活动。

西部和中部二线城市的会展业竞争似乎才刚刚开始。会展中心的"西部之争"在成都、重庆、西安之间展开,而"中部之争"则体现在武汉、郑州、长沙对展会的争抢上。但目前中国展会的市场容量基本上就是4 000个左右,虽然每年都有一些新的展会出现,但同时也有更多的展会悄然消失。所以,目前会展业的市场格局正在发生剧烈的变化,谁抓住了机会,谁就会有可能成为会展之都,充分享受到会展业巨大的带动力量。

此外,一些地、县、镇也兴建展览场馆、举办会展,形成有特色的地方会展城市,比如潍坊、义乌、顺德、东莞等。

二、国内会展业的发展历程

(一)国内展览业的发展历程

1. 国内展览业的近代发展历程

中国参与世界会展始于晚清。1866年,总理衙门首度受邀参加法国巴黎博览会,但清政府以"天朝"自居,视之为赛珍耀奇、无益之举,置之未理。1873年,奥地利维也纳博览会盛邀中国"提供有趣之物"前往参赛,清政府以"中国向来不尚新奇,无物可以往助"之由搪塞,后经奥国再三恳求,才勉强同意民间工商艺人等"如有愿持精奇之物,送往奥国比较者,悉听尊便"。这是以国家名义参与世博会的开始。直到1905年,清政府对会展重要性方有醒悟,颁行《出洋赛会通行简章》20条,激励各省商家"精择物品"踊跃参赛,改变了"委诸税司采办,徒滋笑柄"的窘况。1910年的南洋劝业会是中国首次全国性博览会,占地700亩,设展馆34所,会期达5个月,仅两江地区物产会出品就达100万件,会上获奖展品5 269件。1915年,民国政府为重塑中国形象,派陈琪率40多人的代表团携2 000吨展品赴美参加巴拿马太平洋万国博览会,并耗资9万元修建中国展馆。本届会展中国取得巨大成功,共获大奖章56个,名优奖章67个,金、银、铜牌奖582枚。

近代中国的社会和经济发展明显落后于欧洲,这也反映在会展业上。会展初级阶段的形式——集市,一直到19世纪末,都是中国主要的展览形式。到了20世纪(清朝末期和"中华民国"初期),中国才举办过几次具有一定规模、并有近代特征的博览会和贸易展览会。比如：1905 年（清）北京"劝工陈列所"、1909 年（清）武昌"武汉劝业奖进会"、1910 年（清）南京"南洋劝业会"（由官府和商界合办，是学习西方博览会的一次尝试）、1921 年（民国）南京"商品陈列所"、1926 年（民国）上海"中华国货展览会"、1929 年（民国）杭州"西湖博览会"等。

最近由中央文献出版社出版的《厦门展览二十年》一书中指出：1908 年 4 月，清廷指定厦门为接待美国舰队访华的口岸。为此，当时的农部电催厦门商会兴办陈列所推广商务。时任厦门商会总经理的林尔嘉与厦门商界共议，邀请各省商会派人带货来厦办陈列所，据称这就是 20 世纪厦门举办的第一场重要的展会。由此可见，清代的展览还叫"陈列所"，而"展览会"、"博览会"称谓的出现约在 20 世纪 20 年代，如 1926 年上海举办的"中华国货展览会"、1929 年杭州"西湖博览会"等。

从 1920 年起，中国开始营造博物馆。1934～1937 年，青岛水族馆、上海博物馆和南京博物馆正式建成。其中，南京博物馆举办了"中国建筑博览会"，一共展出古代及近代建筑模型、图纸、材料和工具等 1 000 余件。

据报道，目前中国发现存世最早的展览馆是 1929 年建于浙江杭州的西湖博览会工业馆的主馆。该工业馆主馆位于西子湖畔的北山路 42 号，总面积约 3 520 平方米，多年前已改做民居。从外观看，其建筑风格可谓中西合璧，西式的门厅配以中式的镂花窗，更显别致。推开主馆的大门，首先映入眼帘的是当年的"益中瓷砖公司"用彩色瓷砖铺设的 1929 年西博会景观图。从残存的部分还能清晰辨认出左边是西泠桥，右边是工业馆。据专家考证，20 世纪初受西方影响，北京、上海、武汉各地举办的博览会均租借私人商铺、旅馆、别墅或寺庙办展，所以规模都比较小。1929 年西博会崇尚"抵制洋货，提倡国货"，所以特地在 1928 年开始动工兴建工业馆主馆。据称，此次展会展品约 15 万件，观众达 2 000 万人次。

随着近代西方经济的发展，展览开始商业化。中国的一些民族工业开始认识到展览的作用，并零星参加了一些国际性的展会，如食品博览会，但在旧中国内忧外患的历史背景下，他们只能组织一些初级加工产品参展，谈不上品牌、规模和档次。

一部中国会展兴衰史，就是一部国人观念兴衰史。实践表明，观念开放，会展就兴旺，国力就增强；观念封闭，会展就萎缩，国力就衰竭。"一年观会，胜于十年就学"。会展的巨大功能并不限于单纯的经济、科技交流，而是意义更为深远的整体性人类文明交流。这种交流与对话的规模性和直观性是其他任何文明传播方式无法比拟的。1867 年法国巴黎博览会参观人数达 1 020 万人次。观者"荡心骇目"，眼界大开，自觉或不自觉地接受了近代文明的洗礼。由文明比较引发的深刻反思和思想震动,最终要落实到观念变迁层面。在中国,人们一度昧于外情,心中只有"天下"观念,而无"世界"意识,对"六合之外"的其他文明体系的知觉处于穿凿比附的朦胧状态。而会展使人们受到竞争化、多元化国际观念的熏陶。新理念的碰撞,新技术的闪亮,使人们能正确分辨出本土文化在世界文明体系中的位置和角色,真切感到"盖今之天下,乃地球合一之天下",冲出"华夷等级秩序"的千年束缚,打碎孤陋寡闻而又妄自尊大的精神枷锁,敢于承认在现代工业文明潮流中的落伍,进而萌发自强不息、奋力追赶的时代使命感和忧患意识。

2. 国内展览业的现代发展历程

中国会展业的发展真切地记录着中国政治和经济的变迁。

抗日战争时期,国民党政府和共产党政府都分别举办了许多展览会,目的是显示成就,鼓舞士气,促进经济发展,抵抗日本的侵略。据统计,陕甘宁解放区在1937年至1949年间举办过74个展览会。其中一半以上是工农业生产建设展览。晋冀鲁豫地区也举办了一些生产展览会。邓小平在参观"战绩、生产展览会(1944年)"后评价:"这次战绩和生产两个展览馆宣传了我们太行军民几年来的奋斗成果,的确是惊人的。我们同华北、华中、华南及其他抗日民主根据地一样,干出了惊天动地、轰轰烈烈的英雄事业。"这一时期展览会的特征是"官办",具有较强的政治性和宣传意义。这些展览会对经济的发展起到一些促进作用,但在流通领域的作用并不大。

1950年,在中南海举办的展览,奏响了新中国展览业发展的序曲。由作家出版社出版的王凡、东平撰写的《我家住在中南海》一书中曾提过,新中国开国大典举办半年后,中南海的瀛台举办了一个武器展览,展品包括中国人民解放军在作战中缴获的武器以及自己生产的武器。当时毛泽东、刘少奇等中共领导人都兴致勃勃地参观了展览。自这次展览后,中南海又相继举办了机械制造工业展、矿业和地质勘探成就展、中国自己制造的军工产品展等。由这段珍贵的史料可以看出,新中国成立后,虽然百废待兴,但政府领导人十分重视利用展览会的形式展示成就,鼓舞人心,以推动经济建设的发展。

从1951年3月直至1980年前后的近30年,是中国展览业发展的起步期。在这一时期,中国展览业主要包括出国展览和接待外国举办的单独来华展览。

1951年3月,新中国成立不到一年半,就首次参加了"莱比锡春季博览会",这是新中国展览业发展的开端。从1851年英国伦敦世博会到1951年新中国展览业的起步,中国现代展览业滞后于世界展览业整整一个世纪。

1953年,刚刚成立一年的中国贸促会受政府委托,负责接待了"德意志民主共和国工业展览会",这是建国后中国接待的第一个来华展览会。1953～1978

年的 25 年间,中国共接待了 112 个外国单独来华展览会。

出国展览均由中国贸促会代表国家主办。1951～1985 年的 34 年间,中国贸促会共举办 427 个出国展览。当时管理出国展览的依据是 1959 年经周总理亲自批准的,由国务院发出的《关于出国经济展览工作指示》(国贸周字 60 号)及《出国经济展览会筹备工作组织分工暂行办法(草案)》等文件所制定的政策和措施。出国展览表现的主要特征是:出展渠道的唯一性、出展计划的指令性、参展任务的分派性和展出目的及方式的政治性。

不论是出国展览还是接待来华展览,均作为配合新中国政府外交政策的手段,在促进与世界各国人民之间的友谊,打破西方国家对中国的政治孤立和经济封锁的企图,宣传新中国的经济建设成就等方面发挥了独特的历史作用。

在中国展览业的起步时期,展览会数量少,组织水平和专业化程度还处于初级阶段,把展览作为一个产业来发展的经营意识尚未形成,展览会从严格意义上讲大都不具备现代贸易展览会的特征。由于新中国成立后,实行严格的计划经济,经济贸易展览在国内经济中失去了存在、发展的土壤。除了历史悠久的广交会等少数以交易为办展宗旨的展览外,这个时期的展会基本上是宣传性、公益性和文化交流性的展会,如成就展、教育展和外国经济文化展等。比较知名的如"上海工业展览会"、"全国农业成就展览"等。

1957 年 4 月至 5 月,第 1 届广交会(中国出口商品交易会)在广州举办,标志着中国商业展的开始。

创办广交会的最初意图是为了获得向外国购买物资的外汇。新中国成立后,以美国为首的西方国家,在政治上不承认新中国,在经济上对中国实行"经济封锁"、"货物禁运"。中国已经开始进行大规模的经济建设,但长期被排除在国际贸易之外,80% 的对外贸易是与社会主义国家以易货记账的方式进行的,缺乏必要的外汇。

为了满足国家大规模经济建设急需进口多种物资的需要,1955 年 10 月至 1956 年 5 月,广东省外贸系统凭借广东毗邻港澳的地缘优势,先后举办了 3 次出口物资展览交流会,在推动外贸发展及出口创汇方面取得了一定的成绩和经验。在此背景下,对外贸易部和广东省有关人士开始酝酿在广州举办全国性的出口商品展览会。

第 1 届广交会于 4 月 15 日开幕。在这届广交会上,中国出口商品第一次有组织、成规模地出现在人们面前,它们之中有一捆捆的中草药,也有陈列在广场上的火车头,还有解放牌载重汽车——这个自行研制的产品代表了当时中国工业化的初步成就。此次展会有 13 个交易团参展,展示商品 1 万多种,总展览面积 1.8 万平方米,有 19 个国家和地区的 1 223 位采购商到会,他们主要来自港澳和新加坡。广交会第一年出口成交额1 754万美元，比对外贸易部事前暂定的交易额目标高出254万美元，实现了外贸"开门红"。

新西兰——中国贸易协会前主席潘西佛在1957年成为唯一受邀参加广交会的新西兰商人。他回忆说："如果我想兑换人民币，就得带上外汇申请表到银行，根据规定条款兑换。返回新西兰经过香港时，我还要把手中的人民币兑换成外币。如果不这样做的话，就会有挺大的麻烦。"他还提到，采购商必须根据前3个星期的意向成交情况、中国的经济发展计划和五年规划的需要，在获得一定的外汇配额后才能向供货商下订单。

半年后举办的第2届广交会的成交额是第1届的4倍，第3届又比第2届增加了1倍。50年后，2006年春季的第99届广交会的成交额是330.02亿美元。

广交会在创办两年后经历了第一次挫折。在1959年至1962年之间，广交会出现第一次成交额负增长。这是因为中国遭受了为期3年的自然灾害，又开始了"大跃进"运动，使能够提供的商品突然减少，而浮夸的作风又使已经签订的合同履约率下降。

国务院为此在1959年发出"关于做好农产品收购运动及发动群众广泛采集和充分利用野生植物原料"的指示，号召全国各地"大力支持出口"，在农产品极度匮乏的情况下，把物资节省下来提供给广交会，以充实出口商品来源。

1960年，生活用品供应出现严重紧张局面，广交会甚至对参加人员的粮油供应做出了定量规定。但是直到1961年春季广交会开幕时，粮油食品交易团带来的货源仍然不能满足对外贸易部下达的指标。1959年至1961年，广交会的年平均出口成交额比1958年减少14.25%。

广交会的第二次成交额负增长是在1967年至1969年之间。这时候，中国正处在"文革"的高潮之中，外国采购商在广交会上要做的第一件事往往是购买《毛主席语录》。采用"四旧"题材的出口工艺品换取外汇遭到红卫兵们的批判，他们认为这是一种错误的行为。为此周恩来总理到广州向他们解释，外汇可以换回机器和钢材，可以加快国家建设，也可以支持世界革命，"把玉石雕卖给资本家，他们拿到石头，我们拿到外汇。这不好吗？"不过，中共中央、国务院、中央军委和中央文革小组在1968年3月发出的《关于开好1968年春季出口商品交易会的通知》仍然把宣传毛泽东思想当做广交会的首要任务。

在进行"文化大革命"的1966至1976年间，广交会累计成交214.39亿美元，占同期全国出口总额的41.53%。在为纪念广交会举办100届出版的《百届辉煌》一书里写道，这反映中国人"在承载政治负重之时，仍然强烈渴求对外开放"。

从 1957 年起,广交会每年春、秋两季定期在广州举办,从未间断。这两个会期的确定是经过一番考虑的。1956 年广交会的前身中国出口商品展览会在总结工作时对会期的选择做了如下阐述:由于世界各地气候不同,人们抗寒抗热的能力各异;商品销售时间和畅滞情况不同;客户的购销兴趣也有差别;各个民族节日习惯不同;客户赴会有着不同的要求……总的看来,是以春末夏初和秋末冬初两个时期为宜。正是在总结这些经验的基础上,每年两届的广交会分别定在广州气温平均在 21.9℃的 4 月到 5 月间和 23.7℃的 10 月到 11 月间。这个时间的选择与当时展馆仅有风扇而无空调设备的条件也有关系。

另外,当时中国出口商品大部分属农副产品,季节性强,适宜在春、秋两季及时成交。海外客户特别是中小客户认为一年两次的订货,对于销售、仓储、资金周转都是恰当的,因此乐意接受。广交会创办以来,经历了 3 年经济困难、文化大革命、"非典"等时期,除 1959 年秋季广交会因改在新落成的展馆举行而推迟半个月和 1967 年因"文革"动乱推迟一个月外,其余每年两届交易会都分别在 4 月和 10 月举行。

广交会是中国历史最长、规模最大、层次最高、成交量最多的出口商品交易盛会,在对外经济贸易发展中占有举足轻重的位置。广交会也被称为中国对外贸易的"窗口"和"晴雨表",它的成交情况是分析判断中国外贸走势的一个重要依据。

3. 国内展览业的当代发展历程

从改革开放至今,中国展览业正经历第二个发展时期,即蓬勃发展时期。伴随着经济体制改革的不断深入和对外开放的不断扩大,特别是社会主义市场经济体制的建立和经济总量的持续增长,中国展览业迎来了大变革和大发展。现在,中国展览业已经初具行业规模,在办展数量、组展渠道、展馆建设、展览会的审批管理体制、海关监管制度、办展经营理念和经营方式等方面都发生了深刻的变化。

1978 年,中国贸促会在北京成功举办了"十二国农业机械展览会",这是新中国成立以来中国首次举办的国际博览会,标志着中国展览业由起步期的"单国展览时期"向蓬勃发展阶段的"国际展览时期"过渡。

(1)出展业

1984 年,中国国际展览中心建成,成为北京 20 世纪 80 年代十大著名建筑之一。与此同时,出国展览也经历了重大的变革,标志性的事件是中国贸促会 1986 年参加瑞士"巴塞尔样品博览会"。在这次博览会上,中国首次采取了以展览为手段,以贸易成交和销售为主要目的的摊位式展览形式,改变了以往以宣传成就为主的展贸分离的整体式展出方式,展览的贸易性、专业性大大加强,从而使中国展览业开始与现代国际展览业接轨。这次展览,在中国出国展览业的阶段性发展中具有里程碑的意义。这一阶段,中国的出国展览主要表现出以下三个良好的发展趋势:

第一,出国展览的宗旨、规模及产生的效益均发生了深刻的变化,形成了从中央到地方,从政府部门到贸易促进机构和商协会,再到外贸、工贸总公司的多层次多渠道的出国办展格局。出国展览以促进中国对外出口、吸引外资和开展多种形式的经贸交流与合作为主要目的。虽然越来越多有实力的大企业和跨国公司会根据本公司的需要自行到国外参展,但是大部分中小企业受资金、市场研发能力等因素的制约,仍然以随组展单位出国参展的形式为主。组展单位的注意力最早集中在欧美国家极少数的几个热点展览会,欧美日澳等发达国家是中国出国展览的主要市场。

第二,出国展览的方式发生根本性转变,出国展览的国际化、专业化程度大大提高。80年代中期以前,中国出国展览以赴国外单独举办成就展为主,展览会的组织、管理和运作都在一种"自我封闭,自我完善"的范围内进行,由我们自己设计、自己施工、自我宣传、自我服务。现在,中国出展业很大程度上已融入全球化展览经济中。出展业的各个生产要素,如展览场地的租赁、招展、设计和施工、运输报关、广告宣传以及后勤安排等,都与外国有关行业有合作。

第三,出国展览的经营理念发生了质的飞跃。出国展览业已经从过去那种不赢利,也不应该赢利的"样宣处"式的服务职能迈进了服务贸易的范畴。将出展业作为服务贸易的认识本身就是产业进步的标志。包括国营的、股份制的、民营的和中外合资的展览公司,连同贸易促进机构和专业商协会一起,日益成为中国出展业的经营主体。这种办展主体多元化、办展方式多渠道的发展趋势,一方面加剧了出国组展企业的竞争,另一方面又打破了以往部分企业垄断的局面。

这一时期正值中国经济体制从计划经济转向市场经济的过渡期,管理出展业的手段基本上沿用计划经济体制下的行政手段。主要依据国务院办公厅下发文件《关于出国举办经济贸易展览会若干问题的规定》和《关于出国举办经济贸易展览会审批管理工作有关问题的函》的精神,制定了一系列管理办法,如1984年贸促会会同经贸部、外交部制定的《关于出国举办经济贸易展览会的规定的实施细则》,1988年外经贸部制定的《在国外举办经济贸易展销会等的审批管理办法》等。前后出台的管理文件、管理办法都表现出两个鲜明的特征,即对出国展览的主办者进行资格审定和对出展项目实行严格行政审批,在特定历史时期发挥了积极作用。但同时,审定出国展览经营权导致中国的出展业实行一种垄断的、特许的经营方式,市场竞争的优胜劣汰的机制不能在中国的展览市场中充分体现,这使得一些出国展览的组织者常常在自我封闭的状态下开展业务,其服务意识、管理方式和运作手段都不能适应参展商的要求;实行出展项目的审批不能适应快速变化的市场需求,经协调审批的出展项目实施率不高。这种非市场的行政手段人为地延续市场垄断、不公平竞争和市场保护的落后机制,与市场经济运行规则不相适应。

(2)外资展览

20世纪90年代初,中国出口贸易快速增长,国内众多产品纷纷走出国门,参与国际市场的竞争与角逐,所有相关行业都在重新审视自身发展战略,准备投入全球经济一体化大潮。当时,WTO谈判正紧锣密鼓地进行,中国加入WTO已是势在必行,只不过是时间问题。政府尽力为企业争取更好的条件和更多的时间,而中国企业则面临加入WTO后如何适应新经济氛围、熟悉国际经济游戏规则的严峻考验。这时候,外向型经济不仅仅是一个口号,每个企业都感触到了时代的脉搏与变迁。通过展览获取订单是一条接触国际采购商,尽快熟悉国际贸易手段,获取国际商品资讯,了解国际市场动态的重要途径。

就国内展览来说,广交会连年火暴,自然是国内第一大品牌,企业无论花费多少代价,挤破脑袋也要上,甚至只求露个脸的心态也不少。而在国际上拥有品牌效应的相对成熟的欧美展览,成为国内企业选择的首要目标,这也顺应了对外贸易的发展趋势。

在这段时期,外资展览在国内的历程是:

2004年以前,由于政策的限制,德国汉诺威、法兰克福、科隆、慕尼黑、英国励展等知名展览公司都是以展览咨询的名义开展业务,它们在中国办展都是通过与国内公司合作的形式,而不能直接面对国内企业进行招展。

2004年1月,商务部发布了《设立外商投资会议展览公司暂行规定》,以前只能在中国境内寻求合作伙伴的外资展览公司获得了在中国境内独立办展权。

2004年11月19日,日本会展业的老大——康格株式会社在上海成立日本独资的康格会展(上海)有限公司正式投入运营,自此,第一家独资会展企业现身中国会展界。

独资公司的自由空间比合资公司更大,可以更好的发挥会展公司独立的办展优势。在中国,独资公司适合运作的领域是和市场比较接近的领域。比如消费品领域,这个行业的会展市场可以单纯地依靠市场竞争来定输赢。不过,以法兰克福为代表的早已挺进中国会展市场的"老牌"国外企业仍然固守合资与合作的方式,这也不失为一种稳妥的选择。以前它们很在乎中国政府的批文,但是现在更在乎的是合作对象的实力,它们倾向于选择能了解中国国情并能充分开发国内市场的有实力的会展公司或者行业协会。励展在世界各地的展览市场,都与当地的主办单位、机关和协会合作,本地合作是励展开拓市场的"法宝"。

(3)国内办展

这段时期国内办展的主要模式是政府主导型。广交会是其中的杰出代表,改革开放以来中国各个方面的历史变迁都在广交会上得到充分体现。1982年春第51届广交会的举办时间由30天缩短为20天。1983年春第53届广交会外商投资企业首次参展。1989年秋第66届广交会会期由20天改为15天,并在当年成交总额突破100亿美元。20世纪90年代广交会外贸大比拼揭幕。2003年秋第94届广交会成交额突破200亿美元,创历史新高。2004年秋第96届广交会继续扩容,跃升为世界单年期展会第二位。跨越两个世纪的广交会,从未停止过改革与创新的步伐。自1957年创办至今,广交会的组织方式经历了五次重大的变革,保持了旺盛的生命力。

第一次变革是"工贸结合",减少出口环节。史料记载,从1957年春交会到1978年春交会,都是由当时外贸部直属的各大专业外贸总公司为首组团参加,每届交易会的交易团数量和名称与当时国家设立的外贸专业公司数量和名称基本一致。

1978年的秋交会上,广交会迎来了首次重大改革,新成立的、首家实行工贸结合新体制的中国机械设备进出口总公司的出现,引起了来自世界各地贸易界人士的关注。工贸结合,让之前出口过程中众多的中间环节大大减少,使得当时刚刚走向世界的"中国制造"可以更好地做出改进,适应市场的需求。

第二次变革是参展主体多元化。伴随着外贸体制的不断改革,中国对外经济活动中开始出现"经济特区"、"外资企业"等众多新名词。以1983年春交会上15家中外合资企业参会为标志,广交会迎来了第二次变革——参展主体多元化的时代。这一改革步伐一直在延续,1999年的第85届春交会上,首次出现了4家私营生产企业,到2006年第100届广交会时,私营生产企业数量已经超过国有企业,达到5 000多家,占广交会参展企业的比例提升至39.72%,成为名副其实的参展主体。

改革组展方式,提升服务质量是第三次变革的主题。改革开放带来了外贸领域的极大繁荣,带来了"中国制造"实力的极大提升,从而也带来了对广交会这一"中国第一展"更高的要求。为适应这一形势,在1993年和1994年,广交会对过去根据商品大类划分交易团和安排展位的传统组展方式做出了重大的改革,借鉴国际一流展会的经验,改变维持近半个世纪的"专业外贸总公司组团"方式,采用"省市组团,商会组馆,馆团结合,行业布展"这一被外贸领域简称为"16字方针"的组展方式,并一直延续至今。由此,到会采购商人数和成交额稳步上升。

如何向世界一流展会靠拢?这是广交会一直在思考的问题。2002年春,第91届广交会做出有史以来第三次重大变革——以时间换空间,按照专业做出"分期"改革,即将原来12天的展期分成两期各6天,实现了综合性展会和专业性展会的有机结合。

第四次变革是设立品牌展区,保护知识产权。伴随着中国外贸的崛起,广交会开始成为新的外贸形势下各种矛盾和冲突集中的舞台:竞争异常激烈,人民币升值,缺少自主知识产权和品牌等软肋深深刺痛着中国企业;各种贸易摩擦案件此起彼伏,牵动着参展企业的神经;知识产权日益受到重视,为了防止侵权,一些国际知名品牌商纷纷派员前来广交会巡展调查……

为适应这一全新的形势,从2004年的春交会开始,广交会推出了品牌展区,鼎力支持中国品牌企业,使它们能为世界所了解、熟知。到2006年第100届广交会,品牌展区展位已达4 175个,占总展位数的13%。

第五次变革是展会的服务导向转变。50年来,人们一直在努力通过广交会把商品卖出去,但是他们逐渐发现光这样还不够,还要学会把别人的商品买进来。在举办到第100届的时候,"中国出口商品交易会"更名"中国进出口商品交易会"。也就是说,广交会将从中国的单一出口交易平台,转变为进口和出口双向交易平台。

这个变动是中国开始寻求进出口基本平衡的一个证明。改革开放以来,中国一直实行以出口为导向的对外贸易政策。从1990年开始,除了1993年以外,中国都实现了贸易顺差,而且增长的速度很惊人。国家统计局网站提供的资料显示,2004年中国出口总额比进口总额多出320.9亿美元;2005年,这个差额达到1 019亿美元;2006年上半年则为614.4亿美元。中国意识到贸易顺差带来的弊端,并开始试图减慢它的步速。年成交额仍占中国一般贸易出口总额1/4的中国出口商品交易会是反映中国对外贸易政策的一面镜子。这一次更名向人们展示:作为全球第三大贸易国,在不断扩大和深化对外开放的过程中,中国不再过多强调出口增长,简单追求贸易顺差。从外贸大国到外贸强国,中国迈出的这一步可以说才刚刚开始。

自创立以来一直服务于中国外贸大局的广交会进行的种种重大调整都是在政府倡导下进行的。虽然广交会这些年来不断进行改良,但市场化成分依然不高,展会的成熟度也不高。它将如何做出进一步的改革,我们拭目以待。

中国展览业真正的起步始于20世纪80年代的改革开放初期,从纯粹的官方行为、政府安排、不讲回报的开会到打开国门、多方办会、商业操作、专业安排、讲究效益,已经历了飞跃发展的过程。无论是北京的亚运会、世妇会、PATA 年会、万国邮联大会,还是昆明的世博会,或是上海的《财富》全球论坛和 APEC 会议,都在海内外产生了极大的反响。

中国展览业目前主要分布在北京、上海、广州、大连、深圳等沿海经济发达城市,并渗透到各个经济领域,从机械、电子、汽车、建筑,到纺织、花卉、食品、家具,各行各业都有自己的国际专业展。近年来,中国通过展览实现外贸出口成交额达 50 多亿美元,展览业的直接收入已近 50 亿元人民币,拉动其他相关产业如住宿、餐饮、通信、交通、旅游、货运、建筑、保险等经济收入达 400 亿元人民币,而且每年以 20% 的速度在增长。

中国展览业的发展,和西方发达国家所走过的路程有异曲同工之处,都是工业化时期走上快速发展之路,然后再从服务业和高科技产业进入细分化、专业化、信息化时代。中国的展览业主要集中在经贸方面,尤其是 20 世纪 80 年代以来,展览已作为一个产业出现在中国的经济舞台上。但是,目前中国还没有较完善的法规来引导整个行业的健康发展,以致整个行业出现哄抢项目、良莠难辨的局面,可以说中国展览产业在 21 世纪的第一个 10 年,是处于洗牌的阵痛时期。

中外事实证明,展览业为主办地带来了相当可观的经济效益和巨大的社会效益。随着改革开放的深入和从东部沿海地区向中西部地区的转移,如今从北部边关黑河到南部海岛海南,从东方明珠上海到西域宝地乌鲁木齐,从祖国首都北京到雪城拉萨,越来越多的城市都在举办规模大小不一的会展活动,中国的展览业出现了空前繁盛的局面与发展机遇。尤其是 2008 年奥运会和 2010 年世博会的举办,无疑将给中国展览业的发展带来前所未有的机遇和美好的前景。

(二)国内会议业的发展历程

中国的会议业在 20 世纪 80 年代已经出现。过去在计划经济时代,基本都是官方会议,以贯彻落实政策为主,模式比较固定。随着改革开放和市场经济的快速发展,中国会议业逐步兴起。最初,大型国内国际会议的承办组织者主要是政府机构,而实施接待的单位大多是酒店、旅行社等旅游企业。

进入 20 世纪 90 年代,各种形式的会议逐渐增多,中国主办的国际会议也逐渐增多。会议主办者也变得更为多元化,除了政府外,还有民间团体、跨国界行业协会、学会。一些酒店抓住市场机遇,专门成立"会议产业部",尝试与行业协会合作,开拓酒店市场,扩大酒店知名度。与此同时,各大中城市一大批具有会议功能的饭店如雨后春笋般拔地而起,基本解决了当时会议产业发展的场地设施问题。

除了酒店外,一批会议服务公司也应运而生。它们完全按照市场规律运作,能够提供会议需要的设施及服务项目,服务质量也不断提高。同时,为了适应国际会议数量增加的趋势和国际会议的特殊需要,还出现了同声传译人才队伍,并形成了一种职业。

虽然中国的会议业在20世纪80年代就已出现,但发展缓慢。长期以来人们把会议当做旅游业的一部分,按旧有的思维模式看待这一事物,所以,尽管现在会议业有一定的市场,但作为独立的产业发展很慢。在国际上,会议和会展的关系有两种不同的认识,欧洲提倡大会展小会议,国际会议联盟则认为是大会议小会展,目前中国基本上遵循欧洲的思路,将会议业纳入会展业的范畴。

国内会议业要像展览业、旅游业一样被社会认可,需要一个长时间的推动过程。这就需要会议公司先把市场做起来,走专业化的服务道路,让政府和社会逐步认识到会议业是一项专业性非常强的产业。市场有了需要,政府才有可能出台具体的支持措施,使会议业得到更快的发展。从长远目标来看,政府组织的会议也应该由专业的会议公司服务,这将为政府机关节省大量的人力、财力和时间。

相关链接

北京和上海的会展业概况

1. 北京

由于缺乏严格且全面的统计数据,无法判断上海、广州和北京哪个城市的会展业是全国第一,但从业内人士的判断来看,北京会展业一直处在全国领先的地位正岌岌可危,受到竞争威胁日益强烈。即便是北京的知名展会,也都具备向北京之外转移的可能性。

北京的展会向来以档次高、规模大著称,比如中国国际服装服饰博览会、北京国际车展、纺织机械展、通信展等。据统计,全国具备举办大型国际展览资格的企业有250多家,北京几乎占据了其中的一半,这些企业的运作模式已经相当规范和成熟。

相比较而言,在会议与展览中,北京的首都优势对于会议的支持更为明显。北京作为首都,大量国家重要机构和全国性的行业协会均集中在此。对于以行业协会为主办单位的大型展示展览,北京具有不可替代的优势。同样由于这种全国性机构的聚集,各种大型、全国性的会议均选择在北京召开。值得注意的是,北京作为首都,具有比其他城市更多的象征意义和展示作用,北京会展具有"重展示,轻交易"的特征。虽然,北京也具有一些交易性展会,如每年举行的科博会等展览交易活动,但与上海,尤其是广州展会,如与广交会相比,其交易性并不是很高。这也正是北京会展与上海、广州会展的最大区别所在。

根据中国贸促会发布的《中国会展经济发展报告(2004)》,2004年北京市举办了489个展会,居全国之首。不过,现在这种状况正在发生变化。和上海相比,德国三大巨头蜂拥而入,和北京相比,一些国际性展会似乎更加钟情上海。

2005年11月9日,中央"两办"下发了《中共中央办公厅、国务院办公厅关于从严控制2008年奥运会期间及前后在北京地区举办全国性国际性会议和活动的通知》,规定:2008年8月1日至9月23日期间,北京地区不举办与奥运会筹办工作无关的全国性、国际性会议和活动。同时规定,2008年4月30日至7月31日,要严格控制在北京地区举办全国性、国际性会议和活动。业内人士认为,这个期间正是北京举办展览会的高峰期,这意味着该期间的展览会将全部暂停,向其他城市转移成为必然选择。而这些展会的首选目标正是北京最大的竞争对手——上海。

此外,导致知名展会向外流失的另外一个重大原因是北京缺乏大型展览馆,这也是北京会展业的硬伤。3月28日,亚洲最大的服博会(中国国际服装服饰博览会)在北京国际展览中心(以下简称国展)拉开帷幕,和往届相同,由于展馆面积不足,只能分成两期举办。而上届的中国国际汽车展,同样也因为展馆面积不足,分成了农展馆和国展两个会场,甚至需要搭建临时场馆。现在的国展建成于1985年,是目前北京最大的展览馆,但展览面积仅有6万平方米。这导致一些上规模的展会抱怨重重,分期举办、分会场、临时搭建为参展商和主办方带来了极大的不便。对此,业界认为,北京再有两个20万平方米的展馆也不多。毕竟,北京是全国的首都,多数主办单位和展商都愿意选址在北京,政府公关、信息交流、邀请政府官员都十分方便。建设新场馆成为必然出路,不过超大型新场馆到现在迟迟没有动静。原有场馆的扩建潜力有限,如农展馆扩建面积仅有1万平方米左右,北京展览馆可扩建面积则更小,空间有限。而此时,上海新国际展览中心的后期工程正在进行之中,展馆总面积超过北京已经成为现实。

文化创意产业成为北京会展业的突破口。北京自2004年开始,提出"去经济"概念,即北京将不再以成为全国的经济中心为目标,而仅是政治、文化中心。"去经济"之后,和政治中心的定位相比,文化中心的定位将对会展业产生极大的影响。《北京市国民经济和社会发展第十一个五年规划纲要》预测数据显示，2010年，北京文化产业增加值将达到660亿元。2006年是北京的节庆年，中俄文化年、中意文化年、中印文化年、中韩文化年四大文化年为北京的会展业增添了大量的新鲜内容。俄罗斯、意大利、印度、韩国都是文化大国，伴随着这些文化年有很多国际性的大型会议和相关展会，如"世界文明珍宝——大英博物馆250年之藏品"展览会。文化创意产业没有明确的定义，但可以如此理解：源自个人创意、技巧及才华，通过知识产权的开发和运用，具有创造财富和就业潜力的产业，是与知识经济相适应的一种产业形式。比如"超级女生"、网络游戏、动漫出版、影视制作等均可以称作文化创意。不难推测，动漫展、图书展、电影展、网游展等均有可能为北京举办同类会展创造雄厚的产业市场基础。有了产业基础，加上老百姓的参与性较高的因素，这类展会将有可能成为未来北京会展业的主角。

从1985年中国展览中心建立到现在，北京会展业在经历了一番辉煌之后，走到了一个新的路口。经贸、科技类的展会主扛了多年的大旗，会出现什么样的变化？北京的会展业，还需寻找新的出口。

2. 上海

近几年，上海的会展业得到了飞速发展，无论是展会规模、总收入，还是现代化、国际化程度，都似乎走在了北京和广州的前面。在北京一些大型的展览正欲向外转移的同时，越来越多的大型展会以及外资知名展会驻军上海，上海正在为全国会展业树立一个学习的好榜样。

上海会展业的发展不仅出于对国际大都市形象展示的考虑，而且也具有实际的工业生产、展示、交易的需要。与北京"首都展示成果效应"有所不同。在上海周边地区已经形成了上海为龙头，以南京、常州、杭州、宁波、义乌、绍兴、海宁等中小城市为依托的大区域经济工业区。因此上海具有来自周边城市展示、交易等的需求基础。这对于上海会展市场的长期持久发展极为重要。

与北京、广州两地会展业相比，上海会展最为突出的特点在于：上海是许多国际已有展览在中国的第一登陆地。具体而言，很多在上海召开的国际会展已经是在国外运作成熟的会展。其市场定位及所针对的客户群体十分明确。而且这些国际会展的运作者很多也是有国外展览公司直接操作完成。可以说，上海不仅是国际展览的第一登陆地，也是国外展览公司在中国的第一登陆地。

由于上海具有沿海中城市中最高的城市地位，因此大量国外会展品牌首先选择在上海登陆。可以说，这种国外品牌会展的登陆，为今后上海会展向着国际化方向的发展铺平了道路。从更长远的角度来看,上海在国际会展发展方面具有比北京、广州更为突出的优势。因此,上海在未来三个会展城市的发展中,具有很大的潜力。这种国外品牌会展在上海的发展,无疑使得上海会展的市场定位与北京、广州形成了一定的错位。

2010年上海要举办世博会,在积极为其准备的同时,上海市政府考虑的似乎更加长远。由于上海世博会的运作模式是政府主导、市场化运作,政府和企业的明确定位为会展业的管理体制带来一定的创新。

"一展带来百展兴"说的是广州会展业,这种说法对上海而言,同样合适。无论是之前的APEC会议,还是2010年的世博会,都成为整个上海市服务业的一次大型"规范"活动。据了解APEC会议期间,上海市政府出资成立了上海国际会议展览公司,全面掌管了为APEC会议购置的国有资产,会后公司将再投标承办新的会议,以实现资源再利用。现在要举办世博会了,上海市政府又专门成立了世博集团,从一开始世博集团便开始进行各种练兵。

为世博会这种大型活动做准备,上海市政府考虑十分长远,大力培养会展服务专业人才,建设大规模的场馆,制定各种评价体系。北京要举办的奥运会也是大型活动,和服务业密切相关,但会展业却要为奥运会让路,针对会展的大型场馆迟迟不能动工。上海为世博会所做的一切准备,的确极大地促进了当地会展业的发展。比如,上海市提供优惠的政策支持,吸引了包括德国几大展览巨头投资上海兴建新博览中心。再比如,上海世博集团接手威海国际展览中心的经营,为上海培养会展服务人才,积累会展服务的经验。此外,上海旅委还专门成立旅游、会展推广中心,积极主动地参加德国IMEX专业会议、奖励旅游展会,搜集上海各大酒店以及展览、会议设施等信息,以此增强到国际市场上争夺会议的竞争力;已于2005年5月1日正式实施的《上海市展览业管理办法》,成为全国首例;由上海展览协会运作的对展览企业、从业人员的资质认证、展会评估,同样走在了其他城市的前头。凡此种种,再次证明上海市政府对本地会展、旅游业所做的长远打算和积极的努力。

筹办世博会是一个很好的契机,上海可以全面提升会展设施建设、运营管理、会议组织和配套服务的水平,到2010年努力成为亚太地区会展中心。对比之下,北京的2008年奥运会为北京的会展业留下的,不应该仅仅是城市基础设施的一次"整容",和几座难以高频率使用的体育场馆。上海无疑为全国其他城市树立了一个好榜样,值得好好学习。

(资料来源:刘炳辉.北京:"场馆之困"背后"产业突围"[N].中国经营报,2006-7-11)

第二节 国内会展业的发展模式

一、国内会展业的发展地位

中国会展业被作为一个独立的产业来培植还是近几年的事，虽然发展很快，但总收入还很低。德国、美国、新加坡等会展业发达国家的展览业总收入一般约占其 GDP 的 0.2% 左右，而近年中国展览收入占 GDP 比重仅 0.09%。这表明中国会展业还处在一个比较低的水平上，对国民经济的总体贡献度有限。按总收入的多少排序，会展业在众多服务业中也是靠后的，排在金融、保险、电信、旅游、运输等大多数服务业之后。从经济总量和税收、就业等宏观数据来看，目前会展业在国民经济中的地位还是微不足道的。

但是，在一些会展重点城市，如北京、上海、广州、大连、深圳，会展业的贡献度要高得多。更重要的是，由于会展业的乘数效应在带动第三产业，提高城市知名度，促进招商引资等方面，都有很大作用，所以，对这些城市而言，会展业在城市发展中的地位和作用是举足轻重的。虽然时至今日未明确会展业的国家主管部门，也未出台有关全国会展业发展的统一政策、法规和规划，但地方（特别是主要城市）政府高度重视会展业的发展，不但以巨额资金支持直接办会办展，而且纷纷设立专门的会展管理机构，制定鼓励会展发展的政策。

二、国内会展业的发展形势

（一）会展业在经济转型期的多层面相关性

当前，与中国会展业密切相关的有 15 个层面：中央决策层、国家主管层、相关部门层、地方政府层、会展主办层、会展公司层、配套服务层、会展场馆层、海外机构层、宣传媒体层、学术研究层、参展企业层、展会观众层、教育培训、中介组织层。这些层面都有着自己的价值取向和相关利益。中国的会展业正处于社会经济的转型期，这些层面形成了错综复杂的利益关系，不易处理。

（二）面对大量实际问题的会展管理滞后性

中国对展览管理曾多次下文，但每次都没有得到贯彻执行。中国入世以后，对展览管理的文件也在不断清理，但是便于操作检查的新的办法却仍是不甚清晰明了。譬如，在实施《行政许可法》以后，对出国展览活动的审批和管理就还没有详细的实施办法。

（三）开放入世带来会展业国际合作竞争的复杂性

会展业对中国相关经济的带动作用以及社会影响力都越来越大，因此，对会展产业本身及其相关产业安全都不能忽视。特别是在中国改革开放的大背景和大格局之下,准确把握开放与保护的原则与策略,就成为题中应有之义。

三、国内会展业的政府投资型发展模式

目前,国内会展发展模式主要是政府投资型的政府主导模式。政府投资型会展的管理模式主要是各级政府及其直属部门、机构是办会办展的投资主体,政府参与直接运作或政府委托专业会展公司进行项目运作。就现实情况看,基本分为两大类,一是政府设立会展项目管理办公室,第二类是政府的会展项目部分业务内容委托专业公司操作。

第一种模式的突出特点就是政府直接参与会展项目的运作及管理。优点在于政府直接控制展会的运作及管理的各个细节,但缺点是政府办展的非专业化水平会影响会展项目的运作管理水平。

第二种模式中,政府起主导作用并进行整体管理,由专业会展公司进行项目的运作及细节管理。这种模式的优点在于专业会展公司可以弥补政府直接运作及管理展会的不足。但缺点是专业公司仅在项目执行阶段介入,对前期策划的失误或不足无力调整,另外,一旦所选会展公司的运作能力不强,将影响展会效果。

但是,从中国目前会展市场的实际来看,政府不应该也不可能在现阶段完全退出会展项目的投资领域。

第一,公益性会展需要政府主导。和商业性会展不同,公益性会展所取得的主要收益是社会效益。这种社会效益的获得是政府需求之一,政府有理由投资主办该类展览。而作为以营利为目的的会展企业不可能成为该类会展项目的主办主体,该类展览一般也只能由政府或不以营利为目的的社会组织进行投资。尤其是像广交会、糖酒会、科博会、义博会、中国——东盟博览会等一些重中之重的会展项目更是如此。

第二,会展业带动区域经济与产业经济发展的性质与政府的职责吻合。我国政府主导型展会尽管在数量上仍是少数,但对国民经济的拉动作用,却占到整个会展业的70%以上。从国外发达国家的经验来看,政府部门也对某些会展项目进行直接投资或以返税的形式进行间接扶持。

第三,目前政府成为会展投资主体的传统受原有经济模式的影响。这种传统的形成影响了会展企业的成长,完全依赖现有会展企业来办展,也无法满足会展市场的需求。从这个角度讲,政府投资办会展其实也增加了会展市场的有效供给。

避免政府投资型会展的传统管理模式所存在的问题,可以采用会展业的项

目管理承包(PMC)模式。PMC模式是项目管理公司受业主的委托,从项目的策划、定义、设计到竣工投产为业主提供全过程项目管理承包服务。项目管理公司具有很强的项目管理能力,它能有效地弥补业主项目管理知识与经验的不足。对于大中型项目,国外业主一般都不直接寻找承包商,而是通过招标,首先选择有经验、有竞争力的项目管理承包商,再由项目管理承包商代表业主组织招标和评标,选择会展专业公司或者分包商,并对其进行全过程的管理工作。

四、国内会展业的主要特征

从会展数量看,中国已经成为会展业大国,但中国目前还不属于会展业强国。从效益、质量、水平等方面来看,中国会展业还不够成熟,"小、乱、散、差"的情况比较严重。会展活动的地域、行业分布很不均衡,统一、开放、竞争、有序的全国会展业市场体系尚未形成,市场行为规范化程度不高,展览行业服务等相对滞后。

(一)会展业市场化程度偏低

中国会展业的市场化程度还很低,行业内计划经济体制的惯性不利于统一、开放、竞争、有序的全国会展业市场体系的形成。中国会展业的资源配置、地域布局对行政的依赖度还相当高。会展经营者在以市场手段开展经营活动的背后,隐藏着对政府、行业部门的依附,行政条块对会展市场的分割,也造成行业内市场竞争不充分,影响行业资源的优化配置。

(二)会展业市场开放度不高

中国会展业相对低下的市场开放度,阻碍了行业内资本市场的形成,使行业发展缺乏后劲。顺畅的投融资机制是行业发展的助推器。由于中国会展业向外资和民营资本的开放不够充分,业内原有经营者又受到行业、地区门户的束缚,行业内部资本流动和外部资本流入受阻,围绕会展行业的投融资机制暂时难以形成,会展领域里现代企业制度的建立也就无从谈起。

(三)粗放型的会展业发展方式

中国会展业目前呈现出的繁荣景象,不是会展业自身调整、主动适应市场经济而实现的集约型的发展,而是一种粗放型的增长方式,与成熟的国际会展业存在着质的差别。国内会展业的快速发展,是建立在小型场馆和小型展会数量迅速增加的基础上的。与展会规模不断扩张的国际上成熟的会展业相比,中国会展业的特点是规模小、数量多、行业集中度和延展性弱。因而,尽管会展数量增长很快,但规模、档次、质量不高,并存在低层次重复办展现象。竞争和开放的不充分,导致当前中国会展业的发展体现为一种粗放型的量的扩张,急需向注重内在质量的集约型发展方式转变。

(四)会展业发展结构和布局不平衡

中国会展业的发展还很不平衡,行业布局和产业结构均需要调整。一大批会展场馆落成后,会展组织、展台设计与搭建、物流、信息咨询等方面的服务能力在一些地方发展相对滞后,软件与硬件发展的不配套造成会展设施闲置。在另一些地方,会展场馆供不应求,硬件设施成为行业进一步发展的瓶颈。

(五)会展业的行业自律和公共服务体系薄弱

中国会展业的自身建设还非常薄弱,亟待建立行业自律和公共服务体系。会展业自身要树立和坚持全面、协调、可持续的发展观,积极推行行业自律,建立行业公共服务体系,开展行业自身建设。

相关链接

广州会展业概况

2005年4月21日,广州市会展业行业协会成立;广州会展业发展规划首次被列入广州市服务业发展"十一五"规划;亚洲最大、设施最完善、最现代化的广州国际会展中心(以下简称琶洲展馆)进一步投入使用;同年10月,"2005中国锦汉礼品、家居用品及装饰品交易会"成为广州首个获得UFI认证的展会;同期,广州第一家中外合作展览公司——广州光亚法兰克福展览公司成立……通过这一系列的动作可以看出,2005年广州会展业得到了快速发展,紧逼北京、上海。广州市政府给其会展业提出更高的目标:将广州建设成为亚洲主要会展城市,到2010年,会展业将成为广州市经济发展的重要支柱产业,会展业直接收入30亿元,占全市GDP总量的5%,安排就业人员50万人。

1. 展馆布局:"新琶洲"、"老流花"。展馆是展览业发展的硬件,和北京大型展览在展馆方面严重匮乏相比,广州举办展览则显得得心应手。据了解,具有"中国第一展"之称的广交会已于2006年将一部分展区移到琶洲展览馆,而预计到2008年,将整体从原来的流花路旧址迁移到琶洲。广州整个展览圈的重心已慢慢往琶洲转移,而广交会的旧址——位于城市商业中心的流花馆则退为附属的展览馆。以往由于场地空间的"先天缺陷",许多体形较大的展品,比如重型机械展很难进入广州的展览,使得广州会展的展品一直以精小为主,美食博览会、服装博览会、精品博览会占据着广州会展市场的过半比例。而在琶洲展馆全部投入使用之后,这种状况将会得到改变。未来几年里,琶洲将成为广州的会展圈。广州市政府在培育"老流花"和"新琶洲"两个展区方面将平分秋色。2007年,流花展馆将向广州市政府移交,而广州市政府目前已确定,流花展区将保留其展馆功能,继续利用其良好的资源和周边的配套设施。

2. 展览功能:交易?展览?交易量并不是最重要的,现代企业更看重品牌的宣传效果。广州的展览会向来以交易性为功能特点,不少展览会过度强调即期交易量、签单量、成交额。长期的经验在交易功能上较为集中,而在专业展示性方面仍是一个弱项。这也对广州会展的国际知名度有一定的影响。从类型上看,会展已由综合性发展成为专业性,展览会的功能不能局限于即期交易,而更应该看重专业展示的长远效应。但是,广州的会展似乎更加注重交易性,至少目前仍为如此。不少主办方在推荐展会的时候,开始淡化交易量,更加注重企业参展的品牌宣传效果。而以广交会和美博会为主的很多广州展会,好像还是以之前的交易性为功能特点。在现代展会正在向展示性功能转变的进程中,广州的步伐似乎有些落后。无论是"中国出口商品交易会(广交会)",还是广州刚刚获得UFI认证的"中国锦汉礼品、家居用品及装饰品交易会",都挂有交易会的"后缀"。另外,美博会号称美容美发产品的商家订货会,同样以交易量大著称。

3. 市场方向:以"泛珠"产业为依托。据统计资料显示,广东的工业行业中,电子信息制造业、机电业等53个行业的产值均居全国首位;在国家所列的30种主要产品中,有7种广东产量第一;全国范围内市场占有率超过20%的行业广东有9个,工业销售收入占全国的12%。广东家具业产值占全国1/3,出口占2/3,遥遥领先于各地。珠江三角洲经济带已成为世界最大的一个生产基地,其中有"东莞停工,世界缺货"一说的东莞"三来一补"加工中心,首屈一指的顺德家电业、中山的灯饰和服装业、佛山的陶瓷业。正是基于这些雄厚的产业基础条件,广州才有广交会的成功,成就了亚洲最大的美容美发化妆品展,广州的名家具展也达到25万平方米。举办会展离不开两种优势资源:一是供应商,另一个是买家,广州现在这两种资源仍非常充足,首先是区位的客观优势,作为南中国的核心城市,广州处于中国经济发展最快、最具活力的珠三角经济圈的核心地带,会聚经济圈的资源优势,是华南地区人流、物流、资金流、信息流最大的集散地和区域性中心城市。在"泛珠三角"、"两小时会展圈"概念之下,广交会的成功的确带动了一批展会兴起。"两小时会展圈"是指珠三角与香港、澳门这个会展黄金带,香港、广州、深圳、顺德、东莞等珠三角会展产业带,因为地域相邻,海外参展商来香港或深圳参展,同期可以到广州、东莞、顺德、中山等地看多个展览,并且可以直接到工厂看样品。不过,广交会在广州会展业的影响太大,这也是在广州搭便车的展览多,区域性会展偏多的原因。因此,"十一五"期间,广州会展业要从数量扩张到数量与质量并举,走资源整合、规范管理、协调发展的道路。

4. 威胁:中心城市地位下降。根据《广州总体发展概念规划研究》中的阐述,就广州城市关系与会展发展情况而言,广州对于周边城市经济的辐射作用渐弱。广州在珠江三角洲地位的下降可以用经济首位度、城市人口首位度和市场规模首位度三个指标下降进行描述。作为最早的市场开放城市以及广交会所在城市,广州一直具有很强的出口能力。但是近年来其市场规模已经被深圳以及东莞所超过。2002年海关出口总额广州为137.77亿美元,东莞为237.33亿美元,深圳为465.43亿美元。这种中心城市地位的丧失,对于广州会展的发展十分不利,并使得许多周边城市的会展需求不再集中到广州会展市场释放,而在本地解决。譬如,珠江三角洲周边地区的许多中型城市如深圳、东莞、顺德等城市随着经济的高速发展,已经成为珠江三角洲地区的新兴中心城市。这些城市中已经形成或正在形成自身的展览市场。例如,深圳的高交会等,在东莞所举办的"小交会",以及在东莞、顺德、深圳也各有40 000平方米以上的家具展,都在本地甚至全国具有一定的影响力。

与北京、上海作为区域内唯一高等级城市发展自身会展的模式有所不同,在整个珠江三角洲经济区域内,除了广州以外,深圳、香港也拥有很高的城市等级和发展会展强大的实力。这无疑会进一步分流广州的会展资源。尤其是香港,已经在世界展览界确立了自己稳固的地位,加之近期内地与香港政策调整带来的正面影响,即直接投资与贸易的加强,使香港在整个区域内的经济实力得以巩固。在这种外来竞争压力的影响下,广州会展的发展具有一定的局促性。因此,求新、求变,改变现有的模式是广州会展发展的必然趋势。

由此可见,广州会展业所面临的竞争不是来自北京、上海,而是来自珠江三角洲内周边其他城市。而且,由于广州中心城市地位的下降,这种竞争压力将会增大。广州及周边地区场馆面积、摊位统计结果表明,广州周边中小型城市内的会展面积与广州市的会展面积之间相差不是十分明显。由此可以看出,广州虽然有"中国第一展"——广交会作支持,但仍面临很大的竞争压力。

(资料来源:吴文婉.广州:"泛珠三角"概念之下的扩张之路[N].中国经营报,2006-4-10)

第三节　国内会展业的发展趋势

一、国内会展业的发展前景

中国的会展业起步晚,发展快,发展前景非常广阔。会展业是中国今后10年最具发展潜力的十大行业之一。其原因在于:

第一,中国社会主义市场经济体制的进一步完善,统一、开放、竞争、有序的全国市场体系的形成,将为中国会展业持续发展和实现质的飞跃,提供更加有利的体制环境和体制保障。

第二,中国经济总量的持续增长、产业结构的调整和第三产业的全面发展,将为中国会展业的发展提供强有力的产业背景支持和基础设施支撑。

中国现代制造业迅猛发展和全球制造中心地位的形成,将使更多行业、更多领域的专业会展迅速成长起来。中国巨大的市场潜力将吸引越来越多的外国企业前来推介产品,树立品牌,开拓市场,必将带动会展需求进一步增大。

在中国经济持续快速发展的进程中,第三产业得到全面发展。党的"十六大"进一步提出,要"加快发展现代化服务业,提高第三产业在国民经济中的比重"。金融、物流、旅游等服务业的发展和城市交通、通讯等基础设施的改善,将为会展业提供更好的配套设施和服务。

第三,世界经济的全球化和区域化发展,中国的全方位对外开放,将带动中国会展业向更高的层次发展。

世界经济全球化所带来的资本、信息、资源、人才、技术等生产要素在全球范围内的自由流动,亚洲世界经济中心地位的逐渐形成和中国在该区域内经济政治影响力的增长,将使中国处于开展多形式、多层次、多领域国际经济技术交流与合作的中心地位,这一方面会带动会展业务大幅增加,另一方面会促进中国会展领域里的国际资本运作、品牌并购、人才交流和技术引进,必将有力推动中国会展业量的放大和质的提升。可以预期,中国将成为亚洲的世界性会展大国和会展强国。

二、国内会展业的发展趋势

在2005年年初举办的中国会展经济国际合作论坛上,国务院副总理吴仪提出展览业在走法制化、市场化、产业化、国际化的发展道路。这是几十年以来中国领导人首次明确提出的中国会展业发展目标。中国会展业要朝着法制化、市场化、产业化、国际化的方向发展,既是对过去几十年中国会展业发展的深刻总结,也是解决中国会展业发展中存在问题的总体思路,或者说未来中国会展业的发展趋势。

(一)法制化

法制化,就是要健全会展业法制建设,规范会展市场秩序,创造会展业发展的良好外部环境;积极推动会展立法,使会展业发展有法可依,走规范化发展道路。

改革会展业管理体制是法制化的内在要求,首当其冲的是要建立符合市场经济体系体制要求的会展业宏观调控体系。会展业宏观调控体系的建立,主要涉及政府职能的转变。其应有之义是,政府将从利用行政手段干预或直接参与微观会展经营活动,转变到利用法律手段和经济手段调节会展业的发展上来。其主要内容是:通过立法或制定行政法规,规范会展经营行为,使有关执法部门以可预见的方式在工商登记、货物检验和通关、公共安全登记等方面提供服务、进行监管;通过税收、财政资助等机制调节会展活动。

(二)市场化

市场化,就是按会展业市场规律办事,从以行政导向为主转向以市场导向为主,增强会展业自我约束、自我发展的能力;进一步发挥市场在会展资源配置中的作用,使市场这只"看不见的手"在推动会展业发展中发挥更大作用。随着会展业市场准入的进一步开放,特别是外资的进入,会展业的竞争将进一步加剧,少数垄断企业的定价能力将弱化。另外,价格双轨制作为特定历史时期的产物也将在短时期内消亡。

展览业市场化的过程在很大程度上取决于政府的职能和管理方式的改变。以政府部门为依托的展览企业普遍存在预算软约束的问题,资源浪费严重。随着政府职能的转变、科学发展观的深入人心,政府将逐步退出办展领域。为了应对日益复杂的市场环境,政府的作用将向制定规则和对市场主体的服务、监督方向过渡。

但由于计划经济时代资源大量集中在政府部门手中,在转轨时期国有部门顺理成章地承接了这种资源优势,所以国有部门在一定时期内仍然会占据主导地位。会展场馆仍然主要以国有为主,这决定于会展经济的特点:场馆一般难以靠自身的运营收回投资,其效应往往主要体现在对旅游、运输、餐饮等相关产业的拉动作用上,因而适于政府通过税收的增加享受展览带来的好处。目前从为数不多的民营企业收购、经营场馆的案例中,我们还没有找到依托会展经营的营利模式,但总的市场主体发展趋势仍将表现为"国退民进"。这一过程有时会持续很长一段时间,从而表现为转轨时期国有经济与私营经济长期并存的二重经济。

市场运行的根本在于市场参与者不依附于政府指令的自主决策,而私有财产是这种自主权的前提。转轨时期,企业自主经营和产权界定将推动市场这一因素切实发挥作用,而且清晰的产权有利于降低交易成本,提高市场运行效率。可以预见,中国会展业在产权方面将面临变革。相信随着准入壁垒的取消以及新一轮企业改制的推进,大量企业将从幕后走向前台,其中自然不乏民营企业,新的产权交易及重组将悄悄展开。

市场化要避免行业协会政府化。行业协会的原始作用是建立多边信用约束机制,会展协会应顺理成章地拥有协调职能。会展协会将发挥什么样的作用取决于其组成方式。协会如果能通过信息服务、协调、自律等手段使会展业出现公平竞争的良好格局,那么这将是一种理想的状态。同时,成立协会也要坚决避免其潜在的负面作用,如过度政府化,协会成为"二政府",或沉湎于排他性的限制竞争手段。

(三) 产业化

产业化,就是要进一步确立会展业在国民经济体系中的地位,完善会展产业链,发展上下游相关服务环节,健全会展业服务体系;充分发挥会展业对各行各业发展的促进作用,并重视与会展相关的服务行业的发展,为会展业发展创造良好的硬件基础和软件环境。

展览业产业化的内在要求是展览专业化。社会分工越来越细,要求专业化的会展与其相对应。展览专业化在宏观上应该是指展览业以专业贸易展为主导的发展方向,在微观上是指从策划到操作这些具体办展过程的专业化。中国目前受政府推动的许多大型展览会虽冠以科技、工业等主题,但这些题目仍然显得太大、太空泛,也不够专业。

展览的专业化重要性不逊于规模化。展览只有达到一定规模才能达到盈亏平衡点(breakeven),但一味追求展览规模也可能导致欲速不达。规模是否合理,要取决于产业的规模、市场的容量等多方因素。合理的规模才应该是组织者追求的目标。抑制扩张冲动,保持展览的高度专业化和最经济的规模和品质,对组织者来说更为艰难。

会议的产业化是市场经济发展到一定阶段的产物。企事业单位的经营管理需要构成了会议产业化的现实需求,市场主体的有效操作使这种需求形成产业化发展。会议的产业化发展趋势是:

企业内部会议产业化。企业内部会议种类很多,除了那些对参加者进行奖励的会议之外,绝大多数会议都不可作为产业化经营的对象。从企业的类别来看,高利润而且重视个人业绩的行业如直销、保险、中介业,人力密集的制造业、高科技产业,公司规模较大且制度比较健全的企业容易接受这种会议形式。

企业对外信息发布会和产品展示会的产业化。这类会议对企业的营销价值不用赘述,但如果由企业自己举办会耗费太多的人力、物力和时间。而且由于缺乏专门人才,办会效果不会太好。因此,现在除了一些大型、特大型企业外,一般中小企业的这类会议都由专门的服务企业集中举办。在中国,越来越多的这类会议由会展企业承办。

研讨会、报告会的产业化。这类会议对企业的价值主要在于会议的内容及作为沟通方式的会议形式的独特魅力。如何推销产品,并建立起广泛的商业关系,是每一个企业的中心任务。虽然现代通信技术与传播手段可以让企业比较容易地与社会进行沟通,但这样的沟通并不能保证达到最佳的效果。因为高效沟通除了需要传递信息外,还需要传递思想和情感。而思想和情感沟通的最佳方式并不是语言,而是包括动作、表情和眼神的肢体语言,这就需要面对面的沟通。一般的企业总是愿意参加各种相关的协会以及这些协会组织的会议。在中国,这类会议的产业化程度还不高。

企业管理培训会议的产业化。针对企业的各类培训会、研修会的兴起,是企业重视人才的一种市场反映。而培训是企业会聚人才、发掘人才最为有效的方式。国内企业以往习惯于在实践中学习,但现在,大举进入的国外企业不仅带来资金和技术,还带来新的管理方式和经营理念,这些对于国内的一些企业来说还很陌生。因此培训就显得越发重要。目前国内的企业管理培训市场发展很快,未来还将会有相当大的发展。

(四)国际化

国际化,就是要从全球视角审视中国会展业,主动融入国际会展市场,积极寻求国际会展合作,增强中国会展业的国际竞争力;要善于学习、借鉴会展业发达国家的管理经验、经营理念、运作手段等,以增强中国会展业发展的后劲。

经济转轨时期中国会展业的发展实际上始终伴随着国际化的不断推进。特别是近年来,国际上大的展览企业纷纷进入中国展览市场,一大批国际知名的品牌展览会被移植到中国;中外企业合作办展的模式在中国已屡见不鲜;中外合资展览企业也司空见惯。出国展览方面,企业从参加国外的展览会开始转向尝试到国外自主办展。

不过,中国会展业的开放程度还有待于提高,在国际化方面仍然有进一步推进的空间。宏观上看,国际化与市场化、法制化应该是一致的。加入WTO要求我们制定和遵循与其他成员国相一致的游戏规则,也就是在管理上要体现法制化,法制化的重点又在于如何规范市场、营造良好的经营环境,而不是维护过多的不必要的管制。从这个意义上说,行业自律将成为重要的行业协调模式,政府将在《行政许可法》的指导下通过法制化的方式保障会展市场的开放、竞争和有序;对外资在市场准入等方面的限制也将逐步减少直至消失。国际化在微观上的发展趋势将主要表现在国际合作上。类似中国贸促会与美国中小企业协会和IAEM签署的合作协议就集中体现了国际合作的精神,值得好好落实。

相关链接

成功举行世贸会议 香港名垂青史

世贸香港会议经过 6 天的艰苦谈判,终于峰回路转,柳暗花明,于 18 日晚上通过香港宣言的修订文本而正式闭幕。香港各大报今天纷纷发表社评,对此次香港会议的成功举行给予积极评价。

香港《文汇报》的社评指出,香港成功举办世贸会议,完成了多哈回合谈判的关键阶段,为全球自由贸易进程做出了巨大贡献,赢得举世赞赏。会议虽令香港付出了高昂代价,但仍然是得大于失,香港在全球多边贸易体制中的影响将扩大,并将获得巨大的贸易利益。香港国际都会品牌和国际会议中心的地位,也将进一步提升。

该社评认为,世贸会议对香港的利弊宜全面和长远评估。首先,会议的成功在世贸发展史上创造了奇迹,香港对自由贸易的贡献将名垂青史,这将提升香港在全球多边贸易体制中的地位。协定若落实,香港十大出口产品将来每年可节省约 77 亿元关税。其次,会议成功令香港的城市管治能力得到锻炼和世界认可,有助于营造香港国际都会品牌,提升香港国际会议中心地位,展示香港市民包容、自由和文明的形象,进一步扩大香港的影响。

香港《大公报》的社评指出,会议进展维艰,争持激烈,主要是因发达国持双重标准,一方面打着自由贸易的旗帜高调要人家开放市场,另一方面却又实行保护主义抗拒开放本国市场。最终取得的一些成果,也是发展中国家奋力争取而来。故香港会议是多哈回合关键一役,它扭转了之前两个会议毫无寸进的颓势,为多哈回合争取成功奠定了初步基础。该社评指出,香港作为东道主,为安排这次会议及保障其进行悉力以赴,毫无疑问是尽了责任,效果良好,亦受到了与会各方赞赏。

香港《明报》的社评说,世贸第六次部长级会议终于顺利完成,会场外险象环生,惊心动魄,幸亏警队与示威者在最后一刻达成协议,避过流血冲突,化险为夷;会场内闷局连场,谈判进展缓慢,利益错综复杂,最后由于发展中国家团结一致,促使欧盟和美国在最后一刻达成妥协,为取消农产品补贴定出期限。总括来说,香港主办今次会议是成功的,也是值得的,虽有短暂的不便和困难,但汲取了宝贵的经验,对促进香港的国际地位和声誉大有裨益。

《星岛日报》的社评说,今次会议达成的各国部长《香港宣言》,固然未能令各方完全满意,但也取得了一些成果。例如包括欧盟在内的发达国家,虽同意在 2013 年取消所有农业出口补贴,比发展中国家提出的时限迟三年,且不涉及

国内倾销补贴,但总算能够得出一个时限;而且发达国家和较为富裕的发展中国家,亦同意在2008年落实对最不发达国家的免关税和免配额待遇,有利穷国通过出口来脱贫。会场外的示威对世贸尽是"赶穷人上绝路"的负面评价,并不公正。

《信报》的社评强调,世贸会议成果虽然不是尽善尽美,但香港会议可以在最棘手的农产品问题上达成共识,为多哈回合的未来谈判打下良好基础,《香港宣言》肯定会成为世贸的一个里程碑。

香港《商报》的社评指出,香港会议已载入世贸史册,成为人类追求公平、自由贸易体系的重要一页。通过成功举行会议,香港履行了应尽的国际责任,亦为国际贸易和世界经济的发展做出了应有贡献。文章中感谢了所有为香港会议出力的人们,为香港的"盛事之都"写下了浓墨重彩的一章。

(资料来源:香港舆论:成功举行世贸会议 香港名垂青史. http://www.jm-news.com.cn/c/2005/12/19/17/c_801762.shtml)

1. [美]桑德拉 L·莫罗著,武邦涛等译.展会管理实务[M].上海:上海远东出版社,2005.
2. [美]米尔顿 T·阿斯道夫、詹姆斯 R·阿比著,宿荣江主译.会展管理与服务[M].北京:中国旅游出版社,2002.
3. [美]阿诺德著,周新等译.展会形象策划专家[M].北京:中国水利水电出版社,2004.
4. [美]彼得·塔洛著,李巧兰译.会展与节事的风险和安全管理[M].北京:电子工业出版社,2004.
5. 保健云、徐梅.会展经济[M].重庆:西南财经大学出版社,2000.
6. 陈迎.北京、上海、广州的城市与会展[N].中国贸易报,2003-12-23.
7. 陈志平、刘松萍、余国扬.会展经济学[M].北京:经济科学出版社,2005.
8. 崔婕.谈中国企业如何通过商品展览进入美国市场[N].经济日报,2005-1-5.
9. 戴光全等.节庆、节事与事件旅游:理论、案例、策划[M].北京:科学出版社,2006.
10. 丁萍萍.会展营销与服务[M].北京:高等教育出版社,2006.
11. 杜长征.从美国公有展览中心管理模式透视会展业发展[J].中国会展,2004(12).
12. 龚平、赵慰平.会展概论[M].上海:复旦大学出版社,2005.
13. 郭英之.2010年上海世博会的发展潜力与效应[J].旅游学刊,2003(5):27-32.
14. 郭英之.旅游市场营销[M].大连:东北财经大学出版社,2006.
15. 胡平.会展旅游概论[M].上海:立信会议出版社,2003.

16. 华谦生.会展策划与营销[M].广州：广东华侨出版社，2004.

17. 金辉.会展概论[M].上海：上海人民出版社，2004.

18. 劳动和社会保障部教材办公室组织编写.参展营销实务[M].北京：中国劳动社会保障出版社，2006.

19. 劳动和社会保障部教材办公室组织编写.中国展览概述[M].北京：中国劳动社会保障出版社，2006.

20. 李兰.值得借鉴的政府推销——解读美国展览会[N].四川日报，2003-9-17.

21. 林宁.展览知识与实务[M].经济科学出版社，1999.

22. 刘炳辉."会展经济圈"的意义[N].中国经营报，2006-12-18.

23. 刘炳辉.学习中国—东盟博览会：扩展展览会的功能[N].中国经营报，2006-11-6.

24. 刘大可.会展经济学[M].北京：中国商务出版社，2004.

25. 刘凤良.经济学[M].北京：高等教育出版社，2000.

26. 刘国防.关于会议产业化的思考[J].统计与决策，2004（12）.

27. 刘慎河.国际会展业引发的思考——探析我国会展业的发展之路[J].江苏商论，2006（8）.

28. 刘松萍.会展营销与策略[M].北京：首都经济贸易大学出版社，2006.

29. 刘松萍、梁文.会展市场营销[M].北京：中国商务出版社，2004.

30. 刘文君等.会展产业综合效益评价指标体系初探[J].南华大学学报（社会科学版），2005（2）.

31. 柳静.会展业对城市及行业经济发展的推动效应分析[J].铁道物资科学管理，2005（6）.

32. 马勇、冯玮.会展管理[M].北京：机械工业出版社，2005.

33. 马勇、肖轶铁.会展概论[M].北京：中国商务出版社，2004.

34. 毛金凤、韩福文.会展营销[M].北京：机械工业出版社，2006.

35. 施昌奎.会展经济：运营、管理、模式[M].北京：中国经济出版社，2006.

36. 苏东水.产业经济学[M].北京：高等教育出版社，2002.

37. 孙明贵.会展经济学[M].北京：机械工业出版社，2006.

38. 王宝伦.会展旅游[M].北京：中国商务出版社，2004.

39. 王春雷、陈震.展览会策划与管理[M].北京：中国旅游出版社，2006.

40. 王起静等.会展项目管理[M].北京：中国商务出版社，2004.

41. 王书翠.会展业概论[M].上海：立信会议出版社，2004.

42. 王肖生、陆晨等.会展设计[M].上海：复旦大学出版社，2005.

43. 王云龙.论会展经济的空间集聚与扩散——以上海、北京和广州为例[J].学术论坛，2003(6)：88-89.

44. 魏中龙、段炳德.我为会展狂[M].北京：机械工业出版社，2002.

45. 吴克祥、周昕.酒店会议经营管理.沈阳：辽宁科学技术出版社，2001.

46. 吴文婉.广州："泛珠三角"概念之下的扩张之路[N].中国经营报，2006-4-10.

47. 吴信菊.会展概论[M].上海：上海交通大学出版社，2003.

48. 吾人.欧美展览会的历史渊源与特点[N].国际商报，2005-10-20.

49. 向国敏.会展文案[M].上海：立信会议出版社，2006.

50. 肖国庆、武少源.会议运营管理[M].北京：中国商务出版社，2004.

51. 徐红罡、Alan A. Lew.事件旅游及旅游目的地建设管理[M].北京：中国旅游出版社，2005.

52. 杨公仆、夏大慰.产业经济学教程[M].上海：上海财经大学出版社，2002.

53. 曾亚强.会展产业化的经济学思考[J].集团经济研究，2005(12).

54. 周彬.会展旅游管理[M].上海：华东理工大学出版社，2003.

"会展策划与实务"岗位资格考核方案

一、项目说明

会展有经济发展和社会进步"助推器"之称。现代会展业发端于国际化大都市和著名旅游胜地。据专家预测:随着中国申奥、申博成功,上海将成为21世纪亚太地区的重要会展中心。会展人才日益成为上海经济和社会发展的紧缺人才之一。

根据《上海紧缺人才培训工程》的要求,由上海市旅游事业管理委员会牵头,会同有关部门,设立了"会展策划与实务"岗位资格考核项目。

"会展策划与实务"岗位资格考核项目设助理会展师、会展师、注册会展师和高级会展师岗位资格,参照国际上通行的行业规则和知识技能体系,结合上海的实际情况,针对不同的岗位设置了会展策划、会展经营决策、会展法律法规、会展概论、会展实用英语、会展文案、会展运营管理、会展市场营销、会展接待管理、会展礼仪、会展接待实务、会展展示实务等考核科目。考核合格者可获得《上海紧缺人才培训工程"会展策划与实务"岗位资格证书》。通过专业化培训和考核,为正在蓬勃兴起的会展产业,为2008年北京"奥运会"和2010年上海"世博会"培养输送会展行业紧缺的策划、管理、营销、接待、设计等方面的各类专门人才及实用人才。

上海紧缺人才培训工程"会展策划与实务"考核办公室设在上海市旅游培训中心。上海市旅游事业管理委员会直属的上海市旅游培训中心,为上海十大紧缺人才培训中心之一,负责实施"会展策划与实务"岗位资格考核项目任务。

二、会展岗位与考核要求

(一)助理会展师

1. 职业要求:会展行业中,掌握实际操作的各类技能型、应用型、实务型专业人员。

2. 报考条件:高中、中专或中职毕业及其以上学历。

3. 考核科目:

(1)会展基础知识

(2)会展礼仪

(3)会展实务 X 模块(可选以下任一或多个专业方向)

  X1 会展接待实务

  X2 会展展示实务

  (专业方向今后将不断拓展)

(二)会展师

1. 职业要求:会展行业中,掌握一定专业知识和能力的初、中级经营管理人员或专业技术人员。

2. 报考条件:具备相当于国家四级英语水平并符合以下任一条件者均可报考:

(1)大专(高职)毕业及其以上学历。

(2)获得助理会展师资格证书 2 年及以上。

(3)大学本科二年级、高职(大专)二年级在校生(以当年考试月份为基准)。

3. 考核科目:

(1)会展概论

(2)会展实用英语(①笔试+听力;②口试)

(3)会展文案

(4)会展专业 X 模块(可选以下任一或多个专业方向)

  X1 会展运营管理

  X2 会展市场营销

  X3 会展接待管理

  (专业方向今后将不断拓展)

注:凡 1964 年 12 月 31 日前出生,已在会展行业工作满 5 年,参加会展师资格考试的人员可以申请免试会展实用英语。

三、考核形式

1. 一般每年上半年和下半年各开考 1 次,单科累计,要求在 3 年内通过全部科目。

2. 提倡考前接受系统化、专业化培训,符合相应报考条件者,也可以依据大纲自学相关内容,参加考试。

四、证书颁发

全部科目考核合格者可获得由中共上海市委组织部、上海市人事局、上海市教育委员会、上海市成人教育委员会统一印制颁发的《上海紧缺人才培训工程"会展策划与实务"岗位资格证书》(证书上写有专业方向及通过科目名称)。单科通过可获得《单科合格证明书》(证书上写有通过科目名称),待全部科目合格可以调换《上海紧缺人才培训工程"会展策划与实务"岗位资格证书》,并进入人才库。

五、考试咨询

地　　址:上海紧缺人才培训工程"会展策划与实务"考核办公室(上海市旅游培训中心)

上海市静安区海防路 429 弄 100 号 1 号楼(近西康路)

邮　　编:200040

电　　话:61322154　61322151　61322152　61322153　传真:61322171

项目网址:上海紧缺人才培训网 http://www.shtraining.net

上海旅游网 http://www.shanghaitour.net

(以上信息以每年对外公布的为准)

上海紧缺人才培训工程

"会展策划与实务"考核办公室

责任编辑：梁爽

图书在版编目(CIP)数据

会展概论/"会展策划与实务"岗位资格考试系列教材编委会编. —北京：旅游教育出版社，2007.8(2016.7 重印)
上海紧缺人才培训工程
ISBN 978 - 7 - 5637 - 1547 - 3

Ⅰ.会… Ⅱ.会… Ⅲ.展览会 - 技术培训—教材 Ⅳ.G245

中国版本图书馆 CIP 数据核字(2007)第 129758 号

"会展策划与实务"岗位资格考试系列教材
上海紧缺人才培训工程

会展概论

"会展策划与实务"岗位资格考试系列教材编委会　编
郭英之　王云龙　编著

出版单位	旅游教育出版社
地　　址	北京市朝阳区定福庄南里 1 号
邮　　编	100024
发行电话	(010)65778403　65728372　65767462(传真)
本社网址	www.tepcb.com
E - mail	tepfx@163.com
印刷单位	北京京华虎彩印刷有限公司
经销单位	新华书店
开　　本	787×960　1/16
印　　张	14.25
字　　数	200 千字
版　　次	2007 年 11 月第 1 版
印　　次	2016 年 7 月第 7 次印刷
定　　价	28.00 元

(图书如有装订差错请与发行部联系)